杜甫文學遊歷

·杜少陵傳·

郭 永 榕 著

文 史 哲 學 集 成

文史哲出版社印行

國家圖書館出版品預行編目資料

杜甫文學遊歷：杜少陵傳 / 郭永榕著. -- 初版
. -- 臺北市：文史哲，民 85
面 ； 公分. --（文史哲學集成 ；366）
ISBN 957-549-023-1 （平裝）

1.（唐）杜甫 - 傳記

782.8415   85007738

㊱ 成集學哲史文

杜甫文學遊歷：杜少陵傳

著　者：郭　永　榕
出 版 者：文 史 哲 出 版 社
登記證字號：行政院新聞局局版臺業字五三三七號
發 行 人：彭　　正　雄
發 行 所：文 史 哲 出 版 社
印 刷 者：文 史 哲 出 版 社
台北市羅斯福路一段七十二巷四號
郵撥〇五一二八八一二彭正雄帳戶
電話：三 五 一 一 〇 二 八

中華民國八十五年八月初版

實價新台幣四五〇元

集杜詩十韻述懷代序

為客無時了，旅次兼百憂。
喧然名都會，心折此淹留。
讀書難字過，高枕對南樓。
日出籬東水，山扉花竹幽。
數杯資好事，朝來減片愁。
頭白燈明裡，蒼茫雲霧浮。
有弟皆分散，緬邈懷舊丘。
故園松桂發，江魚美可求。
乾坤萬里眼，天地一沙鷗。
青山意不盡，吾道長悠悠。

一九九五年春於紐約皇后區新鮮草原客寓

杜甫文學遊歷

—杜少陵傳—

目　錄

第一章　世系　童年

七齡思即壯，開口詠鳳凰

　　大唐帝國自隋大業十四年（西元六一八年）李淵廢隋恭帝楊侑稱帝國號唐。至唐天佑四年（西元九〇八年），哀帝李祝被迫讓位於梁王朱全忠（國號梁），立國二百八十九年，李唐王朝終結。

　　唐朝出了兩位傑出的皇帝，一是歷史上最有令名的唐太宗李世民。高祖李淵於武德九年（西元六二六年）傳位給他，次年改年號爲貞觀，而有了廿三年的貞觀之治。太宗死後六十三年，他的曾孫玄宗李隆基，削平了武后的殘餘勢力，於先天元年（西元七一二年）接受睿宗的傳讓登位。次年改年號爲開元，開創了近三十年的開元盛世。

　　貞觀之治與開元盛世，前後約六十年，那個時代經濟繁榮，物阜民豐，文化燦爛，國勢強盛，民間一片安和樂利的景象，百姓過著愉快的太平日子。

　　唐代文學繼承魏晉六朝的豐富遺產，而在詩的方面，正在嘗試新的體裁並擴大其領域。大詩人杜甫，便是玄宗登位那年（西元七一二年），誕生於距洛陽以東百餘里的鞏縣瑤灣，第二年玄宗改元開元，進入開元盛世。

　　杜甫生於經濟繁榮社會富庶的時代，大唐帝國的威望盛極一時，與國際（西域與中亞）通商，帶來文化的交流，最顯著的是

西域的音樂、舞蹈與繪畫流入中國，中國的文化也從長安，或經由絲綢之路傳到西域、中亞，甚至東方的扶桑。杜甫的青少年是在這樣的時代中度過的。

杜甫字子美，生於式微的仕宦之家，他第十三代的遠祖杜預，是晉代有名的大將，助晉武帝創業平吳有功，封為當陽縣侯，文武兼資，在學術方面著有「春秋左氏傳集解」傳世，他的註釋為後世廣泛引用。到第十代杜遜晉室南遷，便從京兆杜陵遷到湖北襄陽，杜甫的曾祖杜依藝任鞏縣令，於是在鞏縣落籍為家。祖父杜審言是杜氏世系中一個重要人物，武后時著名的詩人，與李嶠、崔融、蘇味道並稱文章四友。杜審言是一個很狂傲的人，他自稱「吾文章當得屈宋作衙官，吾筆當得王羲之北面」，因此在口舌上得罪了不少同事，他從洛陽縣丞被貶為吉州（今江西吉安縣）司戶參軍，與同僚合不來，被司馬周季重與員外司戶郭若訥共謀誣陷，致被繫獄。這時他次子杜并（杜甫的二叔父）才十六歲，血氣方剛，大有遊俠兒氣派，決心要為父報仇。有一天趁著周姓仇家大擺宴席款客，堂上酒興正濃的時候，杜并身懷匕首闖席，以利刃刺死了仇人，他自己也在家僕的撲打下犧牲了。季重臨死時嘆道：「吾不知杜審言有此孝子，郭若訥誤我至此。」而杜并的孝行卻受到稱贊。杜甫自己是詩人，因此對詩人祖父極為尊崇並引以為榮。

杜父閑，做過奉天（即今陝西乾縣）縣令，兗州（今山東兗州縣）司馬，母親系出名門，娘家是清河的豪門大族崔氏，杜甫幼年喪母，他的父親經年在外，當一名小官，於是把杜甫寄養在洛陽的二姑母家裡。這位二姑母給予杜甫超乎對自己子女的母愛，在杜甫為她撰寫的「唐故萬年縣君京兆杜氏墓誌」裡，追述到一件感人的往事：「甫昔臥病於我諸姑，姑之子又病，問女巫，巫

曰：『處楹之東南隅者吉』姑遂易子之地以安我，我用是存，而姑之子卒。」

杜甫雖然童年喪母，卻得到逾於母愛的二姑母的撫養照料，在洛陽過著一般兒童的生活。

瑤灣是一環山抱水的村莊，東泗河向北流入洛河，村後筆架山的山坡上滿是柳林，村前是一大片田野。二姑母家門前有一塊大草坪，有梨樹與棗樹，是他和表兄弟們嬉遊的地方。每當八月梨棗熟時，他們採鮮果以為樂事。十四、五歲的孩子，在那個時代已經是個小大人了，但子美自己回憶，他還具有強烈的童心，常常會脫下衣服，爬上樹去採摘成熟的梨棗，丟下去給等待的表弟妹們，他心裡有一種成人的滿足感。

在一個八月的下午，天高氣清，陽光從窗子裡射進來，子美聽見外面喧笑的聲音，這時候他才發覺自己浸淫於書本，已個把時辰不曾起身休息了。

「七月亨葵及菽，八月剝棗」，他合起書本，站起身來，猶自喃喃念著。一個快步走出書房，奔向屋外，表弟妹們和一些鄰家孩子，正在那裡遊戲，望著高高的棗樹上累累的棗子，他們嚷著竹竿子太短了，撲打不到棗子。

「大表哥，你有法子嗎？」他的一個小表妹期待地望著他。

子美抬頭望了望高高的棗樹，毫不遲疑的說：「有的。」

他們高興了。但是猜不出有什麼辦法可以撲打棗子。只見子美從容地脫下外衣，「我爬上去撲。」

「這麼高，可得當心呀！」

子美認真的爬樹了，他站定在大樹幹上，接著下面遞上的竹竿子，一竿子往棗實撲打，一顆顆大棗子掉落地下，孩子們響起一陣歡呼。

爬樹採棗，是杜子美童年幽閉書齋生活中，印象十分深刻的戶外生活。也說明了他病弱的身體已經恢復了少年兒郎應有的健康。

杜子美是一個聰敏、早熟天才型的兒童。二姑母雖是式微的世家，但家裡也還存著不少的書籍，這在子美是個重要的財寶，他埋頭書案一本一本讀下去，有些艱澀的經史子集，他靠注釋和思考一一把困難解決。他能讀又能充分消化，從詩書和六朝詩人的作品裡，不僅吸收了豐富的辭彙，而且引發了他潛藏於生命中詩的天才，所以在七歲的時候，便學習作詩了。（壯遊詩：七齡思即壯，開口詠鳳凰。）所歌詠的不是風花雪月，而是中國人最高貴象徵的鳳凰。

杜子美跟一般兒童最大的不同，是他的讀書完全是自發，而從書本中得到快樂的享受。

浸淫既久，文史知識十分豐富，加以識見超拔，常想找個對象傾吐，但他周圍的人，只是較他還小的表弟妹或是跟他相同年齡的遊伴，有的雖也啓蒙讀了書，但只能背些書中的死句子，當然不在子美的眼中了，於是他衝出戶外去，設法結交年紀大的士人，他「壯遊」詩中說：「性豪業嗜酒，嫉惡懷剛腸，脫落小時輩，結交皆老蒼，飲酣視八極，俗物皆茫茫」。

假如不是誇張的話，子美的愛酒從小就表現出來了，而且這種嗜好陪伴他一生，也助他創作了不朽的詩篇。

一個十四、五歲的少年郎，走入了年紀比他大一倍以上的士人中間，毫不靦腆，侃侃而談學問文章，其淵博與識見，自然使人刮目相看。即在子美自己心中，也不無超越與滿足感。

子美的書讀得愈多，他智慧與知識的囊袋也就愈豐滿，好像要爆炸似的。他要寫出來，說出來，他要和人討論。於是他獨自

作詩寫字，可惜這段時間的東西沒有留下來。和年長的讀書人討論，他也很快的發現，他們的才情和識見已經跟不上時代，儘在文章辭句上作學究式的談論，子美覺得了無新意而且厭倦。

老守家園，天地之大不過如此。子美的年齡已迫近弱冠，而且健康良好，因此他想出去看看外面的世界，他了解冠蓋京華有不少偉岸的人物，爲了自己的創作，爲了自己的前途，一定得出去遊歷通都大邑，名山大川以廣見識，也就是所謂行萬里路，讀萬卷書。

自古以來，文人學士爲了謀事、作官在外旅行自是常事。到了盛唐才盛行漫遊之風。原因是經濟繁榮，社會安定、物價便宜、交通方便。各大城市都有通道。交通線官府設驛，負責公文傳遞，接納來往官員，提供舟車等交通工具。私營旅舍則備有驛驢以供租用。新唐書說：「道路列肆，具酒食以待行人。店有驛驢，行千里不持尺兵。」「雲林漫鈔」載：「唐制取士之科多因隋制。唐之舉人，先藉當世顯人以姓名達之主司，然後以所業投獻，逾數日又投，謂之溫卷。」足見交遊以揚聲譽，干謁以求提拔，對準備應試的士子來說是多麼重要了。另外求仙訪道、雲遊大岳名山，有野心的可藉此沽名釣譽，走終南捷徑，漁獵富貴。仕途失意的則藉旅遊以排遣寂寞苦悶。

第二章　吳越之遊

越女天下白，鑑湖五月涼

一、萬里之行，始於足下

於是子美開始籌劃旅行了。

想到一年以前，他曾因一個偶然的機會，因韋之晉等人的力邀，從洛陽到山西郇瑕（今臨猗縣）作了一次短程的旅行。那只是一座小城市，樸儉無華，沒有多少引人入勝的景物。不過友情的溫暖，汾酒的濃烈，也使他得到新奇的經驗。

這一次卻是遠行，路程漫長，但當子美誦唸庾信的哀江南賦和丘遲答陳伯書，那「暮春三月，江南草長，雜花生樹，群鶯亂飛。」的句子時，就在想象中反映出綺麗景象。他對這次的遠行興奮無比，而且有迫不及待的衝動。

雖然是廿歲的小大人了，而且子美又是成熟練達，讀書做事都是滿懷信心，尤其有毫不畏怯的性格。但在二姑母眼中還是個大少爺，雖說叔父杜登這時任浙江武康縣尉，賀家姑丈任江蘇常熟縣尉，但要到千里外的江南，一路都是水程，總是不放心，因此特別商請她裴家遠房子姪輩，名叫大順的陪子美去，這樣一路有人照顧，心裡便舒坦多了。

開元十九年（西元七三一年）年滿廿歲的杜甫，於春寒初過，便和大順商量啟程的日期，子美希望在寒食清明時節到達江南，他想看到雜花生樹群鶯亂飛的江南春色。「我們走水路，這時候

冰都融了。」大順說，「我們隨時可走，」子美歡喜得跳起來了，他原以為大順會說要等三月初樹梢的綠蕊長出，黃河解凍了才能走，既然如此，子美便請二姑母擇定長行的日子啓程。

子美沿黃河東行，接著從大運河南下，由淮河揚帆到達揚州。這一段路在青年詩人的心目中，充滿新奇與瑰麗，子美繫舟堤邊柳下，立刻感到洋溢清新的空氣。

揚州萬家燈火，笙歌悠揚，子美第一次實際感到除了東都洛陽以外，還有這麼一個繁華的城市。印證書本使他得到一個結論：「百聞不如一見。」

揚州自隋代開始，便是一個貫通南北東西的商業都市。商業都市的特點是消費驚人，一切窮奢極侈，歌樓、酒館、妓樂是繁華的三大支柱。

子美初抵揚州沒有親故，祇好和大順投宿一家中級旅店。

「大順，想不到揚州這樣繁華。」子美探問大順的感覺。

「是呵，二郎讀書多，應知道的。」

「酒樓燈火輝煌，我們總得見見世面罷。」

「說得是，」大順說「不過二郎的盤纏不豐，看樣子，這些地方是銷金窟。」

「對，」子美說，「但是我們得看一看酒樓裡面的風貌。」

大順沉默了。他心裡在盤算。

「我想，」子美說「我們進去叫、二、三個小菜，飲一壺酒就可以了。」

他們進了一家規模不小的酒樓，堂倌看見杜子美衣著光鮮，英氣勃發，也就很殷勤的領座。

堂倌知道子美是洛陽來的遠客，給他介紹了幾味揚州可口的小菜。子美得嚐到鮮美的江魚，脆嫩的春筍、清爽的湯餅（今稱

湯麵）。子美和大順喝了一壺燙溫了的黃酒，這頓飯吃得十分歡愉。

第二天兩人出門，在街上轉了一轉，又到江邊瀏覽，只見帆檣如織，顯出商旅運輸的繁忙。子美問路邊的一位老者，揚州可有什麼名勝？老者告訴他，瘦西湖和平山都可以走走。

「可有一座惠照寺？」子美問老者。

「有，不過路遠些。」

子美想，臨水看山要一段時間，如果惠照寺來不及去，就等明天再說罷。

遊山看水，他的興趣好得很。坐在湖邊休息的時候，他把從書本上所知道的，關於揚州的種種告訴大順。

楊柳拂水，燕子掠飛，子美感覺十分舒暢。這一天的遊程他滿意極了。

子美在旅舍，遇到東都來的客商，接談之下很是投契，因而進一步了解揚州，這南北河運樞紐，四方商旅雲集，加上豪門、鹽商的豪奢，造成了揚州無比的繁榮。在酒店集中的鬧區，更是燈火樓台，笙歌盈耳，所謂開元盛世，這裡所表現的盛況，要比長安更為突出。然而在年輕的子美心中，不禁產生了疑慮：這樣的享樂，這樣的消費，是真的昇平景象嗎？國內的政治，邊塞狼煙，誰會想到呢？

子美繼而一想，出來旅遊，原是增廣見識，何必去想這些煩惱的問題呢？「拋開它罷。」他踱步喃喃自語，似乎想做詩，把這股感情發洩出來，但思緒一時無法集中，只哦吟了前人的短句，便也覺得心頭平靜多了。

他想起何遜，這位南朝梁代的詩人，曾任揚州法曹，官舍中有一株梅樹，時時吟詠其下。曾寫出詠早梅一首，他記得起句是

「兔園標物序，驚時最是梅。」不知道當年官舍在什麼地方，那株詩人所愛的梅如今還在否？

在揚州三日，子美到處瀏覽，他逛熱鬧的街市，站在江邊看繁忙的舟楫，他登平山，也訪惠照寺。子美覺得整個揚州他都遊覽過了。

第四天他買舟和大順沿江西上，去訪江寧。

江寧雄踞長江南岸，魏晉以來六朝建都於此。有鍾山、有秦淮河、有莫愁湖，山川雄勝，六朝金粉的石頭城，名勝古跡極多。子美一到江寧，心中所想的第一件事，便是去看瓦官寺顧愷之的壁畫維摩詰像。瓦官寺在城西南秦淮河北岸，晉武帝時所建。寺內建閣高廿四丈。顧愷之是晉陵無錫人，工詩賦尤善繪畫。畫人物重在傳神，強調以形寫神。相傳東晉興寧中（西元三六三—三六五年）瓦官寺重修就緒，僧眾設會請朝賢捐錢，沒有超過十萬的，輪到顧愷之，他在善簿上大筆一揮，捐錢百萬。到要兌現的時候，他要寺僧準備一面粉壁，他閉戶月餘不出，畫成了維摩詰像。將點眸子時對寺僧說：「第一日觀者，請施十萬，第二日可五萬，第三日任例責施。」到了那天觀者如潮，施錢的大排長龍，所得超過百萬。

除了瓦官寺之外，還有鳳凰台、台城雞鳴寺等有關朝代興亡的古跡。子美熟讀文選，他知道陸機陸雲兄弟的讀書堂在秦淮河邊，謝安宅在朱雀橋烏衣巷，還有沈約、江總諸人的宅址位置，他大都約略記得，這都是他尋訪的目標。

子美一到江寧，很快結識了士人許八和僧人旻上人。這樣，有了談詩論道的朋友來往，子美尋幽訪勝的日子便不寂寞了。

瓦官寺之遊，子美看到了壁畫維摩像，那鮮明的色彩，肖妙的形神，給他極為深刻的印象（十七年後子美於乾元元年送許八

拾遺歸江寧覲省的一詩中，回憶觀畫有「看畫曾飢渴，追蹤恨渺茫，虎頭金粟影，神妙獨難忘。」）流連不忍離去。直至大順第三次來到身旁，子美方發現停留的時間夠長了，才快快離去。

子美這個年輕的詩人，并無宗教情懷，但因涉獵佛典，頗爲其哲理所吸引，因此樂於與居於幽澗而對詩文有造詣的旻上人來往。這在大順看來是很難理解的。

在江寧的日子裡，他常去訪旻上人，而旻上人也願與子美交遊，畢竟有一個人談詩論道是可喜的。子美和旻上人也曾相偕到湖上泛舟，這樣，一儒一釋，彼此的見解與友誼默默中交融爲一了。

在夕陽斜照裡，子美到烏衣巷去尋訪南朝文人，當代名士宅第的舊跡。三百年多年前謝安的形象，家居與子姪輩論文的影子，鮮明地在子美眼前出現。徘徊在一條深長的巷子裡，慨嘆時光流逝，古人之凋謝，百感叢生。這晚上和大順在一家小酒店裡，叫了點酒菜，喝起酒來了。

他告訴大順有關謝安的故事，說他少有重才但世亂不仕，隱居東山以妓相從。當時有人說「安石不出，如蒼生何」，直至年四十才出爲桓溫司馬。東晉太元八年，（西元三八三年）前秦王苻堅入寇，謝安舉姪玄率軍以抗苻堅。當時苻堅自誇百萬大軍，投鞭可以斷流。兩軍相拒於肥水（今合肥境內）謝玄要苻堅退軍十里，以便在平野決一勝負。苻堅自以爲軍衆，欲乘東晉軍渡河時而擊之。但軍隊一退而不可止，遂大敗。這是謝安運用策略，謝玄掌握機宜，才能建此奇功。

大順很有興趣的聽著，他也自然地感到，不過三百多年前的事，如今烏衣巷謝安的宅第又何在呢！

鍾山蒼翠，林木翁茂，龍蟠虎踞，形勢壯觀。子美羨慕當年

江總、沈約他們能在山中讀書，所以寫出這樣美麗的詩篇。在江寧這幾日，子美覺得語言、飲食和人情風俗與北方有了差異。北方肉食以牛羊為主，南方則以雞豕魚鴨而製作都很講究。由於氣候的關係，子美發覺南方物產豐富，人也活潑而善待賓客。他告訴大順這就是水土對人的影響，所有五行、堪輿都是從這一背景產生的。

在江寧數日，子美興致極好，登山臨水，尋訪古跡，嘆朝代興亡，英雄豪傑留下了史跡，文人美麗的詩篇永遠為世人傳誦。子美帶著依依的情懷，告別金陵，乘船沿江南下，經過京口到了鎮江。在鎮江，他第一次看到南方迎神的風俗，所謂「賽城隍」者，熱鬧數日，鑼鼓喧天，幾乎滿城沸騰。

離開鎮江，子美乘船由南運河航向姑蘇。這是古城也是古都。公元前五一四年建闔閭城，可謂歷史悠久。姑蘇水港橋多，是一座很奇特的南方城市，與北方的城市風格完全不同。這裡的名勝古跡太多，諸如姑蘇台、虎丘劍池、泰伯廟、闔閭丘墓。每一處都有說不完的故事。大順陪著子美尋幽訪勝，子美會很技巧的說給他聽，敘述生動，使大順佩服得不得了。

姑蘇台在城西卅里的姑蘇山，相傳吳王修築此台，三年不成，積材五年方始完成。每於春夏來此遊樂，建有春宵宮作長夜之飲。又作天池，以泛龍舟，還有豪華的館娃宮，每日與西施縱情享樂，卒至亡國。闔閭丘墓是指城西九里的闔閭墓，相傳闔閭葬此山，以三千寶劍為殉，過了三日，金精結為白虎高踞其上，因名為虎丘。說到泰伯廟更有一段動人的歷史，論語泰伯篇「子曰：泰伯其可謂至德也已矣。三以天下讓，民無得而稱焉。」泰伯是周朝祖先古公亶父的長子，他有兩個弟弟，仲雍和季歷，季歷的兒子就是姬昌（周文王），傳說古公預見到昌的聖德，因此想破例把

君位不傳長子泰伯而傳幼子季歷，以便再傳給昌。泰伯爲實現父親的願望，就和仲雍出走到勾吳（成爲吳國的始祖），昌後來擴張國勢，占有天下三分之二，再傳到其子姬發（周武王）便滅了殷商統一天下。這個廟於東漢永興二年（西元一五四年）由太守糜豹所建，（在城西的梅里聚）以紀念泰伯。另建有墳和廟相距不遠。子美對泰伯的禮讓十分欽敬，曾不一次的去瞻仰泰伯廟。（子美在後來的壯遊詩中回憶道：嵯峨閶門北，清廟映池塘，每趨吳太伯，撫事淚浪浪。）

二、嚮往已久的江南春色

姑蘇古城，典型的江南水鄉，小橋流水甚有林園之勝。居民生活舒適飲食精巧。子美到的第一天，就享受到清鮮可口的菜肴。魚蝦蔬筍之美，是北方城市中所缺少的。另外姑蘇本地用糯米製釀的酒，其色橙黃，性質溫和，不似北方的辛烈。他勸大順，燙溫的不妨多喝兩杯。

子美也發現這江南魚米之鄉，物產豐饒，一般人的生活都很輕鬆，不似北方人民爲衣食工作勞累。他們的語言音調柔婉，特別是女性的聲音更是甜美。子美專心聽她們說話，費力去了解其意義。他首次體察各地語言的差異，和山水氣候之間的關係。

子美的另一個姑母嫁給賀家，姑丈賀撝是常熟縣尉，這次遠來當然要去探望。臨行時二姑母還叮嚀，長途旅行不妨在賀家多休息一些時候，「三姑母也是很疼你的，」二姑母說，「兩個表弟妹大概小你三、五歲，你在江寧要買些土產送她。」子美都記得這些話。

從姑蘇到常熟不過百里，可以朝發夕至。因此子美和大順商量行期，兩人同意爲了給三姑母一個驚喜，不必寫信去告訴行程，

免得她盼待，或要姑父派車來接。大順的意見，祇要天氣好，隨時可以雇車去，反正還要回到姑蘇，再乘船沿南運河直下到越地的。

　　子美同意大順的說法，因而在姑蘇的遊訪可以從容將事。於是去泰伯廟、去姑蘇台、去虎丘，日程排得很寬鬆，有足夠的時間在城內外到處逛逛，了解民情風俗。

　　姑蘇的小點心、甜食是做得很精巧的，子美固然欣賞，但不是十分喜歡。他所愛的倒是鮮美的魚蝦和蔬筍，每天晚餐，他和大順喝一點當地的水酒，吃得津津有味，讚不絕口。

　　就在四天之後，他們趁著晴朗的好天，一早雇車去常熟。一路上春風蕩漾，四野平疇一片綠意。水田裡農婦在插秧，溝渠間處處桔槔。特別使子美驚喜的是，牛背上常有棲鴉，田邊的楊柳或大樹，燕子盤旋飛舞。這一幅江南春色，比圖畫還要美麗，子美默誦著文選裡的辭句，自己也不禁詩興勃發口吟了幾句。

　　一日愉快的路程，不知不覺間已看到了常熟的城郭，夕陽滿地，人聲和怡，子美找到了縣尉的官舍，三姑母已搶到門口來迎接了。十五、六歲的表弟已頗有成熟的青年人氣派，小表妹靠在姑母的身後，閃動著烏黑的眼珠，還帶點羞怯。

　　姑丈也從屋裡走出來了，打發了車夫，迎子美和大順進去。這是子美離家遠行以來，第一次看見親人。總有六、七年不見了，姑母的高興掛在臉上，一面張羅茶水，一面絮絮地問著一路上的情形和二姑母他們家的近況。

　　這天晚上，子美吃到了姑母親手燒的家鄉風味的好菜，姑丈拿出一瓶白酒，替子美大順斟了，問到東都和長安一帶的消息。問子美一路上的感覺，特別是對金陵的印象，催促子美把寫的短詩念出來，及至聽了，他停杯舉箸，在桌上輕敲著，沉吟頃刻，

爆出了笑聲。

「子美，難得。」三姑父說，「你的詩比你的年紀大多了，我這個姑丈慚愧弗如遠矣。」

子美惶恐地遜謝。

「眞的」賀撝舉杯要敬子美「我不會做詩，讀詩卻是我的愛好，依我看，不出十年君將名滿天下。」

這可讚得子美臉紅了。三姑母聽到名滿天下也微笑了。這是笑賀撝說得過於誇張。在三姑母眼裡，子美是個能讀書的孩子，文章也寫得很好，希望他早日考試及第，如此而已。不太在乎名滿天下的意義。

既然賀撝是懂詩的，子美心中十分高興，同時更不敢怠慢，站起身，舉杯奉敬姑父姑母。

「請姑丈多多指導。」子美恭敬地奉酒。賀撝喝了酒，興緻很好，談話也風趣。

「子美，官事俗務太多，所謂收率課調，不勝繁劇，」賀撝微笑說，「我可遇到一個能談詩的人了。」

這頓飯吃得愉快極了。

第二天仍是晴朗的好天氣，早餐後子美、大順由表弟賀加陪同遊覽。先在市區轉了一圈，然後走到郊外。江南水鄉一個共同的特點是山明水秀，平疇田野間到處可見河叉小湖。十幾歲的女孩，以熟練的動作踩著桔槔（水車），一塊素色的花布包扎頭髮，樣子十分可愛。

常熟沒有特別的名勝，但郊外一片水田，坡度很低的岡巒遮不斷視線，樹木秀挺，呈現廣闊的天空，令人感覺十分舒適。子美行走在一條較大的村徑上，兩邊都是一些小小的花草，大順常常會把所見到的不同事物，拿來與北方的相比較，比如蔬菜、花

草的名稱，應用的器具等，處處覺得新奇。

在市區，子美也到各種商店看看，他很注意聽他們說話的聲音，這種吳音，唇音和齒音特別多。南朝的詩人很多是吳越人士，他想知道他們在音韻上受到什麼影響。

三月天氣已是江南的雨季，來到常熟兩、三天之後，便下起綿綿的春雨來了。下雨不能外出，在家裡和三姑母談往事、話家常，倒也另有一番情趣。三姑母也學會了做些江南的甜食小點心，很是可口。她用田野間採來的草名叫薺菜的，搗末和粉絲做餡包餃子，有一種清香的味道。「誰謂荼苦，其甘如薺。」子美想到詩經裡的句子，從而想到晉時吳人張瀚的「蓴鱸之思」。江南魚蔬之美，難怪使張瀚因秋風起而思家鄉美食。說人生貴適意，何能羈宦千里，因此掛冠辭官，回吳去享受口腹之歡了。子美深一層想，當時世事紛擾，宦海時多風波，張瀚借此歸隱，落得個高雅的千古佳話，實在是夠聰明的了。

江南的雨似乎也比北方的細緻，自朝至暮綿綿密密，有時停歇，忽然出現一片陽光。子美喜歡一個人撐傘，穿著特製的墊木塊的雨鞋到外面走走，他覺得雨後的山份外青翠，雨後的陽光份外美麗，詩情畫意，使子美陶醉。

住了幾天，子美意欲辭別去探望嘉興的四叔父，但雨意猶在，不知何時放晴，何況姑媽一家人都在惋留，說遠道而來，時間很長不必急急而去。姑丈也喜歡子美多停留些時日，因爲他跟子美談詩論藝，甚是投合。「想是表哥在我們這裡住得不舒服，吃得不好，」小表妹說話了，頗有責備的語氣，接著說了一句吳語「明朝我做隻菜請儂吃吃。」「表妹言重了。」子美陪著笑，「好，明天就看你的廚藝，想必是跟你說的吳語一樣好。明天我和大順去看看能不能買到比家裡不同的好酒，也請請姑丈。」

　　日子過得眞快，一恍眼間，子美在常熟已停留半個多月了。二天以後，子美終於商得表弟妹、姑媽、姑父的同意，天氣一晴便即上路去嘉興。

　　子美和大順商量妥當，仍然回到姑蘇乘南運河船隻南下。子美對乘船已經很習慣了，或坐或臥，看兩岸的春日風光，十分愜意。

　　到了嘉興，見著四叔一家人，大家都歡欣得不得了。杜登清癯，他做的也是和賀姑父一樣縣尉的工作。家人歡聚，初見面談的都是分散各地的親友的情況。據杜登說，前些日子還接到兗州來的消息，子美的父親杜閑擔任司馬的工作還算順利，說正等待機會調任離長安、洛陽一帶較近地方的州縣。

　　太湖地區的城市風格都是差不多的，嘉興也是到處可見河渠湖蕩，是一個富庶的地區。杜登告訴子美，嘉興家給戶足，手工藝品很多，還有蠶桑之利。民風淳厚，所以訟獄案件不多，交租納稅皆守法度，這對做縣尉的人便省卻許多麻煩。

　　杜登的官舍相當寬敞，他安排子美和大順住一間很大的房間，窗外迴廊，有一個小小的庭院，栽有花木。子美非常滿意這樣的環境，像是家居而無旅遊之感。每天的飲食，四嬸都招呼得很週到。兩個弟弟杜立和杜言，一個八歲一個十一歲，對子美很敬愛也很親近。究竟年紀還小，孩子氣十足，他們要帶子美到河叉和湖邊去捕魚蝦，子美和大順也覺得不無意思，於是欣然跟著去了。

　　杜立提著竹簍，杜言拿著捕網，走到城郊不遠的地方，選了一處長著蘆葦的小河邊，兩兄弟很熟練的從事漁捕。一個時辰左右，便捕到好幾尾鯽魚，也網到不少泥鰍。

　　這晚上，四嬸母用蘿白絲煨鯽魚湯，子美直讚「太鮮美了，太鮮美了。」

「這是江南人喜歡吃的，主要在喝湯。」四嬸說，「泥鰍要讓牠把泥吐出來，所以要明天才能吃，你四叔喜歡油炸下酒，明天給你們做罷。」

「甫哥來了，你們要好好寫寫字，理理書，老師在身邊，不要一天到晚一味貪玩。」杜登告誡兩個兒子。

兄弟兩人望了望子美一眼，像是求援的樣子。

「不要緊，」子美安慰他們，「我們上午讀書，（我也要讀書的）下午去玩兒。」

兄弟兩人的高興在臉上表現出來了。

有一天杜登邀約了幾位同僚到家中小飲，子美以姪兒的身份招待賓客。杜登看他週旋於眾人之間，應忖得體，而青年英挺之氣，在眾人之中更顯得不凡，心中十分得意。

「舍姪從東都出來漫遊，」杜登向同僚介紹子美，「一切多請諸位指教。」

眾賓客老於世故，一進門已打量子美，略一接談便知他腹有詩書，此時更是交口稱讚。

「子美此行是希望增廣見識，交接博雅君子，今天諸位光臨，都得奉敬一杯。」

初時杜登還頗為謙虛，等到各人談到考試、談到文章，又加上多飲了幾杯之後，說話便變得更為率直了。「先父以辭章名世，我們兄弟慚愧都疏於此道，」杜說說，「不怕諸位笑話，依我看只有子美是傳人，他有隔代遺傳。」

「我叔叔酒喝多了，」子美想阻止他再說下去，便舉杯奉敬各人。

這一頓小飲，可謂輕鬆愉快，很晚才散。

此後每日上午子美多不出門，陪著小兄弟念念書，寫寫字。

子美自己隨身帶了幾本書，還好四叔家也有些書，只是查閱詩詞仍有困難。大順在家無事，便幫著做些零碎的工作，比如整理院子，修剪花木等。他不知從那裡弄來一株素馨花苗，便種植在院子空曠的一角。

一天下午煦麗的陽光照得使人大有暖意，子美對大順和小兄弟說：「我們出去走走罷。」於是四人踏著輕快的步子，往城南一帶走去。只見阡陌縱橫，微風吹著水田裡嫩綠的秧苗。他們走到好幾口池塘的旁邊，那裡有一座不大的寺廟，子美便進去看看。

「甫哥，」杜言說「你們進去休息一刻，喝一口茶，我們就在這水田旁玩玩。」

「好，」子美知道他們早已來過這裡，而且對寺也沒有興趣。「可是你們要當心，我很快就出來的。」

子美和大順進到廟裡，廟祝看見二人不像本地人，便起身招呼和奉茶。

廟的規模不大，但很乾淨。前面供奉的是觀世音，後進則是一座長耳含笑的如來塑像。

子美告訴大順，江南一帶應該很多寺廟，南朝每一朝代都崇禮佛教，民間亦喜歡建造寺廟。鮮卑人建立的北魏極力推行漢化，尤其以佛教、寺廟為漢文化的一部份。

「世人多以觀音為女性，其實他是男身。」子美說，「有時法身可以化為女性，是為了救助婦孺的方便。」他又指著觀音像告訴大順「你看他的面容是女性化的，就顯得更慈和近人了。」

在廟裡停留了一會出來，陽光照在池水上，閃著波光，周邊幾叢小草似有小蝦跳躍。子美忽然觸動思緒，想起謝靈運「池塘生春草」的句子。

這時小兄弟在水田那邊走過來了，手裡用葦草綁著幾個小螃

蟹。

「甫哥，給你和爹晚上下酒。」杜立說。

子美看著實在太小，又不忍拂他們的好意。

「太小了，這樣罷，我們到市上去買。這些放回去讓牠長大，好嗎？」

「不過，市上怕買不到。」

「我們可以買別的，買魚也可以。」

四個人從夕陽滿地中走回城裡，買了一尾鮮魚回家。

這天杜登從縣署回來，精神愉快。說是忙了三四天的公事，總算告一段落。知道子美去了城南的寺廟便說：「再往南走一點路有一個大湖泊，這是靠北很有名的南湖。明天我們去走走罷。」

第二天好天氣，杜家一家人午前出發，午間便到了南湖。湖面甚廣，波平如鏡。對岸有錯落的農舍，湖邊楊柳搖曳，漁舟散布。杜登叫了一艘可乘坐遊覽的船隻，上了船任由舟子搖櫓遊去，水綠山青，陽光點點。跟舟子閒談地方的傳聞異事，約略知道民間對官吏並無不滿，百姓生活過得挺安適的。

遊罷歸來，夕陽將墜，杜登說去一家酒店用餐，不必回家再張羅了。

酒店的客人還算不少，夥計大概知道杜登的身份，招待很殷勤，做出來的菜肴很精緻，有一盤春筍膾魚，子美特別稱讚，自然也陪四叔喝了幾杯。

杜登告訴子美，吳中太湖地區都是河沼平原，自嘉興沿運河南下，從杭州渡錢塘江到會稽，便有山川之勝了。著名的有四明山、天台山，而富春江一帶的風景最為秀麗。

「如今天下太平，交通方便，一路行旅客商絡繹不絕，」杜登輕聲說，「只是北方邊患令人憂慮。」

「邊患向來是如此的，」子美接著四叔的話，「只是朝廷用人值得檢討。」子美指的是李林甫、楊國忠這般人當政，「內政不修就無以對付邊患。」

這是大題目，杜登點點頭，但人多耳雜不願意談下去。

「杭州是南運河的終點，你有意停留些日子嗎？」

「到了看情形再說。」子美想了想，意思希望很快渡錢塘江，因為有關會稽、鏡潮、富春江這些地方上的人與事，子美都非常熟悉。

子美已習慣住在這裡，他有一個讀書的環境。可以溫故，可以沉思。胸中孕育著章句，似乎要一吐為快。每當此時他便磨墨寫字，有時寫自己的片言斷句，有時借古人的詩文澆自己胸中的塊壘。一陣宣洩之後，便覺得心頭平靜得多了。

計算日子，子美在嘉興已住了四十多天了。他把想繼續行程的意思告訴了四叔和四嬸。

「也好，回程時再回來看看罷。」杜登同意了。

兩個小兄弟自然依戀地挽留。

「我會再回來的，」子美安慰他們，「那時候你們的字一定寫得更好了。」

子美和大順也依依地離開這南運河東岸的大城，順流南下。

三、鏡湖碧波　越中勝景

到達杭州已是萬家燈火，子美和大順匆匆進入一家旅舍。未遑休息即詢店家渡江直放會稽的船隻。

子美利用第二天時間，看看這春秋時吳越爭霸之地，他發現青山圍繞，一片大湖，形勢極佳。比吳中的大城，另有一種秀媚。覺得那西湖應該略加整飭，便能呈現自然之美。

　　次日，子美大順趁船渡江，直趨會稽。（紹興）一路上他腦子裡浮泛起這歷史名城、人文會萃之地的許多古蹟，以及秦始皇、勾踐、謝靈運、王羲之等文人名士的活動。

　　據史記載「秦始皇於三十七年（西元前二一〇年）十月出遊，十一月行至雲夢，望祀虞舜於九嶷山，浮江下，觀藉柯，渡海渚，過丹陽至錢塘，臨浙江，水波惡乃西行百廿里，從狹中渡。上會稽祭大禹。」會稽山在今紹興十二里，禹巡越病亡。葬於山西北大禹陵。

　　東晉時王羲之、謝安等一批文人經常在會稽作文酒之會，著名的暮春三月在山陰蘭亭修契事，留傳下來有名的蘭亭集，富哲理而略帶感傷的序文，就是王羲之的手筆。

　　這樣一個古城，當然使子美發思古之幽情了。他默默背誦蘭亭集序，細味文末「後之視今亦由今之視昔」一句，覺得朝代興亡，世事推移，盡在此言中矣。

　　子美預計會在會稽停留一段較長的時間，因而和大順商量，設法租賃一間民房來居住，因為旅舍來往人多，太吵雜了。於是透過四嬸的親戚的介紹，物色到了城東一處濱河的民家，近乎半獨立的兩間南廂房，十分幽靜。居停是詩禮人家，人丁不多。看見子美來自東都風度高雅，略一商談，立即口頭定下租約。子美便高高興興的遷居了。略事佈置，居然成了客中很像樣的寓所，讀書會客無不相宜。

　　越中之遊會稽是重點之一。山川人物都極具吸引力。子美看到女子潔白的容顏，真所謂百聞不如一見，勾踐之所以用美人兵，進西施於夫差，卒至滅吳，不是沒有道理的。

　　現在正是初夏天氣，是遊鏡湖最好的時刻。

　　鏡湖在城南三里，子美和大順跟遊人前往，片刻便到達湖濱。

湖面一望無際，近處滿是綠荷，正是菡萏欲放。子美興奮激賞，涼意隨風而來，已不覺站在艷陽之下爲時已久了。

於是和大順在湖邊漫步，欣賞四周景物也欣賞來往的遊客，最後進入一家茶館，坐下來品茗休息，十分自在愉快。

走出茶館，夕陽漸漸西沉，斜暉在湖上反射千萬道波光，遠望幾艘遊船在霞光中緩緩移動，子美移步歸寓，他對大順說：「下回我們早點來，帶些乾果，從容泛舟。」

越中山水之勝激盪子美的心靈，大有三、五年內寄寓會稽之意，半爲讀書，半爲尋幽訪勝。他日考試及第，倘得一官，必請入越，最後結廬山中，與僧道往還唱和，豈讓謝安、謝靈運、王羲之輩專美於前。想到這裡，子美心情大悅，他對大順說：

「我想在這裡住個三、二年，你會不耐煩，放心不下家裡，要先回東都嗎？」

「呵，家裡沒事的，我願陪郎君。」

子美默然。有大順相陪，有個人照應飲食，自然比獨自一人好多了，但只是委曲了大順，可是子美沒有說出來。

現在，客寓成了自己的家，子美或讀書、或寫字、或出遊，大順也可以做他自己的事情。三餐的飯食是他料理的。他把北方的粗放和南方的柔和相結合，也居然能做出一、兩樣好菜來。最使子美讚美的是用南方做包子的筍和鮮蝦的餡包餃子，還有時菜與河魚，都是價廉物美。這種飲食，使子美幾疑身在豪門之家。

子美常常去訪鏡湖。不一定是泛舟，在湖邊站一站，極目蒼茫，胸中自有境界。或則在茶館坐坐，靜聽鄰座茶客說地方上的故事，雖語言有隔閡，但能聽二、三成便可推知其大概了。

有一天他和大順清早出門，往東南而去探訪若耶溪。相傳溪旁有西施的浣紗石。子美心想西施的故里是會稽南方城市的苧蘿

村，怎會到這裡來浣紗呢？到會稽應是已被徵選入宮，接受范大夫的訓練將送入吳之時。不應再作浣紗之事了。這當然是好事者杜撰的。但子美認為不必認真，還是很有興趣的觀賞。這一帶果然林木蒼翠，清流激湍，確是風景佳勝之地。若耶溪北流注入鏡湖，許多小溪水流都注入湖泊，遂使鏡湖一望而有數百里寬廣。

會稽東南有嵊縣、新昌、天台，這一帶有曹娥江與剡溪。有名的天姥山在新昌縣，高表雲際。剡溪附近有嵊山、鄮山，都是值得遊賞的。

子美為了遊這一帶風景，多作準備。那天包了筍丁鮮蝦餃子，請居停老先生來小飲，請教如何安排遊程。李老先生認為這帶河道縱橫，水路暢通，既無時間上的顧慮，則一舟容與，儘可在兩岸的每一市鎮稍作停留，亦可觀人情風俗之美，品嚐每一地方的飲食。

子美對李老先生的意見十分稱許，因而接納了他所介紹的一名船戶，改日便去商量啟程的日期。

子美行李輕簡，選定行期，便和大順登舟出發。

水上漫遊是子美的平生快事。舟行從曹娥江而下，子美多坐在船頭，欣賞兩岸水光山色，不時獨自哦吟起來。到了嵊縣，子美便和大順離船登岸，找到了一家乾淨的旅舍停留下來，要領略一下這裡的風俗人情。

他和大順到江邊漫步，看見年輕的漁夫提著一簍鮮魚，子美便買了兩尾。漁夫告訴他這是巨口的鮭魚，味最鮮美。晚上便請旅舍主人代為烹煮，用蔥和薑絲雜以筍片清蒸，子美便和大順淺斟低酌，大談一路上有趣的經歷，不覺已至半酣了。

轉入剡溪，兩岸翠竹，山泉飛濺，鳴禽百囀，風聲隱隱，子美想象六朝時的謝靈運這般人，就在這一帶尋幽訪勝，才了解他

們的生活情趣所孕育出來的文思，印證所湧現於筆墨間的，真是實獲我心。不覺叩舷而歌：「暝投剡中宿，明發天姥吟。」這樣，子美就無法放棄天台山、天姥山之遊了。

山川風物之美，益增子美的豪情勝慨，在這一帶的遊覽，差不多到了欲罷不能的程度。

但是，大順看在眼裡，不能不提醒他了：「這一帶風景多，你不能一次就遊完的。」這倒使子美醒悟過來，既然住的日子甚長，自不能一餐即飽。

「呵，對了。」子美笑了，「我們應該分幾次來遊，每一次定有不同的感受。」

於是從容返舟回到會稽。他的詩囊裡也裝了不少即興的章句，但子美懶得去整理，而且自認為青澀，還不夠成熟。他喜歡自己的詩篇一鳴驚人，無懈可擊。

自遊剡中歸來，子美除了在山陰附近走走之外，大部份時間都在認真讀書。他的抱負在經國濟世，所以必須通過考試，取得功名，才能有所發揮。

大順很有耐心，經常做些北方麵點，一則喜歡，一則換換口味。而對魚蝦肉蔬也學會了幾套南方的做法，粗中帶細，在子美看來已經很不錯了。

這天午前，夏木陰陰，子美正在翻閱文選，忽報客至。來的是賀家的親戚，帶來魚雞蔬筍等許多食用的禮物。傳達三姑母探問口信。自稱是賀撝的子姪輩賀槐，年齡在三十歲左右，談吐不俗，他關切子美客中的飲食起居，殷勤探問可有什麼需要他幫忙的地方，并說改日要邀請到他西郊住處去坐坐，那一帶很多池塘，養殖魚蝦，陂塘之間垂柳翠竹，鵝鴨成群，完全是農家風味。子美聽得有點神往了。

　　後來談到剡溪、天台、天姥之遊，子美更是興奮。子美告訴賀槐，剡溪之美在於幽秀奇巧，行舟如在圖畫中，令人俗氣全消。

　　賀槐對於浙中的河川地理，似乎相當熟悉。他告訴子美浙中諸峰並峙，溪河交錯，兩岸多叢木修竹，山間又有流泉飛瀑，因此以清幽取勝。若是富春江一帶，溪流較剡溪寬而長，視野可以放大一倍。

　　子美聽得津津有味，剡溪之遊，已使他印象深刻，念念不忘，現在又聽到富春江之美，心神凝注，大有不可不有此一行之意。

　　「子美兄如有意去遊富春江，」賀槐說，「早幾天告訴我，我願作嚮導。」

　　「好極了。」子美十分高興，「光是富春江三個字就夠吸引人了，讓我安排時間，總要早半個月前去告訴您。」

　　主客談得十分投契，連大順也覺得富春江之遊是遲早間的事了。

　　李老先生知道子美愛寫字，特別送了一扎剡紙給他。

　　「剡溪的水好，製的紙最好，」李老先生說，「你遊剡溪時，二岸不是很多翠竹和古藤嗎？所以剡紙有二種，一是竹製的是為竹紙，一是藤製的為藤紙，剡藤最有名，是剡溪的特產。」

　　「呵，是了。」子美責備自己，「我真糊塗，竟然忘了竹以製紙，像剡溪這樣好的竹，製的紙當然也好了。」

　　從剡溪談到富春江，李老先生也稱讚富春江的山水秀美，勸子美應當一遊。

　　子美說賀槐願作嚮導，問李老先生屆時是否願意一同偕行。李老先生微笑著，但沒有作肯定的表示。

　　話題一轉，李老先生說，山陰城南有竹林、雲門和天柱精舍，泉石甚好。他提議改日就請往近處一遊。

「雲門不也在城之西南嗎？」子美問。

「是的，」李老生生說，「那地方叫蘭渚，渚上有亭叫蘭亭。晉代王羲之、謝安和名僧支遁等四十一人，於永和九年（西元三五三年）三月三日修禊事於此，王羲之寫下了有名的蘭亭集序。我們早一點出發，盡一日腳程，也可順道看看這一古跡。」

於是選定了一個好天，他們一早便出發了。

他們出城先到蘭亭，這一帶確是有林木之勝，遠山高聳，近處陂巒曲折，真可以列坐其次。蘭渚之亭，三、四百年來歷經修整，但仍然顯得舊陋。想當日這批名士，於暮春之初在此作文酒之會亦不過取其山水之勝，可以吟嘯，遊其地思其人，風景不殊而人物凋謝，留傳一部蘭亭集，遂使蘭亭名垂千古矣。

子美徘徊沉思良久，然後轉往竹林、雲門和天柱精舍。到了竹林，子美便想起晉代稽康、阮籍、山濤等所謂竹林七賢。雲門與天柱精舍，極為幽靜，拾石砌小徑而上，鳥鳴深樹，精舍潔淨，僧人出來迎客，子美一行三人略坐飲茶休息，閒談了一些時候告辭，仍循小徑回城。一日之遊雖略有倦意，但晚間一頓酒飯，與李老先生談得十分暢快。

盛夏季節天氣炎熱，子美很少外出，屋外有大樹濃蔭蓋覆，院子空曠清風徐來，除了午間略感屋外的暑氣之外，毫無炎熱之苦。他每日起得極早，在窗外鳥鳴聲中讀書吟詩。午後小睡片刻便寫寫字。到黃昏時，子美喜歡走到溪邊漫步，看淺淺清流，聽竹間鳴蜩，便覺得身心俱皆清爽。

有時候子美也和大順到街市走走，買點新鮮的魚筍回去。大順經過幾個月的磨練，已燒得一手好菜了。遇到明月照窗的時候，他便多燒一、二個小菜，邀李老先生過來對月小酌，談些地方上的小掌故。子美問到有關漢代朱買臣的故事，地方上是怎樣的說

法，李老先生說，朱買臣少貧，從來發跡為會稽太守，跟漢書的傳載並無二致，民間傳說的部份，是誇張了關於前妻的故事，所以有馬前潑水的戲曲。

到了仲秋，天高氣爽，子美便作富春江之遊了。賀槐作嚮導，李老先生也欣然參加了年輕人的行列。

他們取道蕭山到富陽，進入富春江從容放舟。從富陽到桐廬江面甚寬，水平如鏡，兩岸蘆葦蕭蕭，已頗有秋意了。子美在桐廬時，原想去看嚴子陵釣台，但當地人士說，那裡只是一片土石，下臨深渚，看不見有什麼紀念的東西。因此中止了縣西三十里的行程。但談到古跡，子美不禁緬懷古人，歷史永遠是這樣的，嚴子陵留下一座荒蕪的釣台，漢光武又留下什麼呢？

富春江上舟行緩慢，船隻往來甚多，櫓聲相聞，別有一番韻味。兩岸叢樹翠竹，山壁岩石，頗有古趣。子美坐在船頭，欣賞江上風光，目不暇給。船上的飯食，青菜魚蝦，甚是豐盛。蒸出來的米飯，香味隨風飄送，子美簡直被陶醉了。

從桐廬到蘭溪到金華。桐廬這段叫桐江，蘭溪這段叫蘭江，大小溪流依山勢平行，或切割山嶺，穿行於大小盆地之間，所以浙中得水利之便，土地肥沃，物產豐富，河魚之美是子美所特別欣賞的。在蘭溪、金華兩地，聽說火腿有名，也就高興的一飽口腹。火腿或蒸，或配以鮮肉筍塊煨湯，其鮮美處，是北方食味中所沒有的。

四、鄧尉探梅　返回東都

富春江之遊歸來，已是秋末冬初的時分了。子美安靜下來，準備構思一文章，而在會稽幾個月的時間，由於李老先生的揄揚，已漸漸和地方上的士人往來，自然不免有所酬應，和同輩的年輕

人在一起，子美便可無所拘束的談文章，論詩藝，有時結伴遊覽附近名勝，或遇有節慶則有文酒之會，生活過得並不寂寞。

這年多初，子美分別接到常熟三姑母和嘉興四叔的來信，詢問幾個月來的生活行蹤，都要子美回去度歲。免得客中寒冷季節種種不便。建議來春風雪過後再行遊覽。子美極其感激親人的愛護，但他喜歡新鮮的經驗，他要在客地嘗嘗過年的滋味，因而和大順商量之後，決定留在會稽，於是分別作覆婉謝，並將自己的計畫一一告訴了。

雖說在南方，但酷寒天氣也是很冷的。比起北方來，子美當然很能適應，而且風雪來時，子美興趣更好，常常約幾個文友冒風雪到郊外尋梅，折得幾枝回來，便作為分韻賦詩的題材，大家把酒評論，情緒十分熱烈。

子美喜歡有客人來造訪，特別是在雨天，他望著窗外綿綿的雨絲，總盼望有客人不速而至，暢談一番。在他新結識的朋友中，有二、三位特別投契，有時他們會沒有約好便結伴而至，提著酒肴，不令主人臨時設食的麻煩。子美也就欣然領情，淺斟低酌，談古論今，一席快談，往往夜深始散。

一年將盡，子美看到會稽人都在忙著準備過年的事物，家家戶戶有的在忙著做糕粉，有的忙著在醃製雞鴨魚肉，一串串掛在迴廊上，街市上商店中充滿了年景，難免勾起些許鄉愁，特別是大順，總覺得異鄉作客不能回家過年為憾事。但他沒有說出來，怕加深子美的感觸。倒是提醒他，雖是李老先生早就約好在他家裡吃年夜飯，還有不少友人排定了新年宴飲的日期，但自己也得備辦各處的年禮，準備一些食物乾果以招待客人。子美讚許大順的週到，就一切都交待他去備辦，提醒他，人在客中，只求禮數而不在物事之豐厚。

　　除夕前三日，大順已經把屋子收拾得乾乾淨淨，所有禮品以及自己的年貨都採辦停當。子美也安閒無事，常常出門到街市上走走，欣賞歲暮天寒臘鼓頻催的景象。在年貨攤上，特別引起子美注意的，是各種年畫和春字、福字四季平安等的剪紙，十分別緻，十分工巧。子美也就買了三、二張，拿回寓所張貼。

　　在李家吃過年夜飯，子美和大順回到自己屋子守歲，午夜一過，近處遠處的爆竹聲此起彼落，兩人不由得浮起遠方的憶念，淡淡的鄉愁。

　　新正開始，子美幾乎天天參加友人的春宴，一直到元宵過後才漸漸安靜下來，子美也就恢復了讀書的秩序。

　　這一年，子美讀書、訪友，散漫的出遊，他搜集了一些有關歷史掌故的事跡，利用手邊書籍加以印證考正。會稽古都，為秦皇曾到之地，所以自戰國到秦一統天下，其間所謂古跡及傳說甚多，如秦望山即有兩處，一在城南四十里的宛委山，高出群山之外，相傳秦始皇登此山以望東海，又城東南三十里也有一座秦望山，相傳秦始皇登之以望秦中。

　　重陽日前，子美和一般年輕朋友表示，想到秦望山登高憑弔古跡，但他們說秦望山徒存其名，那裡什麼也沒有。倒不如到附近的一座山頭走走，山陂上野菊叢開，醉插一枝亦可將意。因此重陽那天，他們一行六、七人去那山頭，登高吟嘯。在一座簡陋的小亭子裡，或倚或坐欣賞野菊，遊玩了一回方始回城。在一間小酒店買肉沽酒飲將起來，海闊天空的閒聊一陣，重陽一日倒也過得不俗。

　　重陽一過，天氣漸冷，子美和大順商量，今年應該換一個地方過多度歲，大順認為不是到三姑那裡便是到四叔那裡，子美認為不如到常熟，聞說姑蘇鄧尉玄墓山的梅花，嚴冬時節一片香雪

海，大可順道遊賞。

「我們年下再回姑蘇，踏雪尋梅，」子美說，「採辦一點年貨帶去常熟，姑蘇的糖果蜜餞，孩子們一定很喜歡的。」

大順同意了。心理上便有了準備，也就計劃行前一些該做的事，在人情世故上，大順了解子美常是粗疏大而化之的。

他們選定冬至日一過便動身，可以趕到鄧尉看梅。

當朋友們知道子美將暫時離開會稽，自然離情依依，臨行前的幾場餞宴，燈下悵飲，追懷一年來登山臨水，縱談時事，豪情勝慨，樽酒論文。如今分別在即，每個人的情緒都低落下來。子美心裡何嘗不是如此，但是他自己壓抑，強作歡顏，舉杯向各人勸酒，頓時使一席離筵雖惆悵卻豪放，而最後幾乎每個人都醉了。

冬至後一日，子美和大順動身西行，仍循水路直放姑蘇。幾日在舟上，天氣已冷，兩岸頗見蕭瑟，滿樹黃葉間見紅楓。子美的離緒一直沒有平復，朋友們送行的影子，仍不時在腦海中湧現。一年在會稽，子美覺得大有所獲，特別是那可貴的友情，將永不衰謝。

到了姑蘇，已是急景凋年，子美和大順仍然住進來時的那家旅舍。店主人還記得他們，殷殷招待。年下的客人多是回鄉度歲的，子美雖是回三姑母家，但遊賞還是他的主要目標。因此對看梅的事探問得很清楚。

這兩天正好是嚴冬晴朗的天氣，雖然冷而寒風并不凜列，子美和大順在街上轉了一圈，已聞說玄墓山的梅花，因今年冬暖，不待春來已吐蕊爭開，正有不少人前往探賞。

江南氣候好，土地肥沃，人民祇要勤勞工作即易謀生，不像北方那樣艱苦，因此一般中產人家過日子，在物質生活之外，尚有餘力講求生活的品質，和滿足精神上的需要。歲時伏臘和每一

個令節，都有不同的歡慶儀式，社日迎神賽會，更是仕女傾城而出。子美在會稽住了一年多，這些情形都很熟悉了。姑蘇是江南首善之區，人們講究衣著飲食，士大夫階級更於園林勝景特別愛好。子美在旅舍的院子裡，便有一株臘梅，栽種於人工砌成的山石之旁，樹的本身也修剪得整齊，掌櫃的案頭，還擺著一盆盆栽，顯得很雅致，這就是開元盛世社會繁榮的一個表象。

子美和大順於第二日，隨著居停的指示，出發去鄧尉賞梅，出城不久之後，便跟上了一群雅客，很自然的加入了行列。個把時辰的路程便到了玄墓山附近，遠遠望去一片潔白的梅林，遊客們指指點點，無不滿懷喜悅。

山徑寬廣，林木蕭蕭，唯獨一路疏疏有致的梅花，透露春的消息在迎候遊客。一夥人行不到百數十步，即見繁花夾道冷香散發，再往前不遠，一叢叢的梅林，前山後山無不風送暗香。遠望是一片花海，近觀則枝幹古樸，數枝斜出，各有不同的奇姿。

子美狂喜，他過去所見的梅，何曾有這樣的壯觀，而這些花樹顯得如此沉穩，如此高潔。子美想作詩來讚頌，但面對勝景卻搜索不出適當的詞句。

子美和大順在姑蘇重遊虎丘、再訪泰伯廟，停留了五天，然後回到三姑母家，頓時覺得親情的溫暖，兩個小表弟一年多不見，看來又長高了，他們對子美的回來是多麼的高興。

這一年是子美漫遊吳越的第二個年，歲暮天寒，在雪花飛舞中，和三姑母一家圍爐度歲。賀撝官署無事，每與子美對飲暢談，子美概略的報告這兩年的遊蹤，並與賀撝談詩論藝，十分歡洽。元宵過後，春意加濃，子美除理書研讀之外，於寒食清明前後、條風布暖之時，在太湖地區漫遊飽覽江南春色。他遊覽了靈巖山、洞庭山，他到無錫、武進（常州）和鎮江，遙看隔江瓜洲燈火。

　　回到常熟已是仲夏，子美靜下來讀書，也抽出一點時間和兩個表弟講讀詩經。小兄弟對子美的講解很感興趣，因此琅琅上口，對讀書發生了興趣。

　　時序推移，到了冬初，子美打算到嘉興的四叔家。

　　子美在嘉興四叔家過了第三個年。延至夏初他又沿運河南下到達杭州。他看見群山圍繞的西湖，蒼茫萬頃。山水佳勝，使子美決定多停留一些日子。

　　他和大順安排住處以後，便開始他的遊訪日程。他每日在湖邊徘徊，看早晚日光與水氣的變幻，遠山青翠，水波若綾，溫風如酒，其使人酣暢者如此。

　　在西北叢山幽谷之中，有著名的靈隱寺，是東晉咸和元年（西元三二六年）印度和尚慧理創建的佛寺，殿宇深廣，兩旁有蒼松翠柏，古趣盎然。

　　子美仔細觀察佛寺的結構，佛像的塑造及其顏彩，使他想到洛陽的許多寺院，如白馬寺、永寧寺、和法雲寺等。自北魏以來建築佛寺、浮圖之風甚盛。佛像都很高大，寺的簷柱門楣設色都極鮮明瑰麗，受到西域的影響非常明顯，但南方的寺廟所的影響較小，色彩雖鮮明卻較柔和。

　　在杭州一個月的停留期間，子美和大順又去了天目山和莫干山。這一帶山巒秀美，最宜夏季避暑讀書。然後又回到初到越地時的客居會稽。和李老先生等許多熟朋友見面，兩年多的蹤跡見聞，在茶酒聚會時，成為談論的話題。

第三章　齊趙之遊

放浪齊趙間，裘馬頗清狂

　　子美在會稽又住了一年，於開元廿三年（西元七三五年）離紹興，結束了前後四年的吳越之遊。回到東都參加科舉考試。這年子美廿四歲。

　　子美在漫遊期中不廢讀書，採訪風俗，廣博見聞，對這次的考試，充滿了希望與信心，只要一舉及第，便可得到官職，一展他濟世的抱負。

　　唐代取士的方法分為三種，即生徒、貢舉、制舉。在州縣的諸生送到尚書省考試的曰生徒，不從學校出身而在州縣受試及格再應試的曰貢舉。這兩種是常法。第三種是每隔若干年，天子詔行一次以舉非常之士便是制舉。子美是應第二種的貢舉。因為這年年初玄宗來到東都，進士考試便在洛陽舉行。但不幸這次考試子美落第了，即後來他的「壯遊」詩中所謂「忤下考功第」唐舊制由考功員外郎掌試貢舉人，員外郎職位不高，不能服眾常遭受貢士與舉人的反對。由於舉人李權發難，陵侮員外郎李昂，所以在開元廿四年便改由禮部侍郎試貢舉人。

　　子美這次考試失敗在考功員外郎手裡，心裡當然不高興，認為考功郎有眼無珠，不能衡文，或則心存偏見取捨不公。不過子美年輕氣盛，自視甚高，不十分在意這次的不第，不像一般落第者怨嗟不已，或下決心閉門苦讀，等待下一場考試。子美恰恰相反，一時氣惱過了，便又變得十分瀟灑，於第二年（開元廿四年）

出發漫遊齊趙了。

　　這次沒有請大順陪伴，是因為有了四年漫遊吳越的經驗。而況地方富庶，道路平安，物價低，青齊等州斗米不過數錢。他父親杜閑又在兗州做司馬，有這些良好的條件，子美便獨自一人興致勃勃的又賦東行了。

　　「二姑母，請放心，我會自己照顧的。」子美向她告別，又轉向大順：「大順，這次不敢煩勞你了，回來我會帶好東西給你。」

　　二姑母雖然眼睛潤濕，卻也含笑的點頭了。她深知子美有時雖有些急躁，但大體上是很持重的，所以也就放心了。

　　這一次的齊趙之遊，與吳越之遊有點不同。第一次是初次出遠門，一路由大順陪伴。這一次是一人獨行，必須自己處理旅途中的一切。而且齊趙的地理環境，跟秀麗的吳越不同。北國雄壯的河山與南方的湖泊平原，恰是陰柔與陽剛之別。這些子美在書本上早有了認識。

　　子美開始他另一個四年的齊趙之遊。（齊趙是現在的山東和河北南部一帶）和四年前一樣，子美循黃河東行，然後在揚州沿大運河北上，一直到達兗州。到了父親的任所，父子相會，多年不見，彼此都感到很喜慰。子美已經廿四歲了，腹有詩書英恣挺拔，杜閑老懷一寬，幾年來從來沒有這樣高興過。他的同事對子美讚譽不置，幾天來會食酬應忙個不停，然而子美卻是一心想出去看附近的山巒原野與河流。

　　自開元廿四年至廿八年，子美都在齊趙。除了在兗州外，常和新交的朋友一起出遊。

　　兗州泗河以北西北三十里乾封縣（今泰安縣）就是有名的泰山，子美等於是住在泰山腳下，抬頭即可望見其雄壯的氣勢。子美的感觸很強烈，他寫下了有名的「望嶽」一詩：

望　嶽

岱宗夫如何，齊魯青未了。造化鍾神秀，陰陽割昏曉。

盪胸生層雲，決眥入歸鳥。會當凌絕頂，一覽眾山小。

在兗州登城樓子美又寫下一詩：

登兗州城樓

東郡趨庭日，南樓縱目初。浮雲連海岱，平野入青徐。

孤嶂秦碑在，荒城魯殿餘。從來多古意，臨眺獨躊躇。

這是子美在兗州寫下的兩首詩。遊吳越四年也有一些詩作，但他自己總覺得不成熟，因此隨口吟哦，隨手棄置，以致未能留傳下來。經過四年的遊歷，足之所至，目之所遇，體物至微，而且四年來又讀了不少書，所以子美作詩用字遣詞泉湧而至，他致力確切把握精萃，鍛練最佳的表達方式，在這方面，他自認可以通過自己的標準了，才開始把詩稿留存起來。

此兩詩諸注家或編在開元廿四年，或屬開元廿八年。聞一多「少陵先生年譜會箋」認後說為近是。

當杜閑看到子美這兩首詩時，很驚異他的詩的造詣已這麼深，這與他的年齡是不相稱的。因此對自己兒子的才情、氣質也另眼看待了。

但在另一方面，杜閑也想到，像這樣的詩，考功員外郎未必能完全欣賞，更了解子美對言之無物古板的時文，不會花氣力去做，則宜乎考試不售了。杜閑想，子美像祖父一樣以詩名世，大概是可以確定的了，只不過宦途不順遂，生事多艱，恐怕也是難以避免的。一喜一憂，一個晚上杜閑竟遲遲不能入睡。

子美在父親的同僚間，結識了不少忘年交和同輩年輕朋友。其中來往最密切的當推蘇預（後來改名蘇源明）彼此一見傾慕，那時蘇源明不過是一個監門冑曹。（後來宦途得意，做了東平太

守，知制誥）但他少時隱居泰山讀書，在兗州時已頗有文名。他
長於文，而子美雄於詩，所以談詩論藝，非常投契。當蘇源明讀
到子美的「望嶽」與「登兗州城樓」兩詩時，欽贊得不得了。尤
其是「望嶽」一詩，稱是他所讀過的同一題材的詩篇中之最好的。

子美和蘇源明，他們都不是文弱的士子，不僅樽酒論文，而
更是能奔馳林野間的壯士。據子美在後來的「壯遊」詩中回憶說：

「放蕩齊趙間，裘馬頗清狂。春歌叢台上，冬獵青丘旁。呼
鷹皂櫪林，逐獸雲雪岡。射飛曾縱鞚，引臂落鶖鶬。蘇侯據鞍喜，
忽如攜葛強。」

兩個年輕人在冬日的林間發矢放鷹，豪情勝慨，何等快意。
飛禽隨矢而落，難怪蘇源明據鞍而喜，而子美是同行的獵者，自
然也分享了這種快樂。

子美在齊趙的這幾年，眞是過著大少爺的生活，而結交的又
都是名流。他所作的幾首詩也都在士林間流傳開來。老一輩的人
還以爲這些詩是來自東都道貌岸然的長者所作，及知始末，是出
自一個廿幾歲的青年手筆，無不嘆服。

這段時間，子美和許主簿以及隱居的張玠，都時相過從。

張玠是輕財重士頗有俠意的人物。在與子美同遊時，他的兒
子張建封才六、七歲，後來成爲有名的人物。官至刺史，子美寫
了兩首題張氏隱居的詩。其二是：

之子時相見，邀人晚興留。霽潭鱣發發，春草鹿呦呦。

杜酒偏勞勸，張梨不外求。前村山路險，歸醉每無愁。

這是很有情趣的一首詩。所謂杜酒（傳說杜康造酒）張梨
（潘岳閒居賦說張公大谷之梨最有名）很幽默的引入詩中，也可想
見他們酣飲快談中興致的一斑。

此外，他又到兗州鄰縣遊覽。他去瑕丘石門參加劉、鄭諸人

的宴席，又於仲秋去任城（在今濟寧地區）與許主簿遊南池。秋高氣爽，已涼天氣，森木未凋，葉初轉黃，與一池紅菱相掩映。南池一帶的風景確是很宜人，他和許主簿興致很高，流連不肯離去。子美寫下一詩：

與任城許主簿遊南池

　　秋水通溝洫，城隅進小船。晚涼看洗馬，森木亂鳴蟬。

　　菱熟經時雨，蒲荒八月天。晨朝降白露，遙憶舊青氈。

　　子美對節候的敏感，雖說正在齊趙作快意的旅遊，因見菱熟、蒲荒，而明天是白露日了，也難免勾起鄉思。

　　子美與許主簿同是愛好山水，喜歡登臨的人，因此他們又結伴登嶧山，嶧山又名東山、鄒魯山。相傳當年秦始皇統一六國後，東巡郡邑，首次登山封禪的第一座山便是嶧山。其後漢高祖、光武帝、魏武帝曹操，都曾登臨此山。東山上的小魯峰、小魯山是孔子登嶧山的地方。

　　嶧山林木稀少，漫山遍野都是怪石。孤桐是嶧山上的名木，據說用嶧山的桐造琴，音質特別清脆嘹亮。李白登嶧山曾作「琴贊」，說嶧山桐琴的好處。

　　子美和父親的同僚無不相識。幾個月來，兗州地方人士欽羨子美的才華和詩名，均與訂交。詩名既著，酬應日多，少有與父親單獨共處的時間，子美成了像杜府的客人。

　　子美自己并沒有料到會受到這樣的重視，在頻繁的應酬中他保持清醒，對賓客們態度謙虛。詩是他生命中一根極重要的支柱，他力求寫得更多，寫得更好。因此他不忘讀書以充實知識，并從漫遊中尋找題材與經驗。於是他對遊覽、尋山覓水極感興趣。與來的客人談到勝跡時，總表現出嚮往的神色，因而和一般同輩的朋友，常到附近登山臨水，遊目騁懷，享受友情與攬勝之樂。子

美少年喪母，杜閑爲官清正，因此司馬公館門庭清寂。杜閑一直對子美缺乏家庭溫暖爲憾事。這一晚父子兩人難得單獨用膳，女傭多準備了一、兩樣酒菜，斟酌之餘，杜閑慢慢引到子美婚姻的問題。

「我連年遊宦在外，一直不能注意這個問題。」杜閑有著憾意。

子美的意思原是希望一第之後就進行婚事，沒有想到爲考試的挫折所擱置。現在缺少功名和門第的兩個重要背景，事情便更不好商酌了。但子美自己也知道，年近三十，已到了所謂男子三十而娶的限點，當然不能再蹉跎了。

「多少也是緣份所在，」子美安慰父親，「大人請放心，明年回到東都，我會自己安排這件事。」

然後杜閑和子美談到祖先塋墳和杜氏家宅等問題。他的本宅在鞏縣，洛陽有一座古老的房屋，莊園和祖塋則在偃師。子美的遠祖杜預和祖父杜審言，都葬在首陽山下的祖塋。父子兩人商量在首陽山下築一新居，以應未來家宅人口增加，和杜閑退休後養老之所。子美認爲此事不難，一併待他回到東都後一力去籌辦。

這一餐飯，父子兩人總算談了一些實際的問題，特別是建宅和子美的婚事已獲共識，杜閑也就相當放心了。

許主簿雖然官職在身，但他是一文士，過慣了不受拘束的生活。自從子美來到兗州，時相過從，名士習氣又發作了。官署公文不是提早辦好，便是延擱不辦，或交托助手，興致來時便和子美出去遊山玩水，詩酒流連。開元廿六年的秋天，他和子美等多人，乘船從運河轉入汶水，到了汶縣。這時正巧高適也來到汶上。彼此知名，一見如故。自此以後，子美和高適成了極好的朋友。

汶上之遊，因高適的加入而變得更其熱鬧了。白天登山臨水，

晚上總有汶上官員及地方人士邀宴。許主簿和汶上縣令是多年好友，因此不拘形跡，宴席間觥籌交錯，呼酒傳詩，備極歡洽。高適過了幾天就回到宋州去了。很顯然的，此行好像有所營求，希望獲得一個適當的官職，他的經濟情況不好，沒有俸祿收入，是無法維持家庭生活的。

　　子美雖在快意漫遊，交接朋輩、留連詩酒，但他關切老父的健康，覺得杜閑的身體並不十分硬朗，因而勸告他，官署的事情若非十分重要的，不妨授權僚屬去做，不必事事親躬。同時如有機會，設法轉調到離洛陽較近的縣份，在身心方面比較可以適應。杜閑對子美的話也深以為然。

　　「我早有信請托京中的朋友，」杜閑說，「只是一時沒有適當的縣份。倒是我們建宅的事能快則快。」

　　子美了解父親說建宅是隱喻他的婚事。「大人說得是，我想明年就回洛陽立刻進行。」

　　對子美而言，年齡已漸漸構成威脅，若非開元廿三年（廿四歲）在東都參加考試失敗，現在至少已有一官半職，生活上一切支應就不必仰賴於父親了。同時也許已經結婚生子，過著比較安定的生活。想到這裡，考試失敗的隱痛，現在才發作出來而且相當劇烈。現實的壓力，使子美決定結束這快意的漫遊，一切都得作一個新的開始了。

第四章　東都與長安時代

騎驢十三載，旅食京華春

一、首陽山下陸渾莊

開元廿八年（西元七四〇年）夏秋間，子美從齊魯回到洛陽。依照與乃父商定的計畫，在洛陽以東、偃師西北廿五里的首陽山下，靠近祖先墳墓附近，建築一座新的陸渾莊。所謂新宅，不過是在故廬上加以修建，去蕪添新。畢竟杜閑是清廉的兗州司馬，俸祿不豐，給子美帶回洛陽的錢也實在有限，子美不得不細加籌謀計算，有時爲敗了詩興，心頭不免覺得煩躁。

第二年開元廿九年（西元七四一年），子美三十歲。這是值得紀念的一年。這年寒食日陸渾莊落成。首陽山下有他遠祖杜預、祖父杜審言的墳墓，所以子美作「祭當陽君文」昭告遠祖，矢志「不敢忘本，不敢違仁」，以示奮發上進之志。

地處首陽山下的陸渾莊落成了。因爲不在通都大邑的近郊，而所謂新宅，只是「偃師故廬、尸鄉土室」，不過是土婁窯洞之屬的住宅。當然不會有尊貴的賀客，子美也從未想到落成之日要舉行宴慶的。

在族親們的致賀聲中，大家認爲建築陸渾莊是子美議婚、成婚的前奏。老一輩的都對子美說：「現在剛開春，你就趕在年內把喜事辦了罷。」

子美覺得一年的時間足夠了。沒有時間壓力，態度便顯得從

容了。他對叔伯兄弟說：「有勞大家幫助物色一位善持家的女子。」

眾人鬨然大笑：「豈止持家，還得挑一個漂亮的小娘子呢。」

子美雖然住在陸渾莊，但他常常去洛陽探望健康日差的二姑母。二姑母很欣慰新宅建成，催著子美趕快結婚。通過她裴家的關係認識了司農少卿楊怡，人家都說楊怡的長女是賢淑質樸的一型，於是請媒議婚。

「杜子美年已三十，雖非豪門望族，」楊怡跟他的夫人說，「跟我們卻很相配，現在也不得意，但他爲人忠厚，才華橫溢，他的詩早已名動公卿，將來也許會有前途，這就要看我們女兒的福命了。」

就這樣，子美和楊怡的女兒結婚了。楊氏夫人跟著子美過了三十年的艱苦日子。但她從無怨尤，從不嗟嘆。她支持子美從事詩的創作，把兒女和家庭的責任一肩承擔起來。在兵荒馬亂的時代，住在小村墟裡，「世亂遭飄蕩，生還偶然遂」，子美歸來，「夜闌更秉燭，相對如夢寐，」他們夫婦一往情深，子美的詩，因愛情力量的鼓舞，愈寫愈雄健，「語不驚人死不休」，終於放出永世不朽的光芒。

婚後的第二年，天寶元年（西元七四二年）二姑母在洛陽仁風里去世。這對子美是個很大的打擊，傷逝之情非同尋常。他回到東部治喪。二姑父在濟王府任錄事參軍也趕了回來。子美作墓誌，刻石。這是子美此時唯一能做的，想到童年往事，他不禁悲從中來啜泣不已。

辦理二姑母的喪事，他忙碌了一陣子。直至六月間還殯河南裴氏故里，才算告一結束。

回到陸渾莊放鬆下來休息了數日。子美有許多事情要做。他要把家庭生活調理充實，又要考慮自己的事業如何開始，理出一

個頭緒來。不過，無論如何他是不廢讀書吟詠的。

　　子美來回於東都與陸渾莊之間，參加文酒之會，結識了一些有名望的人士，如秘書監李令聞和駙馬鄭潛曜都有來往。

　　這兩年子美住在東都，他新築的陸渾莊，地勢并不耀眼，雖只是一處普通莊子，卻常有達官貴人的車馬停留。那多半是來接他去赴會的，或是送他回莊上的。有一天，門外又聽到車馬喧譁的聲音，家人進來報道有貴人來了。子美趕快出來迎接，心想不是李監便是鄭附馬。誰知卻是一位道貌髮蒼的老者。自稱李邕，久慕詩名特來求見。

　　這下把子美楞住了。然而他的確是李邕，子美立刻回拜，連稱：「不敢當，不敢當。快請罷。」

　　李邕天寶初任北海太守。他重義輕財，愛結交天下文士，人稱他是信陵君一流人物。他的碑版文字散滿天下。武后長安年間，他拜左拾遺是位名御史，不畏權勢，曾聲援宋璟奏請法辦謀反的張昌宗弟兄，武后初不答應，由於李邕的抗言，才接受了宋璟的請求。以他當時的官位挺身出奏是很危險的。但他毫不畏懼。後來子美的八哀詩贈「秘書監江夏李公邕」說：「往者武后朝，引用多寵嬖。否臧太常議，面折二張勢。」即指此。李邕太大膽，太敢言，以致執政者多討厭他。開元二年他任戶部郎中時，被中書令姚崇所忌，左遷括州司馬，後來李林甫當政，被構陷杖死。這是後話。

　　進入陸渾莊，寒喧了幾句，彼此都覺得相見恨晚。李邕廣陵江都（今江蘇揚州）人，是註文選的李善之子，而子美是熟讀文選的人，加上這一層心理上的連繫，子美更覺有親切之感。

　　子美心想用什麼方法來待客，李邕卻爽朗地表示意見了：

　　「李郎，我們一見如故，不必客套。就請同入城裡，許多朋

友都在等待我們。」

　　子美毫不掩飾他的興奮，只有驚喜望著李邕，意在詢問是那些朋友。

　　「我們去會他們，痛痛快快的飲酒談詩。」李邕又說，同時挽著子美登車，揮鞭揚塵而去。

　　這晚子美在東都一家豪華的酒樓，由李邕的介紹，認識了不少新朋友，有著愉快的文酒之會。

　　子美在東都兩年，交遊的層面日廣，認識也愈深入，而他的詩名也就播散愈廣。連極有名望的人，都競與他結交。正如他在奉贈韋左丞丈二十二韻中所說：「李邕求識面，王翰願為鄰。」所以李邕到東都來拜訪他。說到王翰（字子羽），唐書有傳，他是并州晉陽（今山西太原）人，是個豪蕩、恃才不羈的人物。有名的涼州詞便是他寫的：「葡萄美酒夜光杯，欲飲琵琶馬上催。醉臥沙場君莫笑，古來征戰幾人回。」

　　子美在東都的兩年間，於一批詩人文士的聚會間，已聽到京師上層社會的許多活動。這時候，大詩人李白在長安聲名正盛。他初到長安時受知於賀知章，被稱為謫仙人。贊美他的烏棲曲說：「此詩可以泣鬼神矣。」作為玄宗寵愛的翰林學士，名動公卿。流傳中的一則浪漫故事，據宋代樂史「李翰林別集序」載：「開元中，禁中初重木芍藥，即今牡丹也。得四本紅、紫、淺紅、通白者，上因移植於興慶池東沉香亭前。會花方繁開，上乘照夜白，太真妃以步輦從，詔選梨園弟子中尤者得樂一十六色。李龜年以歌擅一時之名，手捧檀板，押眾樂前，將欲歌之。上曰：『賞名花，對妃子，焉用舊樂辭為！』遽命龜年持金花箋宣賜翰林供奉李白，立進清平調詞三章。白欣然承詔旨，由若宿醉未解，因援筆賦之。其一曰『雲想衣裳花想容，春風拂檻露華濃。若非群玉

山頭見，會向瑤台月下逢。』其二曰『一枝紅艷露凝香，雲雨巫山枉斷腸。借問漢宮誰得似？可憐飛燕倚新妝。』其三曰『名花傾國兩相歡，長得君王帶笑看。解釋春風無限恨，沉香亭北倚欄干。』龜年以歌辭進，上命梨園弟子略約調撫絲竹，遂促龜年以歌之。太眞妃持頗梨七寶杯，酌西涼州葡萄酒，笑領歌辭，意甚厚。上因調玉笛以倚曲，每曲遍將換，則遲其聲以媚之。太眞妃飲罷，斂繡巾重拜。上自是顧李翰林尤異於諸學士。」

二、李杜相會　梁宋之遊

子美當然欽慕李白的詩名，很想一見。正好天寶三載初夏，李白厭倦了長安的生活東來洛陽。因而兩位大詩人見面了。這是文學史上一件特別的盛事。兩人一見如故，彼此相惜。從此在詩名上李杜並稱。

李白（西元七○一至七六二年）比子美大十一歲，他的身世很不平凡，祖籍隴西成紀（今甘肅天水附近），先世在隋末流徙到西域。他父親李客可能是富商，五歲隨父從中亞細亞的碎葉城（當時屬唐安西都）遷居四川綿州昌隆（今江油縣）。他是屬於天才型的人物。自謂五歲誦六甲，十歲觀百家、通詩書，十五觀奇書，好劍術、游神仙，是一個興趣非常廣泛的人。

子美首次看到李白，印象非常深刻，被他的不凡氣度所吸引。他高高的身材，挺拔的英氣，眞有點仙風道骨的樣子。嘴角帶著自負、鄙夷世俗的微笑。子美心想，難怪他在長安享有盛名，難怪他在天子面前那樣從容瀟灑，難怪宮廷內外的佞人心裡那樣嫉恨他。

在東都豪華的旅舍，這兩位大詩人正談得高興。

「二郎，你的詩已名滿長安，」李白親切的說，「往後要看

你在那些小丑面前揚眉吐氣了。」

「太過獎了。」子美謙和地說，「聽說您折辱了一批小人，痛快，痛快。」

「我何曾折辱他們，是他們不容我輩，」李白有點憤慨，「我只想自衛，要他們尊重我。」

說著，說著，進來一個衣著不甚華麗，卻是頗有氣概的中年文士，他是高適。

「你看高適來了。」李白對子美說，「今晚的酒可喝個痛快了。」

等高適走過來，彼此一揖。子美和高適原是舊識。三人都有詩名，也有酒量。李白吩咐酒樓準備最好的酒，三人便意興豪邁的斟酌起來了。

「謫仙人能飲是盡人皆知的。」高適邀子美共同舉杯敬李白。

「喝酒小事，」李白一飲而盡，「只是賀老一句笑話，把我害了。」

他們三人飲酒歌詩，在東都上層社會造成了輕微的震動。子美亦在李白滿腹牢騷、佯狂態度的表層下，不難發現他對朝政的不滿，對小人當道的無奈。高適和子美一樣，到處活動，仍然得不到一官半職。心裡正有不少的牢騷。每日借酒澆愁，而表面上卻是諷刺式的高姿態，萌生了遯栖、高蹈，到名山大剎去求仙訪道的意念。

子美在東都兩年並非游閑自在，他也是有所營求有所活動的。但除了應酬賦詩博得讚譽的詩名之外，實際並無所得。內心充滿了無助與失望的苦悶，只是他必須忍耐，在世態炎涼中，仍得與偽善者與是非不分的社會虛與委蛇。

如今高適李白來了，李白雖貴爲翰林供奉，但在京師「丑正

同列」的情況下，被佞人所讒，爲天子放還，失意東來。因此三
人大有同病相憐之慨。於是借歌詩以諷喻，子美寫了贈李白一詩：

　　二年客東都，所歷厭機巧。野人對腥羶，蔬食常不飽。

　　豈無青精飯，使我顏色好。苦乏大藥資，山林跡如掃。

　　李侯金閨彥，脫身事幽討。亦有梁宋遊，方期拾瑤草。

　　子美的厭都市而羨山林，因李白之來而更加強。李白雖然做
了翰林供奉，但由於現實與理想的衝突，仍不免「賜金放還」。
李白是入了金閨之門的，但子美則仍是徘徊門外，將來的際遇又
不知如何，這樣一想，思路便走入遁跡山林之途了。

　　在東都歡聚了一段日子，他們三人便結伴作梁（今開封）宋
（今河南商丘）之遊。這兩處地方都是當時繁華的通都大邑。人
口稠密，建設宏偉，水陸交通便利。西元前一六八年漢文帝少子
梁孝王劉武以淮陽王徙封於此，是大國膏腴之地。北界泰山，西
至高陽，四十餘城，多是大縣。於是梁孝王築東苑三百餘里，大
治宮室。這裡有百靈山，山頂有落猿巖，又有雁池。後代方志載
梁園遺址在商丘城東。一名梁苑，而平台在城之東。謝惠連曾登
此賦雪，又名雪台。梁宋距離不遠，慨而言之，則東苑三百餘里，
所謂梁苑平台等勝景，都在梁宋範圍內自無不可。

　　他們三人同遊梁宋是自然不過的事。子美的繼祖母盧氏，於
天寶三年五月卒於陳留（開封）私第，可見杜氏在梁宋是有宅第
的。高適則長期以梁宋一帶爲活動中心。據傳載：「客於梁宋，
以求丐取給。」至於李白，他有從祖任陳留采訪大使，這次便是
去投奔李彥允的。三人同遊梁園、平台（亦曰吹台）等古跡，飲
酒賦詩，成爲千古文章知己。

　　三人同遊梁園都有詩記事。高適寫了「宋中十首」其五曰：
「登高臨舊國，懷古對窮秋。落日鴻雁度，寒城砧杵愁。昔

賢不復有，行矣莫淹留。」李白寫有「梁園吟」一詩：「我浮黃河去京闕，挂席欲進波連山。天長水闊厭遠涉，訪古始及平台間。……歌且謠，意方遠，東山高臥時起來，欲濟蒼生未應晚。」子美以後的遣懷詩中憶宋中之遊有說：「憶與高李輩，論交入酒壚。兩公壯藻思，得我色敷腴。氣酣登吹臺，懷古視平蕪。芒碭雲一去，雁鶩空相呼。」又昔遊詩說：「昔者與高李，晚登單父台。寒蕪際碣石，萬里風雲來。桑柘葉如雨，飛藿去徘徊。清霜大澤凍。禽獸有餘哀。」

　　他們尋幽探勝，又入山林打獵。有時三人提著獵得的野味，旁若無人招搖過市，到酒店烹煮，縱酒高歌，使整個酒樓的人都對他們刮目相看。

　　結束了在梁宋快意的秋之旅，高適南行赴楚，子美則跟著李白到齊、魯。李白到齊州的目的，是要到北海（山東益都）的紫極宮，請高如貴道士授道籙，要成為一個正式的道教徒。子美在途中與李白分手，這年天寶四載（西元七四五年）夏天，北海太守李邕來到齊州（濟南），子美便前去拜訪他。

　　李邕看到子美自然十分高興，把酒言歡，論列時事，敘談文壇的種種。子美隨著李邕參加在齊州的驛亭、歷下亭，以及鵲山亭舉行的遊宴。當時李邕的族孫李之芳正任齊州司馬，因此聚會更加熱鬧。子美寫下「陪李北海宴歷下亭」一詩：

　　　　李藩駐皂蓋，北渚凌清河。海右此亭古，濟南名士多。
　　　　雲山已發興，玉珮仍當歌。修竹不受暑，交流空湧波。
　　　　蘊眞愜所遇，落日將如何。貴賤俱物役，從公難重過。

　　子美想到多年的前的齊趙之遊，不意這次偶然為李白邀來重遊舊地，於是送李邕回去青州之後便到兗州（天寶元年改魯郡即今茲陽縣）探視老父，由於他的精神體力日差，已經請求朝廷調

到離京師較近的地區，大概明年便可成行。

　　子美已五年沒有看見父親了。這次未事先稟聞，杜閑難免覺得有些錯愕，及至知道是和李白、高適同行的，又與李邕、李之芳在濟州盤桓了一段時日，心裡反覺欣然。因為李白與李邕的聲名太大了，杜閑回想五年前看到子美所寫的詩篇，那時的料想，由今日的印證已經成為事實了。

　　子美詳細稟告了陸渾莊的建築，婚事的經過，杜閑老懷一寬，但於人事的變故，卻也難抑唏噓之情。

　　然後，子美應邀到任城（今濟寧）探望李白。李白在任城是有家的，因此人稱山東李白。據「太平廣記」載：「李白自幼好酒，於兗州習業，平居多飲。又於任城構酒樓，日與同志荒宴，客至，少有醒時。邑人皆以白重名，望其里而加敬焉。」子美與李白相偕遊覽，登蒙山訪董鍊師、元逸人道士，並到城北拜訪范十隱居，寫下了「與李十二白同尋范十隱居」詩一首，記述當時歡聚的生活。純真的友情，躍然紙上。其詩曰：

　　　　李侯有佳句，往往似陰鏗。余亦東蒙客，憐君如弟兄。
　　　　醉眠秋共被，攜手日同行。更想幽期處，還尋北郭生。
　　　　入門高興發，侍立小童清。落景聞寒杵，屯雲對古城。
　　　　向來吟橘頌，誰與討蓴羹。不願論簪笏，悠悠滄海情。

　　李白記述登蒙山訪董鍊師的詩，寫實得十分有趣。試想李白失意出京，充滿了尋仙訪道整個投入的熱情，而子美則是「二年客東都，所歷厭機巧」，一經受到李白的影響，於是追隨左右，總因為剛剛萌生道意，究竟不像李白那樣具有仙風道骨的模樣，大有師兄師弟同行的概況。清秋時節，興起欲訪范十。兩人匆匆出城，卻不熟悉路徑，馬在荒陂野路迷了路，竟墜入蒼耳叢中。狼狽的樣子實在可笑，所幸顛躓而行，頭髮衣襟滿是野草，終於

找到了范十的隱居之所。

「入門且一笑，把臂君爲誰。」范十一見李白不禁大笑：「你怎麼弄到這樣？快去擦把臉罷。」

三人相視而笑。范十立刻置酒備餐。

「山家所有不過蔬果。」范十說。

「有酒足矣，」李白呵呵而笑「秋蔬、寒瓜、霜梨、酸棗不是很好嗎？我們在城裡肉食吃膩了。」

談詩論道，范十是解人，瓜梨佐酒，飯香蔬美，這頓飯吃得別有滋味。

這短暫的相聚卻是最愉快的同遊。兄弟般的情誼，彼此終生難忘。他們在魯郡石門握別，重訂後會之期。李白作「魯郡東石門送杜二甫」一詩：

> 醉別復幾日，登臨遍池台。何時石門路，重有金樽開。
>
> 秋波落泗水，海色明徂徠。飛蓬各自遠，且盡手中杯。

於依戀中有蒼涼況味，眞是「黯然銷魂者，惟別而已矣。」

臨歧惜別，子美回東都洛陽，李白則去沙丘（今山東臨清縣）從熱鬧中突然回到冷寂，秋聲感人，李白懷念子美，又寫了「沙丘城下寄杜甫」一詩：

> 我來竟何事，高臥沙丘城。城邊有古樹，日夕連秋聲。
>
> 魯酒不可醉，齊歌空復情。思君若汶水，浩蕩寄南征。

另一方面，子美也有一詩「贈李白」：

> 秋來相顧尚飄蓬，未就丹砂愧葛洪。
>
> 痛飲狂歌空度日，飛揚跋扈爲誰雄？

失意浪遊，痛飲狂歌，把一個熱中尋仙訪道的李白，畫出了一幅眞實的小像。其中含意不無規勸之意。

子美從魯郡回到東都陸渾莊，與妻子小別數月，心中頗有歉

意。楊夫人一直關心子美行旅在外，飲食失序。及看到丈夫雖略有風塵之色，但精神不錯，情緒很高，心中頓覺欣然。

在晚餐桌上，子美又吃到平日喜歡的幾樣菜肴，他把在東都、兗州老太爺的近況以及跟李白登蒙山的種種，敘說了一個大略。

翌年，天寶五載春末，子美的父親杜閑，從兗州司馬調為奉天（陝西乾縣）縣令，這時他的體力已見衰頹，不久病逝。子美遭此打擊十分悲慟。從此一家生活的重擔，便全部落在他的身上了。

子美辦完喪事幾經思考，既然在東都活動不出什麼頭緒，不如入冬後去長安謀職，第一件事便是先要解決基本的生活費用，庶幾家庭無後顧之憂，然後自己才能從容區處。

三、初入長安　獻三大禮賦

初到長安，寄寓在一家售賣酒食兼有宿所的旅店。歲暮天寒，臘鼓催年，子美感到十分凄寂。到了除夕，無法回家團聚的客人，便明燭守歲，賭博起來。子美一人躲在房中百無聊賴，因而趿鞋出房，參加他們的博局。他寫下風格特殊的一首詩：

今夕行

今夕何夕歲云徂，更長燭明不可孤。咸陽客舍一事無，
相與博塞為歡娛。馮陵大叫呼五白，袒跣不肯成梟盧。
英雄有時亦如此，邂逅豈即非良圖。君莫笑，劉毅從來布
衣願，家無儋石輸百萬。

此時子美已三十五歲，但這首詩所表現的少年豪放之情，躍然紙上。客中除夕遣興，偶然博勝豈不快哉。但是子美快意一擲，卻是呼白不成梟而輸了。因此借晉人劉毅的故事以自解。（註）當然這首詩不能純以除夜博局看，有心人意在言外，在喧鬧之中，

我們不難想像子美當時的心情。

　　子美從「快意八九年」的吳越齊趙壯遊之後，來到大唐帝國的京城長安。這裡是政治經濟及文化的中心。富麗的宮室，朱門宅第，一片繁華景象。但子美卻是一名布衣，也不身懷多金，但他並不自卑，而以他的詩名，在長安尋找機會，展開活動。最大的企望是獲得功名，踏上仕途。以自己的才幹，「致君堯舜上」一展抱負，創一番事業。

　　天寶六載（西元七四七年）玄宗詔令「天下士人有一藝者，皆得詣京師就選」對子美來說，是一個極好的機會。因而立即應詔赴考，滿以為一考及第便可登身仕版。豈料這竟是當時權相李林甫的陰謀，由他一手設計的一場騙局。最滑稽可笑的是全體考生竟無一人及第。上表說「野無遺賢」，玄宗竟然相信了。這是空前絕後的考試大笑劇。

　　當時詩人元結也是與試的一員。他在「諭友」一文中，記述了這次考試的始末：「天寶丁亥中，詔徵天下士人有一藝者，皆得詣京師就選，相國晉公（李）林甫以草野之士猥多，恐洩露當時之機，議於朝廷曰：『舉人多卑賤愚聵，不識禮度，恐有俚言，污濁聖聽。』於是奏待制者悉令尙書長官考試，御史中丞監之，試如常例。已而布衣之士無有第者（李林甫）遂賀人主，以為野無遺賢。」

　　（註）樗蒲是古時的賭具，賭法甚繁，今已失傳。晉書「劉毅傳」：毅於東堂聚樗蒲大擲，一判應至數百萬。餘人並黑犢以還。惟劉裕及劉毅在後。毅次擲得雉，大喜。繞床叫謂同座曰「非不能盧，不事此耳。」裕惡之，因接五木久之，曰：「老兄試為卿答。」既而四子俱黑，一子轉躍未定，裕屬聲喝之，即成盧。又程大昌「演繁露」：盧在樗蒲為最高之采，梟固為善齒，而殺梟者又當得雋，則梟之采品，非盧比也。

　　子美在以後的詩作中，「奉贈鮮于京兆二十韻」也提到這次制舉失敗的事，「破膽遭前政，陰謀獨秉鈞。微生沾忌刻，萬事益酸辛。」在「贈比部蕭郎中十兄」中，也流露了憤慨之情，末段說：「漂蕩雲天闊，沉埋日月奔。致君時已晚，懷古意空存。」

　　這次所謂考試，雖然全體與試者都遭同一命運，但對子美的打擊實在太大。不說「竊比稷與契」的滿腔熱情，卻落得「致君時已晚」的悲憤、感嘆，而且壯年無多，流落長安生活陷於困境。

　　李隆基本來是一英主，即位之初勵精圖治，開創了開元盛世。但是三十年的昇平歲月，使玄宗自滿自溺，以為從此天下太平，可以無憂無慮的享受了。於是追求驕奢無度的享樂，迷信長生不老的道士方術，沉溺聲色。開元廿七年他最寵愛的武惠妃死後，十分寂寞，因而看中自己的兒子十八皇子壽王瑁的妃子楊玉環的艷色，於開元廿八年（西元七四〇年）設計先把她送入道觀做名女道士，然後迎入宮中冊封為貴妃。當時玄宗五十五歲，楊玉環廿二歲。

　　玄宗從此荒於朝政，政事全由李林甫處理。李林甫是唐高祖李淵從叔伯兄弟長平王的曾孫，算是一個關係疏遠的宗室。史傳說他：「面柔而有狡計，能伺候人主意。故驟歷清列，為時委任，而中官妃家，皆厚結托，伺上動靜，皆預知之，故出言進奏，動必稱旨。」他一心討好玄宗，故能專政自恣凡十九年。

　　李林甫小字哥奴，自幼是個紈袴子弟，雖然不學卻是有術，他擅長音律，這一點倒是與玄宗相同，成為他的知音了。這位公子哥兒一旦顯達，當然寶馬香車，過著極其奢華的生活。一個略識之無的人，卻居高位而且主持選部。當時選人嚴迴的判語中有「杕杜」兩字，這是詩經中的篇名，李林甫卻不識杕字。他問吏部侍郎韋陟：「此云『杕杜』何也？」韋低頭不敢回答。後來他

的表兄弟太常少卿姜度生子，他親自寫信祝賀，竟說「聞有弄獐之慶。」令人啼笑皆非。

李林甫唯一的本領，上伺主意，下結中官妃嬪。用各種手段排除並打擊異己的大臣，忌刻當時有名望的文士，大量製造冤案，如杖殺李邕，裴敦復，陷害皇甫惟明、韋堅兄弟以及逼死李適之等不一而足。他這樣的作惡多端，常常提防別人報復暗算。連他的兒子李岫也為擔心，有一次隨他遊後園時說：「大人久處鈞軸，怨仇滿天下，一朝禍至，欲為得乎？」林甫不樂答道：「勢已如此，將若之何？」及至天寶十一載十一月死後，遭到另一個大惡人楊國忠的報復，誣奏他與蕃將阿布思同謀叛逆，被詔奪官爵，剖棺抉取含珠，褫去金紫，改以小棺庶人之禮葬之，諸子也遭貶嶺外。

李林甫死後，楊國忠由於楊貴妃的關係，繼李林甫當了宰相。於是政權由一個大奸佞轉移至另一個大奸佞手中。李林甫種下的安史之亂的因，到楊國忠便催它開花結果。李林甫在位時，安祿山對他有所畏憚，對國忠，安祿山便放膽得多了。他恃玄宗和貴妃的寵信，時常利用機會進讒，一心想排擠楊便可為所欲為了。

貴妃的得寵，史傳及野史已記載得夠多。楊國忠的依附而至相位，實在是荒淫的君主自己一手安排的悲劇。

楊國忠是貴妃的從祖兄，不學無術，能飲酒，好賭博。人品很壞，為宗黨所鄙視，因而發憤至蜀從軍，授新都尉，考滿，家貧不能還鄉，當地富戶鮮于仲通常常周濟他。貴妃的父親楊玄琰死在四川，楊國忠往來其家，因此跟楊家姐妹廝混熟了，特別是跟二姑娘（後來成為虢國夫人）勾搭上了。日後便利用這多層關係進入禁中。這種小人善於察言觀色，討人歡心，因而獲得玄宗的賞識。那時李林甫掌權，楊國忠便討好他，狼狽為奸剪除異己。

及至李死當上宰相，更是胡作非爲從此朝政日非，爆發了安史之亂。

　　杜甫於天寶六載應詔退下，在長安潦倒困頓鬱鬱寡歡。他想起剛從河南尹遷尙書左丞的韋濟，於是寄詩給他傾訴衷腸，希望他能同情與援引。他的「奉贈韋左丞丈二十二韻」，是一首很好的陳情詩，抒事、抒情之餘，也不免大發牢騷。原詩是：

　　紈袴不餓死，儒冠多誤身。丈人試靜聽，賤子請具陳。

　　甫昔少年日，早充觀國賓。讀書破萬卷，下筆如有神。

　　賦料揚雄敵，詩看子建親。李邕求識面，王翰願爲鄰。

　　自謂頗挺出，立登要路津。致君堯舜上，再使風俗淳。

　　此意竟蕭條，行歌非隱淪。騎驢十三載，旅食京華春。

　　朝叩富兒門，暮隨肥馬塵。殘杯與冷炙，到處潛悲辛。

　　主上頃見徵，歘然欲求伸。青冥卻垂翅，蹭蹬無縱鱗。

　　甚愧丈人厚，甚知丈人眞。每於百僚上，猥誦佳句新。

　　竊效貢公喜，難甘原憲貧。焉能心怏怏，祇是走踆踆。

　　今欲東入海，即將西去秦。尚憐終南山，回首清渭濱。

　　常擬報一飯，況懷辭大臣。白鷗沒浩蕩，萬里誰能馴。

　　韋濟的父親韋嗣立，是子美祖父杜審言的同輩，子美與韋濟可說是有通家之好。雖然韋濟很關心和看重子美，但仍然沒有辦法給子美謀到什麼職位。

　　在這段期間，子美交遊漸廣，宴飲日多，因追憶舊事，寫了一篇「飲中八仙歌」，一人一段合八人爲一章。

飲中八仙歌

　　知章騎馬似乘船，眼花落井水底眠。汝陽三斗始朝天，

　　道逢麯車口流涎。恨不移封向酒泉。左相日興費萬錢，

　　飲如長鯨吸百川，銜杯樂聖稱避賢。宗之瀟灑美少年，

> 舉觴白眼望青天，皎如玉樹臨風前。蘇晉長齋繡佛前，
> 醉中往往愛逃禪。李白斗酒詩百篇，長安市上酒家眠。
> 天子呼來不上船。自稱臣是酒中仙。張旭三杯草聖傳，
> 脫帽露頂王公前，揮毫落紙如雲煙。焦遂五斗方卓然，
> 高談雄辯驚四筵。

「杜臆」說：「描寫八公，各極生平醉趣，而都帶仙氣。或兩句、或三句、或四句，如雲在晴空，舒卷自如，亦詩中之仙也。」

子美的熱情和期望在緩緩消退，想起在陸渾莊的妻子，這兩年過的日子可真孤寂，心裡充滿了歉意。但現實卻是無奈的，他在長安也很寂寞，表面上他與上層社會如汝陽王、得勝入朝的安西副都護高仙芝都有來往，但充其量只是門客，週旋其間在於維持體面和生活。到了天寶八載冬天，他終於決定暫回東都探望妻子，參觀太微宮，欣賞吳道子所作的壁畫。

太微宮在洛陽積善坊，供奉的是太上老君老子李耳。唐代帝王奉李耳為祖先，因尊為太上玄元皇帝。子美參觀太微宮，主要目的在於欣賞吳道子畫的五聖真容及老子化胡變相，丹青神妙，無以復加。

吳道子是陽翟（河南禹縣）人，少時孤貧，相傳曾學書於張旭、賀知章不成而罷，轉而習畫，不到廿歲便有盛名，玄宗任為內教博士，改名道玄在宮廷作畫。吳道子在長安、洛陽各地寺觀的壁畫很多，後世佛教畫像無出其右者。宋代蘇軾推崇他的畫說：「畫至吳道子，而古今之變，天下之能事畢矣。」

子美成家八九年來生活一直無法安定，而且跟妻子聚少離多，內心很是歉疚，但楊夫人毫無怨尤。子美雖多次提起想接楊夫人一起到長安去，畢竟夫妻相守，飲食起居彼此可以照應。只是長安實在居大不易，光就住的問題一時便無法解決。

「郎君一人在京師可以從容將事，」楊夫人說，「你試想目前的環境，我是不能去增加負擔的。」

子美也以為是，深情地望著她，好久好久才說：「只是苦了你。」

「我在這裡，鄰居長幼都對我很好。」楊夫人愉快地說，希望子美放心。

子美總算在陸渾莊跟楊夫人過了一個溫暖的年。喝著楊夫人自己釀造的新酒，鄰居們也不時殷勤相呼，子美愁懷一寬，把長安許多不愉快的事，統統忘掉了。

正月過後，子美從洛陽返回長安。兩京之間，道路寬廣驛車不絕、行旅方便，所以雖在春寒冰雪載途之時，亦不為苦。

子美回到京師，立刻又投入繁忙的社交生活中。這時期他與名相張說之子張垍、張均兄弟均有來往。張垍是駙馬，張均是翰林供奉，兩人均有文名。子美倒不是趨炎附勢者，而是別人也震於他的詩名願與相交的。子美有「贈翰林張四學士垍（音既）」一詩，全篇是稱頌的句子。但末段有「此生任春草，垂老獨漂萍。儻憶山陽會，悲歌在一聽。」則是自抒際遇，不無希望介薦之意。

這年冬天，接到洛陽楊夫人來信喜得一子，子美大樂。三十九歲始為人父，在那時已是很遲很遲了。子美命名「宗文」可見他上韋左丞丈的詩「紈袴不餓死，儒冠多誤身。」是憤激語。他心想明年四十歲了，是一個重要的階段，希望一切都因兒子的出生而帶來好運。

玄宗在開元初期銳意革新，頗有作為，到了天寶年間，便漸漸耽於逸樂，相信陰陽五行，推崇道教。和所有帝王一樣，迷信長生不死。上有好者，下必甚焉，於是在朝官員，在野的處士、山人，為了討好玄宗，博取恩寵，便利用許多方法謀進身之階。

以故爭言符瑞，群臣賀表以祝聖壽。因而導致謝天地祖宗之恩的行三大禮的事來了。所謂三大禮是朝獻太清宮（祭長安老子廟）朝享太廟（祭李唐王室祖先）和合祭天地。

就在天寶十載（西元七五一年）正月，玄宗祝太清宮、太廟、祀南郊。子美這年四十歲，他作三大禮賦以獻，這是選擇了最適當的時機謀進身之階。他在表文中說：

「臣生長陛下淳樸之俗，行四十載矣。與麋鹿同群而處，浪跡於陛下豐草長林、實自弱冠之年矣。……頃者賣藥都市，寄食友朋。竊慕堯翁擊壤之謳，適遇國家郊廟之禮，不覺手足蹈舞，形於篇章。……臣謹稽首投延恩匭，獻納上表。」

子美在長安這幾年，正如表中所說：「賣藥都市，寄食友朋。」可見他是靠種藥、採藥、賣藥以補貼生活之資。旅食京華的困窘是可想而知的了。

這賦在時機上可說是獻對了。新唐書記載：「帝奇之，使待制集賢院，命宰相試文章。」御批如此，照理子美可以出頭，然而過了許久卻一點消息都沒有。無疑的，問題出在「命宰相試文章」這一句上。其時李林甫為相，當然子美又遭排斥了。次年李死，換了陳希烈為相，但陳是楊國忠所薦，這些因素都對子美不利。

從開元廿三年參加科舉到屢次的投詩以及現在的獻賦，子美一直受挫，自忖功名無份，不能踏入仕途，不能獲得官守，則無法一展「致君堯舜上，再使風俗淳。」的抱負。心情甚是抑鬱。入冬時節體力虛弱便染上了瘧疾。他自己的詩中說：「瘧癘三秋孰可忍，寒熱百日相交戰。」可見這病延續了三個多月之久。他在「投簡咸華二縣諸子」一詩中說「赤縣官曹擁才傑，軟裘快馬當冰雪。長安苦寒誰獨悲，杜陵野老骨欲折。」真是血淚之詞。

在長安貧病交加，子美的狀況是可想而知了。這年除夕他應邀在從弟杜位西曲江的家中吃年夜飯守歲。杜位是李林甫的女婿，也算是豪門了。子美作

杜位宅守歲

> 守歲阿戎家，椒盤已頌花。盍簪喧櫪馬，列炬散林鴉。
>
> 四十明朝過，飛騰暮景斜。誰能更拘束，爛醉是生涯。

待制集賢院尚未授官，歲除之夕，子美感慨良深，而那些趨炎附勢的來客，在杜位面前脅肩諂笑，俯仰作態，子美看得很不舒服，因而放懷飲酒，目無餘子，寧可一醉方罷。

又是一年過了。子美再看到長安春色，他去冬病後虛弱的身體逐漸復原，他在曲江散步也參加文酒之會。元宵節看燈，火樹銀花十分熱鬧，可是他想念陸渾莊的楊夫人和尚未見面的稚子，因而在牡丹花時他又返回東都。子美這次回陸渾莊，從長安帶了一些特選的參藥給楊夫人服食。看見母子二人都健康，看見小兒子可愛的笑容，子美覺得什麼都不重要了。

四、等待授官　長安居不易

兩、三個月的小聚，子美又得回長安。因為授官雖無著落，卻也并未絕望。同時得到消息，好友高適將隨河西節度使哥舒翰入朝，不能不回去等待晤面。心裡更暗想，高適幾年活動干謁一事無成，最後經由哥舒翰的判官田梁丘的汲引，參加哥舒翰的幕府，未始不是一條出路。這時的子美，心中已萌生了參軍之意。

天寶十一載（西元七五二年）的秋天，高適來到長安。於是幾位詩人朋友：岑參、薛據、儲光羲等五人聚在一起，他們一同去遊慈恩寺塔（即大雁塔）。慈恩寺始建於貞觀廿二年（西元六四九年）十二月，太子李治為追報亡母長孫皇后恩德，在晉昌坊

東邊建寺院、重樓、複殿、雲閣、禪房十餘院，僧衆多達三百人。

慈恩寺塔初建五層高一百八十尺，屢經兵火，幾經改建增爲七層。是一座仿木結構的樓閣式磚塔。底層東西兩側嵌有兩塊石碑，西側爲「大唐三藏聖教序」是唐太宗爲玄奘所譯經書經書寫的序文，東側爲「大唐三藏聖教序記」是高宗寫的記文。二碑都是褚遂良所書寫。

他們五人都有詩作，但是子美親身經歷許多事故，特別敏感，已經覺察到政治、社會的危機已日趨嚴重。玄宗耽於逸樂，寵愛貴妃，遍及楊氏兄妹。楊國忠豈是有經國濟世的相才，小人用事，正直的大臣一一被逐黜，眼見一場大禍很快就會出現了。子美的詩「同諸公登慈恩寺塔」末段說：「秦山忽破碎，涇渭不可求。俯視但一氣，焉能辨皇州。迴首叫虞舜，蒼梧雲正愁。惜哉瑤池飲，日晏崑崙丘。黃鵠去不息，哀鳴何所投。君看隨陽雁，各有稻粱謀。」自傷傷世，表現得非常明顯。天下將亂而宴飲如常，子美登高望遠，正不知長安將會發生怎樣的變局。

歡聚不久，高適別去。子美與高適這相聚期間，約略提到連年的遭遇，也透露了想入幕參軍的意思。但另一方面，子美也想到哥舒翰的用兵征伐，并非國家之福。是以在「送高三十五書記十五韻」一詩中，不免有點微詞。但朝廷政策不確定，邊防若沒有哥舒翰坐鎮，長安的安危便堪虞了。

局勢并沒有改變，玄宗依然過著奢侈的享樂生活。政治的黑暗，朝廷的腐敗日甚一日。天寶十二載（西元七五三年）的春天，子美寫下了「麗人行」一詩，揭露玄宗縱容楊氏集團在曲江春遊驕奢淫佚的生活。開頭說：「三月三日天氣新，長安水邊多麗人。態濃意遠淑且眞，肌理細賦骨肉勻。繡羅衣裳照暮春，蹙金孔雀銀麒麟。……紫駝之峰出翠釜，水晶之盤行素鱗。……黃門飛鞚

不動塵，御廚絡繹送八珍。」結句是：「灸手可熱勢絕倫，愼莫
近前丞相瞋。」這是非常明顯指著楊國忠而言的。

　　子美對朝庭似已絕望，他深深覺得不能因想授官，而對廟堂
大臣再作頌揚之詞，以求援引。詩人應有其自己的尊嚴，詩章應
爲國家社會的現實情況作眞實的反映。個人的得失是不能計較的。

　　這年天寶十二載，楊夫人在陸渾莊又產一子，子美命名宗武。
有了兩個小孩，生活的負擔也就加重了。子美覺得長久的分離不
是辦法，因而於第二年春天，把楊夫人母子接到長安。由於沒有
固定收入，京中確實居不易。子美祖籍京兆杜陵（今西安市南），
其南爲杜陵又稱下杜城，那裡聚居的仍是杜氏宗族，只是年代久
遠，已長久沒有往來。這回迫於情勢，子美到那裡去拜訪宗族，
說明自己的情況，因而順利賃得一間屋子，安置家小。自此子美
便自稱杜陵布衣、杜陵野客或少陵野老。

　　天寶十三載（西元七五四年）的秋天，「霖雨害稼，六旬不
止」，糧食沒有收成，長安米價暴漲。楊國忠爲隱瞞眞相，卻「
取禾中之善者」以獻曰：『雨雖多，不害稼。』昏庸的玄宗日夕
在宮中作樂，對六旬不止的淫雨竟等閒視之。雖曾問高力士：「
淫雨不已，卿可盡言。」對曰：「自陛下以權假宰相，賞罰無章，
陰陽失度，臣何敢上言。」上默然。冰凍三尺，非一日之寒，變
亂之生實已迫在眉睫了。子美內心對把持朝廷的奸相十分悲憤，
對升斗市民的困苦又十分同情，因而寫下了「秋雨嘆三首」，揭
露楊國忠欺君的謊言，不顧民生疾苦的罪行。寫完第二首還在推
敲時，看見三歲的兒子宗文，在門前的一片水窪中跑來跑去，用
舊的竹籃當船在遊玩，不覺愁緒一寬，覺得這雨水能爲孩子們帶
來一點遊樂的歡欣，自己也就一展片刻的歡顏，在第三首中於是
得了這麼一聯「老夫不出長蓬蒿，稚子無憂走風雨。」

秋雨嘆三首

雨中百草秋爛死，階下決明顏色鮮。著葉滿枝翠羽蓋，
開花無數黃金錢。涼風蕭蕭吹汝急，恐汝後時難獨立。
堂上書生空白頭，臨風三嗅馨香泣。

其二

闌風伏雨秋紛紛，四海八荒同一雲。去馬來牛不復辨，
濁涇清渭何當分，禾頭生耳黍穗黑，農夫田父無消息。
城中斗米換衾裯，相許寧論兩相直。

其三

長安布衣誰比數，反鎖衡門守環堵。老夫不出長蓬蒿，
稚子無憂走風雨。雨聲颼颼催早寒，胡雁翅濕高飛難。
秋來未曾見白日，泥污后土何時乾。

　　移家到下杜城不過半年，本來生活就不寬裕，偏偏遭遇二個
多月的淫雨，長安米珠薪桂，子美的困窘就可想而知了。他在「
九日寄岑參」詩中有一節說：「出門復入門，雨腳但如舊。所向
泥活活，思君今人瘦。沉吟坐西軒，飲食錯昏晝。寸步曲江頭，
難為一相就。」

　　生活的維持日見困難，子美的心情極端惡劣。楊夫人照顧兩
個稚齡的孩子和丈夫的飲食已夠忙了，實在沒有餘力做點幫忙生
計的工作。這一場水災，鬧得蔬菜肉食價格暴漲，使她不知何以
為計。心裡發愁，卻抑制著不敢表露在面容上，怕嬌兒發問，更
怕影響丈夫的心情。

　　這晚孩子們睡了，子美坐在昏黃的燈前，怔怔地望著自己的
詩稿。楊夫人悄悄走近他，正看到寄岑參的詩，結句是「寸步曲
江頭，難為一相就。」丈夫想訪近處的岑參，一抒胸中的鬱悶，
竟為雨所阻也實在可憐。想說一句勸慰的話，卻不知從何說起。

倒是子美抬起頭來望著楊夫人：「孩子睡了，你來坐坐。」

「雨好像小了些，但願明天你能出門散散心。」

「倒不一定要出門，」子美說「我寫出來，心裡便舒坦多了。只是京中生活費用太高，令人憂慮。」

「我也在想，目前你還在飄浮不定，在京師實在開支太大，」楊夫人說，「不如搬到北方小縣，那裡生活省儉，你可不必分心，等到你把事情弄得安定了，再圖團聚。」

子美沉吟了一刻，同意楊夫人的看法。但是選擇什麼地方搬呢？

「我有一房表親在奉先，請他幫忙找房子。離京師不過兩百多里，訊息來往也很方便。」

子美同意了。因而雨止之後，便匆匆把家小送去奉先。

自此，子美一人留在長安，以詩會友，出入豪門，但他只是一名布衣，這樣的旅食京華自然是很辛苦的。

這年秋雨為患，玄宗以為宰相不稱職。於是楊國忠舉薦較柔順易於控制的韋見素。韋原是相王（睿宗即位前封此）府舊屬，因此玄宗於八月拜他為武部尚書同中書門下平章事，代替陳希烈。

韋杜原是世交，子美寫了一首「上韋左相二十韻」的詩。詩中的頌揚之詞寫得很典雅堂皇，一開頭敘昇平勛業「鳳曆軒轅紀，龍飛四十春。八荒開壽域，一氣轉洪鈞。」既然「霖雨思賢佐，丹青憶舊臣。」韋見素入相了。最後便自敘困窮，有望於韋相的吸引。「巫咸不可問，鄒魯莫容身。感激時將晚，蒼茫興有神。為公歌此曲，涕淚在衣巾。」除了這首詩還有同年進的「封西岳表」，子美是奇予很大的希望的，但仍然久久都無消息。

子美安家奉先後，暫時忘卻了家累，真是以杜陵野老之身在京師旅食。他的詩名在士大夫之間傳播日廣，因此他在上層社會

的應酬頗爲活躍。他經常來往的是駙馬鄭潛曜，廣文館博士鄭虔以及詩人岑參兄弟等。還有一些貴介公子，慕子美的詩名，有時也來邀請他參加他們的遊宴。在韋曲、曲江及西陂，渼陂常有子美的遊蹤，也留下了他的詩篇。

他陪鄭駙馬遊京師明德門外三十里的韋曲，那裡是遊樂勝地。貴家園亭，侯王別墅多在於此。還有啓夏門外的杜曲也是同樣有名，所謂「城南韋杜，去天尺五。」

子美作紀遊詩兩首，其一是：

> 韋曲花無賴，家家惱殺人。綠樽須盡日，白髮好禁春。
> 石角鈎衣破，藤梢刺眼新。何時占叢竹，頭戴小烏巾。

他也陪貴公子丈八溝攜妓納涼，晚際遇雨作詩兩首，其一是：

> 落日放船好，輕風生浪遲。竹深留客處，荷淨納涼時。
> 公子調冰水，佳人雪藕絲。片雲頭上黑，應是雨催詩。

詩句頗含有幽默調侃之意。公子那能如老杜，要作一首詩是很難的。故有「快下雨了，快把詩寫好。」的催促。

他與鄭虔，年齡相差不大，同是詩人又同樣貧困，因此交往很密。霖雨六旬，米價騰貴，京師出太倉米平糶，子美因無官守俸祿，具有平民買平價米的資格。在這樣困難的情形下，他還是「日糴太倉五升米，時赴鄭老同襟期。得錢即相覓，沽酒不復疑。忘形到爾汝，痛飲眞吾師。」

他與鄭虔來往，是窮愁中一大快事。這天有錢他又找鄭虔去了。當然又是沽酒痛飲。鄭虔「在官貧約，甚淡如也。」子美頗爲不平，三杯兩盞過後，便發起牢騷來了，當然也自道苦情。因作贈鄭虔的「醉時歌」三首，一吐胸中塊壘。

鄭虔是詩人、畫師書法家三絕。雖然玄宗重其才，置廣文館任他爲博士，實際名尊而位不貴，俸祿有限，家庭開支不小。他

是完全不懂生計的詩人、藝術家，和子美一樣嗜好飲酒，也喜歡遊山玩水。子美常陪他去遊何將軍山林。其地是在樊川北原的少陵原，自司馬村起，至何將軍山林而止，高三百尺，在杜城之東韋曲之西，俗稱爲塔陂。前後作詩凡十五首。詠山水竹石、花木虫蟲，有不少好的聯句。第五首是：

> 剩水滄江破，殘山碣石開。綠垂風折筍，紅綻雨肥梅。
> 銀甲彈箏用，金魚換酒來。興餘無灑掃，隨意坐莓苔。

子美與岑參兄弟曾頻遊渼陂。渼陂在京兆鄠縣西五里，周圍十四里，北流入澇水。陂上有紫峰閣，陂環抱山麓。水質味美，所以稱渼陂。他有好幾首遊渼陂的詩，茲錄其一首。

城西陂泛舟

> 青娥皓齒在樓船，橫笛短簫悲遠天。春風自信牙檣動，
> 遲日徐看錦纜牽。魚吹細浪搖歌扇，燕蹴飛花落舞筵。
> 不有小舟能蕩槳，百壺那送酒如泉。

美女、醇酒、歌舞，牙檣錦纜，一舟容與，這樣的遊宴，使子美暫忘煩愁，放懷一飲。

長安之春，百花爛漫。子美週旋於士大夫之間，有的是參加遊宴的場所，但他畢竟是詩人，不是隨便趨附的。子美所與遊的是尊重他的新交，如左金吾大將軍李嗣業。而經常來往的還是氣味相投的鄭虔。這時候老朋友蘇源明（預）已於前一年從東平太守調爲國子司業。長安重逢，另是一番情懷。回憶少年齊趙之遊時，樽酒論文，林野狩獵，忽忽已二十年矣。

蘇源明在京師，官職與鄭虔類似，所以時相過從。子美當然也會隨時湊在一起。雖說蘇源明一直官運不錯，但他是性情中人，極重視朋輩間的交誼。蘇源明當年在兗州當監門胄曹時，即表現出慷慨不羈的性格。他並不在乎從東平太守、知制誥的熱官，調

為國子司業的閑曹。倒是與鄭虔也很投契，他常常邀鄭虔與子美上酒樓歡飲，酒酣耳熱，放言高論。子美曾作「戲簡鄭廣文兼呈蘇司業」一詩：

> 廣文到官舍，繫馬堂階下。醉則騎馬歸，頗遭官長罵。
>
> 才名三十年，坐客寒無氈。賴有蘇司業，時時乞酒錢。

（此詩分上下兩部份，四句轉韻。）

廣文清貧，子美更甚。所以酒資只有由不窮的蘇源明來付了。

五、辭河西尉　就率府參軍

自春至秋，日子過得很快。朝廷終於在天寶十四載（西元七五五年）委派子美河西尉的小官。河西在今陝西省合陽縣。縣尉的官職使子美深感失望，這並不是職階很低，而是因為這個職位並不適合作為詩人的子美。據新唐書百官志載：「縣令掌導風化，察冤滯，聽獄。凡民田收授，縣令給之。」而「縣尉分判眾曹，收率課調」這縣吏官卑事繁，朝廷公事時刻相逼，非按期完成不可。高適的詩中曾說：「拜迎長官心欲碎，鞭撻黎庶令人悲。」更有甚者，不僅鞭撻百姓，即縣尉自己公事未能剋期辦好，也會遭長官鞭撻的。三年前高適隨哥舒翰入朝時，子美作詩送他其中便有說：「脫身簿尉中，始與捶楚辭。」捶楚黎庶與自己被捶楚，詩人看來是同樣難堪而可悲的。想來想去，寧可艱難過日子，也不領受這份差事。於是辭謝此職。後來朝廷改派他為右衛率府胄曹參軍，這是宿衛東宮太子府的閑曹，管理一些武庫兵器和門禁等的瑣事。任職地點就在長安，這一點很重要。子美覺得憑自己的詩名，和十年來在上層社會的人際關係，將來會是有希望的。因此樂於接受此職。這樣一來有一份微祿可以贍養奉先的家小，自己也可以留一點酒資。所以他在「官定後戲贈」一詩中說：

不作河西尉，淒涼爲折腰。老夫怕趨走，率府且逍遙。

耽酒須微祿，狂歌托聖朝。故山歸興盡，回首向風飆。

詩是戲贈給自己。這眞是踏上仕途了，子美自笑這就是營求多年的結果嗎？有了微祿可以解決家人的溫飽，自己也可以和鄭虔歡酌，不必時時叨擾蘇源明了。不過這樣的一個官職，叫詩人去管武庫，完全是弄錯了行，心裡實在不無反感。

感慨之餘，信步出門，又到了鄭虔那裡。

「你來得正好，」鄭虔笑望著子美，「剛剛有人送來好酒。」

「口福，口福。」子美喜不可抑。

家常菜肴，淺斟低酌。酒是醇的，友情是溫暖的。兩人不覺都有點酒意了。子美索取紙筆，寫下了一首「去矣行」：

君不見鞲上鷹，一飽即飛掣。焉能作堂上燕，銜泥附炎熱。

野人曠蕩無覥顏，豈可久在王侯間。未試囊中餐玉法，明朝且入藍田山。

「你不是說『故山歸興盡』嗎？怎麼……是何謂哉。」鄭虔的口齒顯得有點不清了。

「發發牢騷，」子美說，「不必認眞，我該罰，」隨即舉杯一飲而盡。

「呵，」鄭虔笑了「我可是少不了你這個酒友。」

「留在長安，留在長安。」子美抱拳致歉，「縱不做率府參軍，也得另謀一個跟詩書文字沾得上邊的官兒才好。」

「這才是，」鄭虔說「我們來想辦法。」

十月初寒，玄宗已偕貴妃一行到驪山溫泉避寒了。而長安物價正在上升，范陽（今北京）傳來消息，安祿山的動態，大有圖謀叛亂的意向，朝廷人士的看法并不一致，一部份人認爲他受玄宗恩寵，應該不致如此，但言人人殊，長安人士隱隱然心懷憂慮。

　　安祿山的發跡頗有點傳奇性，他原是營州柳城（今遼寧朝陽縣）胡人，本姓康，母親阿史德是個巫婆。居住突厥，以卜為業。據說安祿山生時「光照穹廬，野獸盡鳴」。望氣的預言家說是祥兆。范陽節度使張仁愿派人去搜查廬帳，要殺這母子，但他們躲藏起來過了這一關。他從小死了父親，隨母改嫁突厥人安延偃，便改姓安名祿山。他和史思明同鄉，前後一日出生。童年玩伴，長大後成為好友。他們小時候聰明，懂得六番語言，都做互市牙郎，賺了一些錢。安祿山很是驍勇，幽州（唐屬河北道，今北京附近）節度使張守珪選拔他為捉生將，每次出任務，都能捉拿幾十個契丹人回來。

　　祿山生性狡猾，善揣人意，因而博得張守珪的喜歡，收為養子。他並諂媚賄賂河北採訪使張利貞，得以被晉升為平盧軍節度使。開元廿四年（西元七三六年）以平盧討擊使、左驍衛將軍身份，被派討伐奚、契丹的叛亂力量。安祿恃勇輕進，以致戰敗。張守珪奏請斬殺。安祿山臨刑時大叫：「大人不欲滅奚、契丹耶？奈何殺祿山」張守珪心軟，也愛他的驍勇，因先免其死，把他押送京師去處置。

　　那時候中書令張九齡以為「守珪軍令若行，祿山不宜免死。」玄宗卻因為他驍勇而姑息他。張九齡雖力爭「祿山失律喪師，于法不可不誅。且臣觀其貌有反相，不殺必為後患。」玄宗笑了：「卿勿以王夷甫識石勒，枉害忠良。」終於把他赦了。

　　安祿山回到幽州之後，便更加使用諛媚、賄賂的手段，結好朝廷派到河北的使者，這些官員得了他許多好處，回朝後無不稱贊安祿山，玄宗也就更器重他了。加上李林甫、楊國忠高力士附和玄宗，於是得以大用。不十年間，祿山一身兼領東北方三大重鎮平盧、范陽（今北京市大興縣）和河東（今太原市）的節度使。

統領的軍隊，佔全國各鎮節度五十萬衆的半數，位高權大，使他野心勃勃蓄意圖謀叛亂。李林甫在世時，安祿山怕他猶頗多顧忌，因爲李林甫和他是同一類型的人，了解他的心計，明裡暗中使用一些手段，時時給予警告。李林甫死後，楊國忠當權，安祿山便不把他放在眼裡。謀叛的意圖日益明顯，朝廷內外包括楊國忠在內，都已有所覺察。楊國忠曾說祿山必反，「陛下試召之，必不來。」但是安祿山狡猾極了，已了解召意，他深信玄宗和貴妃的寵信猶隆，因而聞命即至，謁見玄宗於華清宮。這一來，粉碎了楊國忠的進言，從此玄宗便不聽信楊國忠的話了。

其實除了玄宗和貴妃之外，人人都覺察到安祿山之叛亂，只是遲早間的事。子美在「奉同郭給事湯東靈湫作」一詩，中有「坡陀金蝦蟆，出見蓋有由。至尊顧之笑，王母不遣收。復歸虛無底，化作長黃虯。」的句子，即是預言叛亂將至，至尊（玄宗）王母（貴妃）這樣的姑息，遣歸之後將難約制，終必爲禍矣。

安祿山詭計多端，常常假裝愚蠢，不識禮數，以博上下的歡笑。他看見玄宗寵愛貴妃，便請求當貴妃的乾兒子，皇上答應了。

以後進見時，安祿山便先拜貴妃後拜皇上。玄宗問他何以故，他就：「胡人先母後父。」皇上聽了大喜，教他跟楊家和三位夫人結拜爲兄弟姊妹。更荒唐的是，安祿山生日，玄宗和貴妃都送了重禮，後三日召見禁中，以大襁褓裹祿山，戲爲洗兒。據資治通鑑載：「天寶十載正月、甲辰，祿山生日，上及貴妃賜衣服、寶器、酒饌甚厚。後三日召祿山入禁中，貴妃以錦繡大襁褓裹祿山，使內人以彩輿之。上聞後宮歡笑，問其故，左右以貴妃三日洗祿山對，上自往觀之，喜，賜貴妃洗兒金銀錢，復厚賜祿山，盡歡而罷。自是祿山出入宮掖不禁，或與貴妃對食，或通宵不出，頗有醜聲聞於外，上亦不疑也。」這樣的胡鬧，其後果自不難想

見。

　　子美就在官定後二旬，長安流傳著安祿山在范陽調兵遣將之時，於十月尾回奉先探望妻兒，他於北風勁且哀的寒夜動身，拂曉時分經過驪山腳下。這時玄宗和貴妃正在華清宮賜浴筵宴，歌舞作樂。子美感慨萬分，亂事將起，君王尚懵然不知。一路上千辛萬苦，看見老白姓生活艱難，子美傷心已極。更悲慘的是，到得家門，迎接他的不是妻兒的歡笑，而是哀哀號哭之聲。他的幼子已因飢餓貧病夭折了。這對詩人的打擊實在太大了，止不住的淚水滾滾流下，連鄰里也嗚咽不已。

　　子美痛定思痛，寫下了他有名的長篇敘事詩「自京赴奉先詠懷五百字」。開頭自述平生大志，中間寫路途見聞最後寫到家貧涕淚橫流，而愛國憂民之心，未嘗因本身的窮困而稍減。這篇詩與另一章「北征」，確立了子美詩史的地位，我們不可不讀：

自京赴奉先詠懷五百字

杜陵有布衣，老大意轉拙。許身一何愚，竊比稷與契。
居然成濩落，白首甘契闊。蓋棺事則已，此志常覬豁。
窮年憂黎元，嘆息腸內熱。取笑同學翁，浩歌彌激烈。
非無江海志，蕭灑送日月。生逢堯舜君，不忍便永訣。
當今廊廟具，構廈豈云缺。葵藿傾太陽，物性固難奪。
顧惟螻蟻輩，但自求其穴。胡爲慕大鯨，輒擬偃溟渤。
以茲悟生理，獨恥事干謁。兀兀遂至今，忍爲塵埃沒。
終愧巢與由，未能易其節。沉飲聊自遣，放歌破愁絕。
歲暮百草零，疾風高岡裂。天衢陰崢嶸，客子中夜發。
霜嚴衣帶斷，指直不能結。凌晨過驪山，御榻在嵽嵲。
蚩尤塞寒空，蹴踏崖谷滑。瑤池氣鬱律，羽林相摩戛。
君臣留歡娛，樂動殷膠葛。賜浴皆長纓，與宴非短褐。

彤庭所分帛，本自寒女出。鞭撻其夫家，聚斂貢城闕。
聖人筐篚恩，實願邦國活。臣如忽至理，君豈棄此物。
多士盈朝廷，仁者宜戰慄。況聞內金盤，盡在衛霍室。
中堂有神仙，煙霧蒙玉質。煖客貂鼠裘，悲管逐清瑟。
勸客駝蹄羹，霜橙壓香橘。朱門酒肉臭，路有凍死骨。
榮枯咫尺異，惆悵難再述。北轅就涇渭，官渡又改轍。
群水從西下，極目高崒兀。疑是崆峒來，恐觸天柱折。
河梁幸未折，枝撐聲窸窣。行李相攀援，川廣不可越。
老妻寄異縣，十口隔風雪。誰能久不顧，庶往共饑渴。
入門聞號咷，幼子餓已卒。吾寧捨一哀，里巷亦嗚咽。
所愧爲人父，無食致夭折。豈知秋禾登，貧窶有倉卒。
生常免租稅，名不隸征伐。撫跡猶酸辛，平人固騷屑。
默思失業徒，因念遠戍卒。憂端齊終南，澒洞不可掇。

　　子美回到家中，一片愁雲慘霧。更可悲的，此時安祿山完成謀畫，於十四年十一月九日，以清君側奸臣楊國忠的名義，在范陽稱兵作亂了。他率所部號稱廿萬大軍南下進攻中原。子美在奉先并無確切消息，祇是各方傳聞。局勢是混沌而深堪憂慮。子美覺得官守有責，應該回長安看個究竟。

　　「局勢既然如此，」子美望著楊夫人，希望取得她的同意，「我想該回長安看看。」

　　「事既如此，你去罷」楊夫人深明大義，「只是一路小心，早去早回。」

　　子美的疲累還沒有消除，又風塵僕僕的返回長安。一進長安都門，已確知安祿山的叛軍勢如破竹，正在向東都洛陽進發。

　　玄宗雖回到長安，召集大臣會議如何因應。由於連年耽於逸樂，君不成君，邊陲用武耗資巨大，部隊沒有訓練、沒有紀律，

一切不過因循敷衍，可謂軍不成軍，封常清、高仙芝奉命阻敵，但是安祿山的軍隊，所向披靡，十二月六日攻陷陳留（今開封），十日攻陷鄭州，十二月十三東都洛陽陷落，全國震驚，長安人心浮動，一片混亂。

子美看到這種情形，看到國家大難當頭，長安定將不保。他擔憂在奉先的家人，因而又出奔長安到奉先，與妻小商議，如何尋求一個較安全的安身之處。

在長安方面，當洛陽陷落之後，封常清原想與高仙芝在洛陽與長安間的潼關拒賊，但由於監軍宦官邊令誠的讒言，皆被昏庸的玄宗處死。他們的職務改由隴西節度使哥舒翰繼任。

天寶十五年（西元七五六年）元旦，安祿山在洛陽即帝位，稱大燕聖武皇帝。佈陣於潼關的哥舒翰與賊軍對峙不動，希望以持久戰挫賊軍的士氣，再待機出擊。但朝廷楊國忠這般人不了解戰略，屢促其出關決戰。要知此實不宜戰，是以六月四日出關，結果在函谷關的靈寶縣作戰大敗，逃回潼關，在部屬的要求下投降了。

六月十日宮中召開御前會議，楊國忠請求玄宗奔蜀，玄宗答應了。十三日早晨，玄宗帶著貴妃姊妹、皇子皇孫及楊國忠等近臣，偷偷出都，在陳玄禮率領禁衛軍保護下西行。次日軍次馬嵬驛軍士大譁，駐馬不發，殺了楊國忠及韓國夫人、秦國夫人。並由陳玄禮面陳玄宗請賜死貴妃。情勢如此，玄宗不能不答應了。這一幕有名的馬嵬驛的悲劇，在子美「哀江頭」詩中被稱為「昭陽殿裡第一人」的貴妃，終於「明眸皓齒今何在？血污游魂歸不得。」而玄宗在哀傷中，後悔不聽當年張九齡力主誅殺安祿山的話，致有今日。玄宗西行入蜀，他又怎能忘懷委宛馬前死的貴妃呢？奈何「清渭東流劍閣深」，卻是「去住彼此無消息」了。

　　玄宗將討賊的責任交給太子李亨，他逃到西北邊境寧夏省的靈武，在這樣一個機會下，沒有詔旨便迫不及待的即帝位，是為肅宗。改年號為至德。入蜀在成都安頓下來的玄宗，接到消息祇有苦笑，變成了有名無實的太上皇。

　　為了避難，子美決定先把家小搬到白水縣，安頓在舅氏崔少府高齋。然而賊氣正熾，戰火一天一天燃近，白水亦非安全之地。因而又從白水逃亡，奔往鄜州（今陝西富縣）

　　子美領著全家，在非常倉卒之間的一個夜裡離開白水。他的重表姪王砅和他一起逃亡，一家大小只帶了一點簡單的行囊徒步跋涉。在路上十幾天，正逢雨天，道路泥濘，忍飢挨餓，這種狼狽情形，大人猶可，孩子們便難以忍受了。一路上採摘野果權當乾糧，餐風宿露，飽嚐逃難的痛苦。

　　王砅騎馬領著兩家大小先行，及至發現子美落後了許久沒有趕上，心裡十分焦急，便只好回馬來呼叫找尋，走了十多里路，才發現子美在蓬蒿中寸步難行。王砅只好把馬給他騎，自己持刀牽轡護持，這樣才得重上征途。行行重行行，終於到了周家窪（一作同家窪），摸黑找到了住在這裡的朋友孫宰。

　　孫宰對子美的到來，既驚且喜。立刻吩咐家人張燈，速備熱湯飯食。

　　「國家不幸，二郎受苦了。」孫宰安慰他。

　　「一言難盡，」子美搖頭，「若非故人，我將何往？」

　　「別客氣，這裡荒僻，住下再說罷。」

　　戰亂之世，人人自危。子美對孫宰的高情厚誼，感激涕零。一盆熱水洗濯，一頓飽餐，整個疲累的身子，才得復有生氣，孩子們才能微笑酣睡。子美於事後追述逃亡，有「彭衙行」一詩道盡始末。詩中寫逃難困頓之狀，有「一旬半雷雨，泥濘相攀牽。

既無禦雨備，徑滑衣又寒。有時經契闊，竟日數里間。野果充糇糧，卑枝成屋椽。早行石上水，暮宿天邊煙。」

休息幾天之後，子美依照原定計畫仍續趕路，經華原，三川縣赴鄜州。三川這縣名，是以華池水，黑水，洛水三水合同得名。子美行經此地正逢三水暴漲。過了華原，一片汪洋，好不容易沿著一些土山包，在山溝裡小心行走。經過無數危難，過了洪水泛濫的三川地區，到達鄜州。將家小安置在羌村居住。

這時候，肅宗在靈武即位的消息傳到羌村，子美好不興奮，認為肅宗必能除舊佈新，有所作為，使唐室中興。一腔愛國熱忱，也懷著很大的抱負，安排好了家眷，即從羌村北行，想從延安出蘆子關（今陝西橫山縣附近）到靈武為國效力。誰料到他的時運太壞，在半路上竟被賊兵所執，押解到長安去了。

子美離開羌村時已略事化妝，隱秘身份。所以押到長安後，並未被叛軍方面認出他是杜甫。不像他的老友鄭虔與王維，因玄宗黑夜棄百官離京，都滯留在長安城內不及逃出。兩人都有名氣，因而被押赴洛陽。安祿山迫他們接受官職。兩京收復後朝廷按律治罪，王維因他弟弟王縉的庇護，說他在洛陽被囚時，寫了一首「凝碧」的詩，其中有「百官何日再朝天」的句子，足以說明其心向，官職是被迫加諸身上的。這樣，肅宗才把他赦免了。但子美的另一個朋友鄭虔，卻以次三等定罪，流放台州司戶。子美都有詩為他們辯解、傷惜。而特別對被迫從永王璘的李白，事敗後繫獄，釋放後長流夜郎，有兩首懷念、關切的詩，朋友的忠誠，死生不渝。歷來被人認為其重交誼可泣鬼神，在人情澆薄之世，足為千秋典範。他前後所作「夢李白」二首和「天末懷李白」一首，千古交情可謂至矣。

且看「夢李白」：

死別已吞聲，生別常惻惻。江南瘴癘地，逐客無消息。
故人入我夢，明我長相憶。君今在羅網，何以有羽翼。
恐非平生魂，路遠不可測。魂來楓林青，魂去關山黑。
落月滿屋梁，猶疑照顏色。水深波浪闊，無使蛟龍得。
浮雲終日行，遊子久不至。三夜頻夢君，情親見君意。
告歸常局促，苦道來不易。江湖多風波，舟楫恐失墜。
出門搔白首，若負平生志。冠蓋滿京華，斯人獨憔悴。
孰云網恢恢，將老身反累。千秋萬歲名，寂寞身後事。

天末懷李白

涼風起天末，君子意如何。鴻雁幾時到，江湖秋水多。
文章憎命達，魑魅喜人過。應共冤魂語，投詩贈汨羅。

　　子美身陷長安城中，十分小心隱秘身份，免得被賊所利用。
眼見昔日繁華的京城，處處都有他行吟的舊蹤跡。如今兵荒馬亂，
一片劫後的淒涼景象。更有甚者，玄宗奔蜀，帶走的不過一百多
人，許多王孫貴族、豪門公子，狼狽逃竄保命，有的藏身斷瓦殘
垣或荊棘叢中，有的淪落街頭，乞求隨人為奴。子美不忍目睹這
些慘象，滿懷悲憤，寫出了淒愴的詩歌「哀王孫」。

　　子美前後十幾年旅食京華，公卿士大夫間的酬應，王孫公子
的與共遊宴，一般士人僧道間的來往，使子美熟悉何處有山林園
丘，何處有勝跡，多少山間水邊留下他的遊蹤。當時一官未得，
生活困頓，三年前六旬霖雨，靠每天買平價米下鍋，還得勻出一
點酒錢來，他與鄭虔「得錢即相覓，沽酒不復疑。」困苦中率性
而為皆成喜悅，如今追憶起來，倒是覺得即是苦日子也是挺快樂
的。

六、奔靈武行在　疏救房琯

　　子美最初和其他人一樣，被拘住於幾間相連的大房子裡，有賊兵看管。後來他們認爲這些人不過是逃難的流民，監管也就鬆了，甚至給他們有限度的自由。子美經常溜出去在街上打轉，漸漸地他擴大行動的範圍，便走到朱雀街南懷遠坊的大雲經寺，找贊公和尙談天。

　　一天傍晚，子美踽踽獨行，此時秋色正濃，若在平日，豈不是登高攬勝，欣賞紅葉，飲酒賦詩的好時節。如今曲江一帶卻是滿目淒涼，因是更加愁懷鬱結，便信步向法雲經寺的路上走去。不覺夜幕漸漸低垂，明月正從樹梢升起，觸景懷人想起在鄜州的妻子兒女，子美情不能已，也就無心再去訪贊公了。一個人回到住處，想飲幾杯解愁竟不可得，捉筆寫下了一詩：

月夜

　　今夜鄜州月，閨中只獨看。遙憐小兒女，未解憶長安。

　　香霧雲鬢濕，清輝玉臂寒。何時倚虛幌，雙照淚痕乾。

　　至德元年（西元七五六年）自秋至冬，近半年的時間，所聽到的都是連串不好的消息，八月間，子美的布衣之交房琯，奉玄宗之命帶冊到靈武，承認肅宗的合法地位。肅宗便留下他仍爲宰相。十月肅宗從靈武到了彭原（今甘肅寧縣），房琯自請領兵討賊。他是一個熟讀「春秋」的書生，率三軍數萬人東進。北軍、中軍以古代戰車之法「以牛車二千乘，馬步夾之」，於十月廿一日在長安北部陳陶敘與之決戰。安祿山的部隊使用火攻，結果官軍人畜大亂，幾乎全軍覆沒，死傷四萬多人接著於廿三日房琯率殘部戰於青坂，續遭敗績。使長安人民徹底失望了。子美惜老友、哀傷者，也爲長安的前途而憂，悲痛不已寫下了「悲陳陶」一詩。

一年已盡，冬去春來。這是至德二載。大自然從嚴冬的風雪中復甦。春光明媚，鶯歌蝶舞，花草樹木何曾因戰亂而不欣欣向榮，但在子美看來，人事蕪雜，百物失序，滿懷憂傷。家國之思，壓得他心頭的塊壘越來越重。他寫下了：

春望

國破山河在，城春草木深。感時花濺淚，恨別鳥驚心。

烽火連三月，家書抵萬金。白頭搔更短，渾欲不勝簪。

戰火蔓延，子美對羌村的妻子懷念之情愈來愈熾烈。憶起兩個孩子，特是小兒子宗武（小名驥子）牙牙學語和唸自己的詩時的種種神態，就更使他思念得更厲害，恨不得立刻衝出城去回到羌村。於是他寫下了兩首憶幼子的詩——

憶幼子

驥子春猶隔，鶯歌暖正繁。別離驚節換，聰慧與誰論。

澗水空山道，柴門老樹村。憶渠愁只睡，炙背俯晴軒。

遣興

驥子好男兒，前年學語時。問知人客姓，誦得老夫詩。

世亂憐渠小，家貧仰母慈。鹿門攜不遂，雁足繫難期。

天地軍麾滿，山河戰角悲。儻歸免相失，見日敢辭遲。

長安城內有各種傳言，子美研判，賊軍的發展太快，陳陶斜和青坂之役，賊兵驕焰甚盛，爭功爭利，內部必然發生一些問題。其實當時的情形的確如此。

至德二載（西元七五七年）正月，安祿山被他的兒子安慶緒所殺。安祿山自稱兵作亂以來，雙目漸昏，此時已經看不見東西了。生性暴躁，經常鞭撻身邊的人，氣盛時甚至殺了。深居禁中，一切由他的親信嚴莊傳話，但連嚴莊也不免挨打。另外有一個契丹人叫李豬兒的，安祿山從小把他閹了收為親信。這二個人也都

覺得自身難保，安的寵妾段氏，想要自己所生的兒子安慶恩當繼承人，因此安慶緒害怕會被害死，就向嚴莊問計，嚴莊說：「事有不得已者，時不可失。」於是嚴莊去說服李豬兒。初一，安祿山朝會群臣，因疽痛罷朝。這天晚上，嚴莊和安慶緒手持兵器站在門外，由李豬兒直入帳中，猛砍安祿山的腹部，腸血直流而死。他們就在床下遭挖一個深洞，用氈子把屍體包好埋了。警告宮中的人保密。第二天嚴莊宣稱安祿山病危，立安慶緒為太子，繼承帝位。一切政事都由嚴莊作主。

　　二月間，李光弼固守太原，大破進攻的賊軍蔡希德部，安慶緒以史思明為范陽節度使，封川王。安祿山佔領兩京時，把珍寶財貨都運到范陽，如今史思明擁有強兵控制一切，漸漸不聽節制了。在另一方面，永王璘也兵敗被殺了。

　　這時，肅宗已從彭原南下到達鳳翔。策劃展開反攻收復兩京。子美興奮極了，對中興大業的前途非常樂觀。於是又溜出去走到大雲經寺告訴贊公。

　　「我準備到鳳翔去，」子美興奮地提出他的想法，「目前他們的防範很鬆懈。」

　　於是他們研究逃出長安的路線，子美認為他的穿著已經破舊，根本不必化妝，挽著一個布包，從容不迫的出城，決不會有問題的。

　　二天後，四月的一個早晨，子美便到了贊公那裡，這是陰天，稍有雨意。到了近黃昏時分，子美穿著短褐，足踏麻鞋，揹著一個深藍色的舊布包，決定從西城金光門出城。

　　「一路小心、忍耐，貧僧為子老禱祝，願佛佑護。」贊公送到寺門，合十看子美離去。

　　就這樣，子美不疾不徐出了金光門，並沒有受到盤查與攔阻。

當時賊將安守忠與李歸仁從河東進軍，在長安西部的清渠附近佈陣，與郭子儀率領的官軍對峙，子美從二軍之間的小路經過，一路山丘樹木，好不容易走過了危險地帶，進入官軍控制的地區便算安全了。

子美終於到達鳳翔。房琯雖然經過二次戰役的挫敗，但肅宗因爲他是從玄宗那邊來的人，仍然很禮遇他。子美與房琯是布衣之交，這時深喜故人逃出長安奔來行在，相信他「身陷賊營，挺節無所虧，」因此向肅宗推荐。肅宗看見他衣露二肘，穿著麻鞋的狼狽樣子，印象深刻，便授他左拾遺的官職。左拾遺是朝廷最低階的官職，從八品。但因是言官，在朝廷中工作，又在天子身邊，是以地位還屬清要。他在「述懷」一詩中說「涕淚受拾遺，流離主恩厚。」十分感激的接受了這個官職。皇帝的詔書是這樣的：

> 襄陽杜甫，爾之才德，朕深知之。今命爲宣義郎行在左拾
> 遺。授職之後，宜勤是職，毋怠。命中書侍張鎬齎符告諭。
> 至德二載五月十六日。

子美一向的心願「致君堯舜上，再使風俗淳。」現在總算有機會接近天子，可以實現建言諫諍的任務了。

自肅宗在靈武即位，房琯奉冊命到達後，便位居宰相之職，但朝廷中隱然成了二派，一派爲房琯（西蜀來的），一派爲擁立肅宗的宦官李輔國，他於乾元元年，判元師府行軍司馬，權傾朝野。其幕後是淑妃張良娣（後封爲皇后）兩人勾結弄權。自來帝王都是容易倚重宦官被小人蒙蔽的。李輔國一天到晚在肅宗身旁，他外表恭謹寡言而內狡險。至於張良娣，生性巧慧，伺意承歡。肅宗到靈武後，生了一個皇子，才過三日便起來縫戰士衣，因此更得肅宗的歡心。當時建寧王李倓看得很清楚，便向肅宗提出警

告，結果反被兩人進讒說：「倓恨不得爲元帥，謀害廣平王李俶（後改名預，即後來的代宗）」肅宗大怒，便把李倓賜死了。

李俶和李泌都很害怕，李俶欲除去兩人，李泌說：「不可，王不見建寧之禍乎？」因爲那時候他們擁有大權，肅宗是聽信他們的話的。後來李泌爲遠禍計，堅決辭官請求歸山，肅宗留不住他，便讓他歸衡山，命郡縣爲他築室山中，給三品料。

寶應元年（西元七六二年）肅宗病危，李輔國與張弄權到最高峰時，便出現了矛盾，成爲勢不兩立。張后指使越王李係殺李輔國及其同黨程元振，事洩不成，張后、李係和兗王李侗反被李輔國囚禁宮中，等肅宗一咽氣都給殺了。以監護人身份扶代宗李俶即位，這是後話。

房琯經過兩次的挫敗，肅宗經李泌的勸說沒有追究，肅宗直系李輔國等北方的一派，豈肯放過，只是等待時機而已。這時北海太守賀蘭進明來了，他和房琯本來有點私人恩怨，因此他向肅宗進讒，說房琯是祇忠於上皇的，他們有計劃的造謠中傷，指房琯的一批人劉秩、李揖等朋比爲奸，招納貨賄，特別說他的親信樂師董庭蘭納賄收贓，房琯要分辯卻被肅宗呵斥。於是房琯罷相，貶爲閒職的太子少師。

子美對房琯的罷相很是痛心，繞室徘徊，悲憤難抑。他與房琯的交情很厚，但他竭力保持自己的客觀立場。他分析所得的結論是，房琯兩次兵敗，不能全由他一人負責。至於羅列他身邊一些人納賄一節，顯然並無證據，只是構陷。因此決定上疏申救。強調「罪細，不宜免大臣。」這個剛剛到任的左拾遺，居然言詞如此激烈。這一下可惹怒了肅宗，特敕刑部、御史台、大理寺進行推問。事情鬧到這樣的局面，這是子美所沒有想到的。其實他真正沒有想到的，倒是自己被捲入黨派的鬥爭之中了。

此時，幸虧宰相張鎬申救，他對肅宗說：「要是杜甫治罪，以後就沒有人敢進諫了。」肅宗想想也就赦免推問了。子美驚定以後，就寫了謝罪文上奏，說明上疏的經過。但他還不放棄爲房琯鳴不平，說他被誣。強調他是宰相之才，應該爲國所用。在「奉謝口敕放三司推問狀」中說：「竊見房琯以宰相子，少自樹立，晚爲醇儒。有大臣體，時論許琯必位至公輔，康濟元元。陛下果委以樞密，衆望甚允。觀琯之深念主憂，義形於色，況劃一保泰，其素所蓄積者已。而琯性失於簡，酷嗜鼓琴，董蘭成今之琴工，遊琯之門下有日，貧病之老，依倚爲非，琯之愛惜人情一至於玷污。臣不自度量，嘆其功名未垂而志氣挫衄，覬望陛下棄細錄大，所以冒死稱述，何思慮未竟，闕於再三。陛下貸以仁慈，憐其懇到，不書狂狷之過，復解網羅之急，是古之深容勸勉來者之意。天下幸甚，天下幸甚，豈小臣獨蒙全軀就列，待罪而已。」

表面上這事情已告一段落，實際上房琯的政敵，仍然在處心積慮的排斥他。子美是被視爲房派人物，自然也不例外。

子美認爲身爲言官，必須忠實的繼續執行他自己的職務，就在呈送謝罪文的後十天，他和同僚連署，寫了一篇推薦岑參的上奏文。（岑參是他旅食長安時的老友，當時子美和他們兄弟經常去遊渼陂這一篇「爲遺補薦岑參狀」結果爲岑參獲得右補闕的職位，雖然是隸屬中書省一名官位很低的諫官，但總算是中樞的一名官吏了。

事定之後，子美和岑參敘舊，等於劫後重逢，其歡愉是不言可喻了。

在鳳翔行在，日子過得並不舒坦，子美日夕惦念在鄜州的家小，直至涼風初起，才輾轉收到報平安的家書，心情稍稍安定，喜悅之餘，邀岑參在一家小酒店喝酒，這是到鳳翔後第一次與老

朋友如此快樂的歡晤，暢敘別後歲月中的種種遭遇，特別是逃難的生活。艱辛事過，反而覺得另有一種情趣，愁懷一寬，兩人都已半酣了。

生活似已粗定，子美兢兢業業忠於本身的職務。想不到暗地裡那批小人，仍在播弄構陷，終於肅宗下了一道敕令賜他休假，放還鄜州探家。

這是肅宗的好意嗎？是顧念他長途跋涉、蓬首垢面奔來行在的忠忱嗎？不，實際上是肅宗猶記上次諍諫的事，免得他再上奏什麼的惹他煩厭，所以在那批小人的推波助瀾下，讓他離開身邊。

子美摸不著頭腦，想不出其故安在。他去見了張鎬。想探問一下原因，但張鎬不願多說，只道：

「子美，聖意如此，你何妨回家暫時休息一下。」

子美靜靜地想一想，自己的上奏原是急切些，一名左拾遺為罷相大事而諍諫，亦難免被別人看越次。何況自己的態度也與人不同，伏在青蒲上抱住御床，但他本於「致君堯舜上，再使風俗淳。」的一個理念。再想到玄宗的失敗，曾幾何時，又一個李林甫、又一個楊國忠、又一個楊貴妃的雛形將在肅宗朝出現，於是不顧一切，採取了比較執拗的態度。此時張鎬提到家，使他腦中立刻出現鄜州羌村妻兒的形象，使他不能不向現實妥協。好罷，帶職帶薪回家休息一下，也算不錯。

朝廷正在部署奪回長安的戰事等收京以後再說罷。

從閏八月開始，子美離開鳳翔取道麟游、邠州（彬縣）宜君縣到鄜州。行程六百餘里。回想以前從鄜州到鳳翔，麻鞋都穿破了，路途崎嶇，步行實在太酸楚，而戰時馬匹都集中管理，因而寫信李嗣業將軍借馬。（李嗣業原是在長安時代花下共飲過的，現在擔任討賊的四鎮、伊西、北庭行軍兵馬使。玄宗、肅宗都很

重用他）他在借馬詩中說：「青袍朝士最困者，白頭拾遺徒步歸。……妻子山中哭向天，須君櫪下追風驃。」

　　有了馬，行路便比較從容而快速了。在秋光正好而兵革未息，哀鴻遍野的浮光掠影中，子美花了半個多月的時間，終於到達鄜州羌村家中。當時妻子的驚喜、兒女的羞怯、鄰人的訝異，使相距不過一年多的分離，恍若久別數十年從異域歸來，子美深深感到戰亂歲月平安還家，不論窮達貧富即是幸福。子美寫下「羌村三首」以記其事。

羌村三首

一、

峥嶸赤雲西，日腳下平地。柴門鳥雀噪，歸客千里至。
妻孥怪我在，驚定還拭淚。世亂遭飄蕩，生還偶然遂。
鄰人滿牆頭，感嘆復噓唏。夜闌更秉燭，相對如夢寐。

二、

晚歲迫偷生，還家少歡趣。嬌兒不離膝，畏我復卻去。
憶昔好追涼，故繞池邊樹。蕭蕭北風勁，撫事煎百慮。
賴知禾黍收，已覺糟床滿。如今足斟酌，且用慰遲暮。

三、

群雞正亂叫，客至雞鬥爭。驅雞上樹木，始聞叩柴荊。
父老四五人，問我久遠行。手中各有攜，傾榼濁復清。
莫辭酒味薄，黍地無人耕。兵革既未息，兒童盡東征。
請為父老歌，艱難愧深情。歌罷仰天嘆，四座淚縱橫。

　　他在家憶想半個多月的戰火中之旅，與承平時節的行旅大異其趣。一路所見所聞，感觸特多，子美小心整理思緒，極其用心的寫下了一篇七百字題為「北征」的記事述懷的五言長古力作。從頭至尾，氣勢磅礴無一弱筆。他自己一讀再讀，推敲字句，直

至自認滿意才定稿。這個長篇，可說奠定自漢魏六朝以來他作爲一代詩人的獨特地位。

北征

　　皇帝二載秋，閏八月初吉。杜子將北征，蒼茫問家室。
維時遭艱虞，朝野少暇日。顧慚私恩被，詔許歸蓬蓽。
拜辭詣闕下，怵惕久未出。雖乏諫諍姿，恐君有遺失。
君誠中興主，經緯固密勿。東胡反未已，臣甫憤所切。
揮涕戀行在，道途猶恍惚。乾坤含瘡痍，憂患何時畢。
靡靡踰阡陌，人煙眇蕭瑟。所遇多被傷，呻吟更流血。
回首鳳翔縣，旌旗晚明滅。前登寒山重，屢得飲馬窟。
邠郊入地底，涇水中蕩潏。猛虎立我前，蒼岸吼時裂。
菊垂今秋花，石帶古車轍。青雲動高興，幽事亦可悅。
山果多瑣細，羅生雜橡栗。或紅如丹砂，或黑如點漆。
雨露之所濡，甘苦齊結實。緬思桃源內，益嘆身世拙。
坡陀望鄜畤，巖谷互出沒。我行已水濱，我僕猶木末。
鴟鳥鳴黃桑，野鼠拱亂穴。夜深經戰場，寒月照白骨。
潼關百萬師，往者散何卒。遂令半秦民，殘害爲異物。
況我墮胡塵，及歸盡華髮。經年至茅屋，妻子衣百結。
慟哭松聲迴，悲泉共幽咽。平生所嬌兒，顏色白勝雪。
見耶背面啼，垢膩腳不襪。床前兩小女，補綴才過膝。
海圖拆波濤，舊繡移曲折。天吳及紫鳳，顛倒在短褐。
老夫情懷惡，嘔泄臥數日。那無囊中帛，救汝寒懍慄。
粉黛亦解苞，衾裯稍羅列。瘦妻面復光，癡女頭自櫛。
學母無不爲，曉妝隨手抹。移時施朱鉛，狼籍畫眉闊。
生還對童稚，似欲忘饑渴。問事競挽鬚，誰能即瞋喝。
翻思在賊愁，甘受雜亂聒。新歸且慰意，生理焉得説。

至尊尚蒙塵，幾日休練卒。仰觀天色改，坐覺妖氛豁。
陰風西北來，慘澹隨回紇。其王願助順，其俗善馳突。
送兵五千人，驅馬一萬匹。此輩少為貴，四方服勇決。
所用皆鷹騰，破敵過箭疾。聖心頗虛佇，時議氣欲奪。
伊洛指掌收，西京不足拔。官軍請深入，蓄銳可俱發。
此舉開青徐，旋瞻略恆碣。昊天積霜露，正氣有肅殺。
禍轉亡胡歲，勢成擒胡月。胡命其能久，皇綱未宜絕。
憶昨狼狽初，事與古先別。姦臣竟菹醢，同惡隨蕩析。
不聞夏殷衰，中自誅妹（或作褒）妲。周漢獲再興，宣光
果明哲。

桓桓陳將軍，仗鉞奮忠烈。微爾人盡非，於今國猶活。
淒涼大同殿，寂寞白獸闥。都人望翠華，佳氣向金闕。
園陵固有神，掃灑數不缺。煌煌太宗業，樹立甚宏達。

　　朝廷部署收京的行動，最重要的是爭取回紇的支援。雙方協議的條件是「克城之日，土地士庶歸唐，金帛子女皆回紇。」這樣一個條件實在是無可奈何的。若非如此，則兵力不足，而且北方邊防空虛。自九月開始，肅宗命廣平王擔任總指揮，郭子儀副之。加上包括五千回紇兵在內十五萬官軍，離開鳳翔東進，直取兩京。當時大臣李泌和郭子儀的建議，是分兵二路直搗東北范陽巢穴，然後還京。但肅宗無遠見而急近功不予同意。二十七日到達長安西郊，與賊軍安守忠、李歸仁所部十萬眾交鋒，一戰而勝。而於廿八日進入淪陷一年三個月的長安。接著又於十月十八日奪回洛陽。安慶緒逃到北方的鄴城（河南安陽）死守。以後演成一場大戰，官軍吃了敗仗。

　　肅宗在鳳陽聞捷，即於收復洛陽的第二天出發，於十二月廿三日回到長安。

　　子美在鄜州聽到這一連串的好消息，歡喜欲狂，寫了「喜聞官軍已臨賊境廿韻」和「收京三首」。十一月他攜家小自鄜州重返長安。朝廷於收京之後論功行賞，陷賊的也一一治罪。子美的詩人朋友鄭虔、王維和儲光羲等都被貶官，只有國子司業蘇源明稱病未曾出任偽職，肅宗擢爲考功郎中、知制誥。

　　轉眼又到了春天。這年乾元元年（西元七五八年）朝廷中派系鬥爭又在醞釀之中，表面上卻是一片昇平歡樂的景象。子美陪起居舍人賈至、王維、岑參等早朝，賈至寫了「早朝大明宮」的詩，子美等人都作了和章。子美的詩是：

　　　　五夜漏聲催曉箭，九重春色醉仙桃。

　　　　旌旗日暖龍蛇動，宮殿風微燕雀高。

　　　　朝罷香煙攜滿袖，詩成珠玉在揮毫。

　　　　欲知世掌絲綸美，池上于今有鳳毛。

　　賈至的父親賈曾，在景雲年間做過中書舍人，現在賈至又做起居舍人、知制誥，所以末二句的稱頌爲貼切得體。王維、岑參都有和章，雖是歌頌之詞，但都寫得典雅偉麗。詩中賈至的「劍佩聲隨玉墀步，衣冠身惹御爐香。」王維的「九天閶闔開宮殿，萬國衣冠拜冕旒。」岑參的「花迎劍佩星初落，柳拂旌旗露未乾。」和子美的「旌旗日暖龍蛇動，宮殿風微燕雀高。」是被後代所稱頌的盛唐之音。在這一時期裡，子美還作有「宣政殿退朝晚出左掖」、「春宿左省」「紫宸殿退朝口號」、「題省中壁」等詩。雖都是同屬一類的詩章，但練字用詞，高雅雄健之外，自見其情懷高致。

　　子美是敏感的。他對平賊的前途樂觀，但對廣大社會戰後重建，朝廷沒有正直能幹的大臣頗有隱憂。從種種跡象看來，李輔國的權傾一時正是不祥的預兆。

六年前，他在杜位家守歲的詩中，有「四十明朝過，飛騰暮景斜。」一句，那時一官未得，潦倒京華，如今奉職左拾遺，自忖可有一番作為，想到在鳳翔時那幕諍諫帶來的不快，中年無奈的情懷，比四十歲的時猶甚。徘徊曲江，祗有借酒以消解心中的憂悶了。他寫了以「曲江」為題的詩四首──「曲江二首」、「曲江對酒」與「曲江對雨」。曲江其一中的「細推物理須行樂，何用浮名絆此身。」其二中的「朝回日日典春衣，每日江頭盡醉歸。」感事傷春，官貧而豪興不減，祗有典衣買醉及時行樂了。在對酒詩中「吏情更覺滄洲遠，老大徒傷未拂衣。」他寫出了一個左拾遺的小官，不得展其抱負，為謀衣食，不能歸隱的無奈。子美心中激盪不已的憂傷也就可以想見了。

一天下午，子美在曲江徘徊，想起老友蘇源明已好久不見面了。站在江邊向遠凝望，看見一個身影頗似蘇源明的正向這個方向走來，漸行漸近，果然是他。彼此一揖，份外高興。

「我正在想著你呢，」子美說，「長久未晤，頗有所念。」

「我也正是到曲江走走，或者能遇見你。」

於是兩位老友很自然的走進一家酒店。

在燈下，彼此仔細相望。蘇源明看著子美瘦了、黑了，顯得有點憂鬱。而子美覺得蘇源明雖然老了些，但還是很健碩，想起廿多年前青州狩獵的往事，彷彿如在眼前。

「記得廿多年前，我跟你去打獵，」子美舉杯邀蘇源明飲了一杯，「我是把你當作英雄看待的。」

「如今老了，彎不動弓了。」

「不，你英氣猶在。」

「可有新作唸來聽聽。」

子美把曲江二首唸了一遍。

蘇源明舉杯和子美飲酒，沉思了一會。

「『人生七十古來稀，』與太白的『朝如青絲暮成雪』同一意境」，蘇源潮擊節道，「太白能『五花馬，千金裘，呼兒將出換美酒。』閣下只能典春衣，雖然，豪情是一樣的。」

「不有點寒傖嗎？」子美笑了。

蘇源明搖手，舉杯與子美滿滿的飲了。

「你的詩起句多奇縱，眞是爐火純青，九轉丹成了。」蘇源明欣喜故人的成就，也頗喜自己的判斷。「我以前說的話沒有錯罷？」

子美雖然謙抑，但也很高興的接受了老友的好評。

話題一轉，談到了政局。

「事不可測，恐怕還多變化。」蘇源明說，「我想外放。」

「何故？」

蘇源明用筷子醮酒寫子個「李」字，子美會意，這是指李輔國，蘇源明是想遠之爲妙。

兩位老朋友的用完一頓酒飯，相偕出門，作別而去。

七、戰地之行　「三吏」「三別」

子美服官並不愉快，而蘇源明的話也說對了。乾元元年（西元七五八年）六月，肅宗在那批小人李輔國和賀蘭進明等人的進讒下，對蜀派人物房琯，採取了進一步的整肅排斥行動。皇帝的詔令指責房琯的罪行。詔書自然是出自李派人的手筆，因此用詞很苛刻，說房琯「率情自任，怙氣使權……有朋黨不公之名，違臣子奉上之體」於是貶房琯爲邠州刺史，前京兆尹嚴武貶爲巴州刺史，前國子祭酒劉秩貶爲閬州刺史，子美是屬於房派的，也被降調爲華州司馬參軍。連與政治有點關係的贊公和尚，也被放逐

秦州（今甘肅天水）。

　　房琯自領兵作戰失敗後，貶爲太子少師。他爲人疏闊，不了解周圍的政治環境，不懂得韜光養晦，他已貶爲閒官仍廣納賓客，放言高論。經常發牢騷，又常請病假，這些話傳到賀蘭進明等人的耳中，更增加了進讒的資料。肅宗周圍的人自然對他都欲去之而後快。他們的目的是要除盡玄宗的勢力。因爲每一個帝王都是要鞏固他的皇位，這一原則是高於父子骨肉關係之上的。所以肅宗聽信他們的話。力促玄宗從速回長安，以及以後的從興慶宮遷居西內，實際上等於幽禁，都是從這一考量出發的。

　　子美和賈至的被貶，沒有寫在詔令之內，是因爲他們官卑職小。子美貶爲華州司功參軍，它的職掌是州中的祭祀、學校、官吏的選舉等等，相當於一位教育主管，是一個閒散的職務。華州在長安之東距離只一百八十里，算是一個好地方了。

　　子美稍事摒擋，即要離京，動身前夕他的年輕詩人朋友孟雲卿來訪，子美正有一肚子的憤懣要傾吐，因而秉燭通宵對飲，互敘衷腸。孟雲卿有一點和子美相同的，即他也是一名天寶年間的落第舉子。「唐才子傳」載他有才華，生不逢時而有節操，終校書郎。

　　談著，飲著，很快就天明了。孟雲卿送較他年長十三、四歲的前輩，從西城金光門出城，子美在曉色中揮別了親友踏上征途。

　　金光門對子美來說具有特別意義。想當年陷賊，也是從金光門逃脫直奔鳳翔行在，如今則是貶官去國。感觸萬端，因而寫下了一首題目很長的五律。「至德二載，甫自京金光門出，間道歸鳳翔。乾元初，從左拾遺移華州掾，與親故別，因出此門，有悲往事。」題目本身就是一則短序。華州在東，而自西城出，這可能是子美有意選擇的。詩是：

　　此道昔歸順，西郊胡正繁。至今猶破膽，應有未招魂。

　　近侍歸京邑，移官豈至尊。無才日衰老，駐馬望千門。

　　移官不是皇上的意旨，乃出於小人進讒的結果。當然意在言外，想到從此脫離政治核心的朝廷，「致君堯舜上」便完全落空了。此時道別親故，悵然離去，想起在長安前前後後的往事，依戀京華，自然是「駐馬望千門」了。

　　從中央政府官員貶為地方小吏，子美雖然意興闌珊，但為了職責所在，他還是對地方政教各項問題做了許多建議，給華州太守參考採擇。

　　華州官閒，子美一直勸慰自己安定下來，適應這裡的生活。但事未可料，往後的事情要慢慢來安排。

　　這時已是秋高氣爽的季節。子美接到邀請重九去訪八十里外藍田的崔氏莊。子美欣然就道，馬蹄得得，從從容容，盡大半日的時間到了藍田。

　　崔氏莊即是「崔氏東山草堂」。它的西面是王維的輞川別墅。主人崔季重曾任濮陽太守，蘇源明任東平太守時，與崔氏時相過從，子美與崔氏的關係，應是從這裡連繫起來的。藍田山一名玉山，有山有水、有寺有僧，漁樵出入，是一處很好的隱居地方。「三秦記」說：「藍田有川，方三十里，其水北流，出玉石，合溪谷之水為藍水，今藍田仍出碧玉。」子美遊此佳山勝水大大地提升了他低迷的情緒。

　　重九那天，他們登高宴飲，大家暢談歡洽。子美興致很高，寫下了一詩——

九日藍田崔氏莊

　　老去悲秋強自寬，興來今日盡君歡。

　　羞將短髮還吹帽，笑倩旁人為正冠。

藍水遠從千澗落，玉山高並兩峰寒。

明年此會知誰健，醉把茱萸仔細看。

大家稱許詩中頷聯，把陶靖節外祖孟嘉風吹落帽的故事，反寫成不落帽爲風流，是很高妙的筆法。全詩略有感傷而實無悲意。

子美在藍田小住期間，曾去訪問王維的輞川別墅，但他在京師沒有回來，所以子美在詩中說：「何爲西莊王給事，柴門空閉鎖松筠。」

子美自藍田返回華州，由於這次出遊的愉快，他的心情也爲之振奮。加以這年冬朝廷集中郭子儀、李光弼、王思禮等九位節度使步騎廿萬，對安祿山進行了一次有名的戰役。一舉收復了華山以東的山東諸郡，迫使安慶緒退到鄴城死守。

子美聽到官軍初期捷報，寫了一篇「洗兵馬」，希望從此洗盡兵甲，致天下太平，百姓安居樂業。詩的開頭是：「中興諸將收山東，捷書夜報清晝同。河廣傳聞一葦過，胡危命在破竹中。」他對平賊軍事採取樂觀的看法。

但是他沒有想到廿萬大軍卻沒有一位統帥。肅宗袛寵信宦官，他特命內監魚朝恩爲「觀軍容使」。不倫不類的似統帥而非統帥。他不懂軍事卻實際是監軍，自然也引起軍中的反感。這時候安慶緒向在河北自稱燕王的史思明求援，史思明統率大軍南下，把沒有統一指揮的九節度使的部隊全部擊潰。郭子儀退守洛陽破壞河陽大橋阻敵。

鄴城的大敗舉國震驚。大局再度出現極其危險的情況。幸而郭子儀鎮守洛陽，重整部隊，局勢才出現了轉機。

子美在華州，隨時分析軍情，總覺得叛軍力量不可能如此持久，官軍爲什麼不能發揮作戰的潛力呢？因此他決定到比較接近戰區的地方去走走，一方面也想回東都和陸渾莊老家看看。

「兵荒馬亂，你不覺得危險嗎？」楊夫人甚不放心。

「不會的，」子美說「這一帶還有些老朋友，也都是李將軍的防區。」

「冬日寒冷，你自己要小心」楊夫人叮囑，「危險的地區就不要勉強去。」

「我知道。」

就這樣，子美出華州經潼關、陝縣、新安、洛陽、偃師。一路所見民生凋敝，戶口散失，百姓對征丁征糧已痛苦到無以復加的程度，這比子美想象中的要加上幾倍。戰爭是如此可怕，戰爭是如此殘民，他內心受到很大的震撼，心緒十分惡劣。子美初出潼關，在閿鄉（河南靈寶縣），訪縣尉姜七。戰亂中雖是初識卻如故人相逢，接待十分殷切。在嚴冬而以難得的黃河鯉作鱠，這是子美出華州以來第一頓美食，席間還有子美的老友秦少府。

「這二天北風凍河，何以能得此美魚呢？」子美殊覺驚異。

「這就是子老的口福了。」主人笑說，「正好漁人在河穴中得到幾尾肥鯉攜來相贈。」

這實在太難得了。平時尚且如此，況在戰亂之時。子美讚嘆著，一邊飲酒，一邊頻頻舉筷。魚美、酒醇、飯香，主客歡談意興豪邁，終席已近午夜。子美作了一首「閿鄉姜七少府設鱠戲贈長歌」，同時也寫了一首「戲贈閿鄉秦少府短歌」。最難的是，第二天子美訪晤友人劉顥，當然又是快飲歡談，豈知揖別登程，出得城來，卻在疾風暗塵中與孟雲卿不期而遇。當日他送子美出金光門赴華州，別緒依依，正謂在此戰亂之秋，不知何日得再把晤，言猶在耳，今日意外相逢豈可輕輕放過。

兩人停馬。正要商量找一個地方敘舊一番，但瞻前望後不易找到一家酒店。

「這樣罷，」子美興奮起來了，「何不再回到劉顥家去。」

「方便嗎？」雲卿偶然一問。

「有何不可，劉顥好客你會喜歡的。」

就這樣，子美帶著雲卿回到劉宅。

劉顥開門一見，顧不得還有客人，便即哈哈大笑。

「我要你多留一天，你不依，現在自己回來了。」

「我爲你多帶一位客人來。」子美向劉顥介紹雲卿。

「歡迎之至。」

於是劉顥張燈、置酒設饌，室內爐火熊熊，主人殷殷勸客。本已離去，遽又復聚。主客把盞相視而笑，都覺得今夕是何等可珍惜的，只是更漏催人，庭樹雞鳴，天將曉了。子美因作「湖城東遇孟雲卿復歸劉顥宅宿宴飲散因爲醉歌」一首：

> 疾風吹塵暗河縣，行子隔手不相見。湖城城東一開眼，
> 駐馬偶識雲卿面。向非劉顥爲地主，懶回鞭轡成高宴。
> 劉侯歡我攜客來，置酒張燈促華饌。且將款曲終今夕，
> 休語艱難尚酣戰。照室紅爐簇曙花，縈窗素月垂秋練。
> 天開地裂長安陌，寒盡春生洛陽殿。豈知驅車復同軌，
> 可惜刻漏隨更箭。人生會合不可常，庭樹雞鳴淚如霰。

友情的歡悅，聚散的無奈，人生是快樂與愁苦交織成的一張網。辭別劉宅，復與孟雲卿歧路分手。

兩人默無一語，掉轉馬頭，彼此都熱淚盈眶了。

在赴洛陽途中，兵革未息，一路遺跡殘存。子美懷著複雜的情緒，進入闊別十載的東都。劫後城郭，物是人非，許多朋友都沒處尋找。他走到舊時常去的一家旅店投宿。門外牆柱黯淡，壁灰剝落。進得門來，一位佝僂的老人在收拾大廳的桌椅。看見子美進來，抬頭端詳良久。

「楊老，還認識我嗎？」

「呵，呵，」老人閃動著眼睛，有了一絲笑意，「記起來了，您是杜二郎」。

「楊老，請叫小二把我的馬牽到後院。」子美說，「我們十年不見了。」

「戰爭嗎，」楊老感嘆著，「能活下來就難得了。」

店小二張羅來了簡單的飯菜，提了一壺酒。子美邀楊老坐下來談談。兩人都嘆息起來。

第二天，子美匆匆出城東行赴偃師，看到李嗣業的部隊，軍容壯甚，心想以廿萬步騎之眾，朝廷若授以郭子儀元帥的職位，統一指揮，則分兵直搗范陽、魏州，鄴城必然不攻自破。可是不懂軍事的魚朝恩，不同意這樣的戰略，行將師老鄴下，而且恐有不測之虞，眞是令人扼腕呀。

從偃師直趨首陽山下的陸渾莊，故盧猶在，只是相當殘破，一室空空，有弟不見觸景傷情，因作「憶弟二首」，其二云：

> 且喜河南定，不問鄴城圍。百戰今誰在，三年望汝歸。
>
> 故園花自發，春日鳥還飛。斷絕人煙久，東西消息稀。

在陸渾莊住了幾日，後來得到消息知道乃弟尙存，才放下心來。

子美這次東都之行，看了首陽山下的祖塋，看了陸渾莊的故居，也會晤了一些老友。對於這一帶的軍事、民情有更清楚的了解，於是策馬東歸。

沒有想到在路上遇到鄴城戰敗的官兵，又眼見官吏對民間征調急如星火，心中感觸萬端。特別是在陝縣石壕，一對老夫婦的三個兒子都被征去當兵了。兩個已經戰死，一個還在軍中。但現在前敵還要補充，老翁聽見拉夫的吏卒來了，立刻跳牆走了。屋

裡只剩下老婆婆，吏卒還不放過她。又跳又罵，足足鬧了一夜。最後老婆婆說：「好罷，我到河陽大營去當你們的炊事兵。」

吏卒也真忍心，天明以後便真的把老婆婆帶走了。

老翁從牆外回來。投宿的子美和他作別。因而寫下了三吏之一的「石壕吏」的名篇。另外二篇是「新安吏」，同樣是講拉壯丁的。「潼關吏」是說建築防禦工事的。子美的詩寫出了戰爭帶來的民間疾苦，提出了一個嚴重的政治和社會問題。世局大變革，子美的詩的藝術也發展到一個最高的境界。且看「石壕吏」：

> 暮投石壕村，有吏夜捉人。老翁踰牆走，老婦出看門。
> 吏呼一何怒，婦啼一何苦。聽婦前致詞，三男鄴城戍。
> 一男附書至，二男新戰死。存者且偷生，死者長已矣。
> 室中更無人，惟有乳下孫。有孫母未去，出入無完裙。
> 老嫗力雖衰，請從吏夜歸。急應河陽役，猶得備晨炊。
> 夜久語聲絕，如聞泣幽咽。天明登前途，獨與老翁別。

另外「三別」是「新婚別」、「垂老別」、「無家別」。且看：

新婚別

> 兔絲附蓬麻，引蔓故不長。嫁女與征夫，不如棄路旁。
> 結髮為妻子，席不煖君床。暮婚晨告別，無乃太匆忙。
> 君行雖不遠，守邊赴河陽。妾身未分明，何以拜姑嫜。
> 父母養我時，日夜令我藏。生女有所歸，雞狗亦得將。
> 君今生死地，沉痛迫中腸。誓欲隨君去，形勢反蒼黃。
> 勿為新婚念，努力事戎行。婦人在軍中，兵氣恐不揚。
> 自嗟貧家女，久致羅襦裳。羅襦不復施，對君洗紅妝。
> 仰視百鳥飛，大小必雙翔。人事多錯迕，與君永相望。

「三吏」與「三別」以寫實的手法入詩而藝術的成就最高。

這六篇寫盡戰爭的殘酷，民間的疾苦。

子美在返華州途中，想起二十年不見的老友衛八處士，於是從潼關沿河北上，繞道蒲州去訪晤他。

故人相見，一時難以表達內心的喜悅，彼此微笑著，端詳著。

「干戈滿地，」衛八執著子美的手，「你老兄怎麼來了？」

「我正是出來看看實況」子美說。

夜幕低垂，點燃燭火，在一間小客廳裡，衛八肅客入座，席上已有幾碗熱騰騰的菜肴。

兩人對飲，從兵荒馬亂談到長安近事，以及這次從華州出來的沿途所見。衛八聽了也感慨不置。此時窗外微寒，簷間淅瀝淅瀝已下起細雨了。

「下雨了？」子美望著黝黑的窗外。

「這是天公作美，」衛八說，顯然是留客多住幾日，「春雨之夜，故人歡晤，人生一大樂事也。此刻我園中有韭，剪摘一束以作春蔬，不也是貧家待客的一道佳餚罷。」

「好極了。」子美十分高興。等到女主人把一盤碧綠的韭菜端上桌子時，席上加濃了歡愉氣氛。子美站起來舉杯向衛八嫂表示謝意。

「今日夜雨剪春韭，將是我詩中最美的一句，來、來、來，我們乾杯。」今夜的一頓酒食，使子美消除征途的勞頓。而長夜之飲互訴衷腸，了無止處。

「人生會少離多，明日一別又不知何日再見了。」歡慰的聚晤卻終須離別，子美感嘆著。他寫下了「贈衛八處士」一詩：

> 人生不相見，動如參與商。今夕復何夕，共此燈燭光。
> 少壯能幾時，鬢髮各已蒼。訪舊半為鬼，驚呼熱中腸。
> 焉知二十載，重上君子堂。昔別君未婚，兒女忽成行。

怡然敬父執，問我來何方。問答未及已，驅兒羅酒漿。

夜雨剪春韭，新炊間黃粱。主稱會面難，一舉累十觴。

十觴亦不醉，感子故意長。明日隔山岳，世事兩茫茫。

子美的詩一向質實詞雄。這篇全以白描手法，敘友情之可貴，嘆人生之無常。全是眼前語，卻感人至深。

子美回到華州，已是春末。楊夫人和孩子們圍攏來迎他入屋。宗文、宗武說：「爸爸瘦了。」

「但是我精神很好。」子美望著楊夫人，帶著詢問的意思。

「是的，旅途勞累，難免會瘦些。」

子美把這東歸的沿途情形，詳細地告訴楊夫人并解說他的「三吏」與「三別」。

「若非我親很所見，我決寫不出來，」子美強調，「這是第一手的材料，也是我東行的眞正收穫，比在故廬找到珠寶還值錢。」

「戰亂多可怕，」楊夫人感喟著，「老婆婆都征去了，像宗文、宗武年齡的，怕也逃不了。」

「那自然，」子美回應她，「大男孩比老婆婆還中用呢。」

第五章 入 蜀

奈何迫物累，一歲四行役

一、棄官自華州赴秦州

畢竟華州離京師還有一段路程，東有潼關天險，華州老百姓對賊兵的恐懼還是有限的。但是官兵失敗的消息不斷傳來，米價上漲，人心惶惶，華州也嗅到戰爭的氣息了。

這時史思明統率的大軍，已經攻陷開封，一直向西急進，逼近洛陽。東都之再被攻陷祇是遲早間的事，依照子美東行所見，早在兩年前（至德二載）郭子儀敗於清渠之後，竟必須以官位收敗卒，官軍的兵丁征調和糧食的供應都有問題。官方在天寶十三年的統計，總人口為五千二百八十八萬，戶部進計帳，管戶九百六十餘萬，但是在這幾年的安史之亂中，殘於兵火，饑疫相承，戶口散失的數字極其龐大，加上政府的租稅，都加到現有的戶口上，因此流失的戶口更多。小市鎮及廣大的農村斷瓦殘垣，人煙稀少。正如盧綸的早春詩說：「萬家廢井生春草，一樹繁花對古墳。」

子美的心情惡劣，十分鬱悶，如果史思明的部隊直迫潼關，華州首當其衝，全家人將陷於戰亂之中，使他不敢想象。再則華州小吏其實早已厭倦。初到華州時即有「早秋苦熱堆案相仍」一詩，中有「束帶發狂欲大叫，簿書何急來相仍。」的極其尖銳的憤慨語。

王嗣奭的「杜臆」中說：「公以天子侍臣，因直言左遷，且

負重名，長官自宜破格相視。公以六月到州，至七月六日而急於
簿書，是以常掾畜之，其何以堪？……州牧郭姓，公初至，即代
爲『試進士策問』與進『滅殘寇狀』，不過挾長官而以文字之役，
非重其才也。公厚於情誼，雖邂逅間一飲一食之惠，必賦詩以致
其銘佩之私俾垂名後世，郭與週旋幾一載，公無隻字及之，其人
可知矣。」

　　所以他在「夏日嘆」和「夏夜嘆」二詩中，表達了他無限的
憂思。也加強了棄官歸隱之意。乾元二年立秋次日所作的「立秋
後題」一詩說得更明顯了。

立秋後題

　　日月不相饒，節序昨夜隔。玄蟬無停號，秋燕已如客。
　　平生獨往願，惆悵年半百。罷官亦由人，何事拘形役。

　　子美決定棄官他適。但是往何處去卻尚無確切的決定。雖他
心中已有一個概略的想法：兵火在東，中原是未來的大戰場，向
南是襄陽大道，那裡的情勢也不穩定，向北是回紇兵來往的大道
也不安全。只有向西度隴入川，房琯任邠州刺史，劉秩任閬州刺
史，嚴武任巴州刺史，自然可以得到庇護。也是可作長久居住之
計。只是這一路難走，子美已經四十八歲了，連年憂患，身體并
不健壯，現在要攜婦將雛遠行，得和楊夫人好好商量。

　　楊夫人一直同情子美連年的遭遇，任華州參軍司馬所受的委
曲，不是物質上的，而是精神上的。州牧是個委縮、現實、俗不
可耐的人，他根本不理解子美在公卿士大夫間所享的盛名，只以
目前貶官的職位來度量他，這對子美來是很無奈的。

　　「局勢愈來愈壞，」子美對楊夫人說，所謂局勢，一方面是
大局，一方面是目前自己的處境，「我想，我們得擇地他遷了。」

　　「一切由你思考決定，」楊夫人明快地表示，「我都支持你。」

　　「眼前以西進爲宜，不過辛苦一點。」子美爲楊夫人說明度隴先到秦州，然後再定行止。

　　秦州就是現在的甘肅天水。唐時屬隴右道，是個大州。天寶時領五縣（上卦、成紀、伏羌、隴城、清水）二萬四千餘戶，將近十一萬人口，秦州城位於六盤山支脈隴山之西。隴山高二千多公尺，山勢陡峻，爲渭河平原與隴西高原的分界。古人戍邊行役，視度隴爲畏途。「三秦記」說「隴板九回，不知高幾里，欲上者七日乃得越。」子美要攜家度隴，自然深知道路阻險。但他決定此行計劃，其實逼處此的心情是可想而知的了。

　　乾元二年七月，就在作「立秋後題」一詩後一月，子美決意辭官攜帶一家人西行。多少艱難，多少困苦，終於度過隴山到達秦州。

　　子美到了秦州，便暫時安定下來。這是一座邊城，爲通西域的門戶。形勢險要，羌漢雜居，別饒情調。子美對城中事物無不覺得新鮮。於是在城裡城外到處遊覽。有所見、有所感、也有所憂。便陸續寫成了「秦州雜詩」二十首。**第一首是：**

　　　滿目悲生事，因人作遠遊。遲迴度隴怯，浩蕩及關愁。

　　　水落魚龍夜，山空鳥鼠秋。西征問烽火，心折此淹留。

　　從「遲迴度隴怯，浩蕩及關愁」一聯，可以想見他度隴的艱辛。

　　子美到了秦州，心理上有一個著落，就是族姪杜佐在秦州外的東柯谷築有東柯草堂，而贊公的寺院是在東柯西枝山離城不過廿餘里，若從西枝山取道直徑去東柯谷可以節省十幾廿里的路程。子美心想，要是秦州可以定居，則在感覺上有親人、有好友，問題是在於如何謀求衣食之資。

　　子美無官一身輕寄寓秦州，與地方官吏也無往還，這是他本

性。過去在洛陽、在長安、在華州，參加許多宴慶集會，或是由於他的詩名，或是由於官員的身份，這裡沒有人知道他是誰，所以生活完全可以不受干擾。他一個人在城裡城外，有水處，有山處、有寺觀有勝跡處，信步所之，可以遊覽，可以沈思。有一天黃昏時分，走到城北發現有寺，於是留連忘返，直至月出，不免感到羈旅邊城異鄉，一縷愁思不能自己。步月而歸，吟成秦州雜詩的**第二首**：

> 秦州城北寺，勝跡隗囂宮。苔蘚山門古，丹青野殿空。
> 月明垂葉露，雲逐度溪風。清渭無情極，愁時獨向東。

秦州雖然遠離戰火，但當時河北吃緊，荊襄又有亂事，發西域兵馬東征，都要經過秦州，吐蕃也得安撫，因此不斷有使臣來往，仍然使人感到戰爭的氣息。在秦州雜詩中有許多感觸與議論：

其三

> 州圓領同谷，驛道出流沙。降虜兼千帳，居人有萬家。
> 馬驕朱汗落，胡舞白題斜。年少臨洮子，西來亦自誇。

其四

> 鼓角緣邊郡，川原欲夜時。秋聽殷地發，風散入雲悲。
> 抱葉寒蟬靜，歸山獨鳥遲。萬方聲一概，吾道竟何之。

鄴城之戰，不應敗而敗，民生與國力都受到慘重的打擊。雖鄴圍已解，子美今在秦州又看到兵馬調動，士卒遠戍，使臣往還不斷，在秦州雜詩中，寄予無盡的感概。

其五

> 西使宜天馬，由來萬匹強。浮雲連陣沒，秋草徧山長。
> 聞說眞龍種，仍殘老驌驦，哀鳴思戰鬥，迴立向蒼蒼。

其六

> 城上胡笳奏，山邊漢節歸。防河赴滄海，奉詔發金微。

士苦形骸黑，林疏鳥獸稀。那堪往來戍，恨解鄴城圍。

其七

莽莽萬重山，孤城石谷間。無風雲出塞，不夜月臨關。
屬國歸何晚，樓蘭斬未還。煙塵一長望，衰颯正摧顏。

其八

聞道尋源使，從天此路迴。牽牛去幾許，宛馬至今來。
一望幽燕隔，何時郡國開。東征健兒盡，羌笛暮吹哀。

　　子美在城裡寄寓的處所并不理想，希望在郊區不遠的地方找到一個住處。因此常在城外留心察看。有一天他在水邊發現一座驛亭，一片幽篁還有密密的高柳，深羨其幽勝，覺得自己能找到這樣的一個居所，也就無異於意想中的郊居了。讚美之餘，寫下了雜詩的——

其九

今日明人眼，臨池好驛亭。叢篁低地碧，高柳半天青。
稠疊多幽事，喧呼閱使星。老夫有如此，不異在郊坰。

　　回到家中，他把幽篁高柳中的驛亭告訴楊夫人和孩子們聽，孩子們直嚷著明天要到那裡去玩。

　　可是第二天下雨了，秋意更濃。子美頗傷岑寂，又觸感身世之悲，因而寫下了詠雨之詩：

其十

雲氣接崑崙，涔涔塞雨繁。羌童看渭水，使客向河源。
煙火軍中幕，牛羊嶺上村。所居秋草靜，正閉小蓬門。

十一

蕭蕭古塞冷，漠漠秋雲低。黃鵠翅垂雨，蒼鷹饑啄泥。
薊門誰自北，漢將獨征西。不意書生耳，臨衰厭鼓鼙。

　　在這段日子裡，子美一心一意尋找卜居之所，足跡遍及城南

城北，東聞西問，聽說東柯谷很好，又聞西枝村也不錯，既慮生活又憂邊事，這些都表現在雜詩中：

十二

山頭南郭寺，水號北流泉。老樹空庭得，清渠一邑傳。
秋花危石底，晚景臥鐘邊。俛仰悲身世，溪風爲颯然。

十三

傳道東柯谷，深藏數十家。對門藤蓋瓦，映竹水穿沙。
瘦地翻宜粟，陽坡可種瓜。船人近相報，但恐失桃花。

十四

萬古仇池穴，潛通小有天。神魚今不見，福地語眞傳。
近接西南境，長懷十九泉。何時一茅屋，送老白雲邊。

十五

未暇泛滄海，悠悠兵馬間。塞門風落木，客舍雨連山。
阮籍行多興，龐公隱不還。東柯遂疏懶，休鑷鬢毛斑。

十六

東柯好崖谷，不與眾峰群。落日邀雙鳥，晴天卷片雲。
野人矜絕險，水竹會平分。採藥吾將老，兒童未遣聞。

邊城景物自與渭河平原、中原故土不同。秦州人口雖有十萬之眾，但都是陌生的面孔，很少可能遇到熟人。而羌胡人口甚多，子美不覺心存憂慮。吐蕃名爲大唐的外甥之國，然而這個外甥不馴之時，也是不好對付的。子美回想往事，景龍四年以金城公主遭嫁吐蕃，乾元二年肅宗以幼女寧國公主下降回紇，嫁給英武可汗爲后，由堂弟漢中王瑀伴送，肅宗自己也親送至咸陽。公主在辭別時流淚說：「國家事大，死且不辭。」乾元二年，回紇的軍隊在相州大敗，一直退到長安。英武可汗也在這年死了。按照回紇風俗，要求寧國公主殉葬，公主拒絕說：「回紇慕中國之俗，

故娶中國女爲婦，若欲從其本俗，何必結婚萬里之外耶？」

回紇的貴臣們說：「殉不殉葬，可各從其俗，但可敦（后）無子女，那就得遣回長安。」

於是寧國公主面上被畫了幾刀，帶著創傷哭著回來了。雖然如此，總比可憐地留在異邦好。子美想起他曾寫過一首「即事」的詩：

> 聞道花門破，和親事卻非。人憐漢公主，生得渡河歸。
>
> 秋思抛雲鬢，腰肢剩寶衣。群凶猶索戰，回首意多違。

爭取支援的這和親政策，它的代價甚大，但只能羈縻一時，并非根本辦法。子美山居眞是滿懷心事。

十七

> 邊秋陰易夕，不復辨晨光。簷雨亂淋幔，山雲低度牆。
>
> 鸕鷀窺淺井，蚯蚓上深堂。車馬何蕭索，門前百草長。

十八

> 地僻秋將盡，山高客未歸。塞雲多斷續，邊日少光輝。
>
> 警急烽常報，傳聞檄屢飛。西戎外甥國，何得近天威。

十九

> 鳳林戈未息，魚海路常難。候火雲峰峻，懸軍幕井乾。
>
> 風連西極動，月過北庭寒。故老思飛將，何時議築壇。

二十

> 唐堯眞自聖，野老復何知。曬藥能無婦，應門亦有兒。
>
> 藏書聞禹穴，讀記憶仇池。爲報駕行舊，鶺鴒在一枝。

子美的「秦州雜詩二十首」，是在秦州很重要的一組詩作，後世對它有很高度的評價。

杜佐接到子美的信，知道二叔已經安抵秦州，便打算儘快去看望他。但是天氣時陰時雨，直到八月上旬，才攜帶一些乾糧、

醃菜、風乾的野味等，駕著馬車前往城裡。午後到達秦州，找到了子美的住處。宗文、宗武正在門外的一片斜坡上嬉遊，訝異地看見馬車停下，知道有客人來了。

杜佐猜想這必是宗文、宗武。

「宗文，」杜佐叫他們，「二叔在家嗎？」

他們奔向車前，睜大了眼睛：「你是佐哥哥嗎？」

杜佐點點頭。

「爹正盼著你來，」他們說著，便奔入屋裡。

子美和楊夫人都出來迎接杜佐。子美心中升起親情的溫暖，又看見帶來的食物更是高興。

「鄉間野味，略可給二叔佐酒，」杜佐打量子美，「度隴辛苦，二叔有點清瘦，二嬸可累壞了。」

愉快地、絮絮地說著家常話。子美把華州到秦州一路的情形，說了個大概。一路雖然辛苦，但比當年自羌村奔赴靈武行在，以及從長安逃往鳳翔卻安全多了。

晚餐席上，子美品嚐到風乾山雞的香嫩，一邊飲酒，一聽杜佐描述東柯谷的風景和東柯草堂，茅屋山居的情趣。杜佐說，他自種栗米，自種葵瓜，一片野地裡種薤，簡直不費什麼功夫。多天用落葉和腐草製造肥料，也十分方便。

子美聽得出神，在他想象中的山雲、澗水，竹籬野徑，花開時節，群鳥相呼，這幾乎比他寫的詩還要美麗。使他深深地愛上了山居之趣。當然，杜佐的三間草堂是容納不下子美一家人住的。因此，心想這得自己實地考察後，自建茅屋才行。

杜佐之來，帶給子美很大的欣慰。他寫有「示姪佐」一詩：

多雨秋風落，君來慰眼前。自聞茅屋趣，只想竹林眠。

滿谷山雲起，侵籬澗水懸。嗣宗諸子姪，早覺仲容賢。

　　子美對杜佐是寄予很大的希望的。盼他協助在東柯谷一帶定居，希望在卜居初期，能在食物方面略加支助，杜佐回東柯谷後，子美寫了「佐還山後寄三首」，道出了他的心意。

　　　　　　　一

　　山晚黃雲合，歸時恐路迷。澗寒人欲到，林黑鳥應棲。
　　野客茅茨小，田家樹木低。舊諳疏懶叔，須汝故相攜。

　　　　　　　二

　　白露黃梁熟，分張素有期。已應春得細，頗覺寄來遲。
　　味豈同金菊，香宜配綠葵。老人他日愛，正想滑流匙。

　　　　　　　三

　　幾道泉澆圃，交橫落慢坡。葳蕤秋葉少，隱映野雲多。
　　隔沼連香芰，通林帶女蘿。甚聞霜薤白，重惠意如何。

　　子美本想早去西枝村探望贊上人，只因怕杜佐會來，所以一直稽延著。杜佐回山後，他便於九月中旬從秦州城南出發，走了廿幾里，找到了那座寺院，看到了故人贊公。把晤敘舊，自不無感慨。贊公和子美都是因為房琯的關係被貶斥的。子美去了華州作參軍司功，贊公則遠放秦州。今日兩人復在秦州相遇，佛門中人亦難以掩飾其激動。連床夜話，倦極始眠。

　　第二天，子美和贊公兩人，一同走了許多路，到西枝村一帶去尋訪卜居的地方，兩位老人翻山越澗，走得相當疲累，卻沒有結果。子美在「西枝村尋置草堂地夜宿贊公土室二首」中說得很詳細。其一說：

　　出郭眺細岑，披榛得微路。溪行一流水，曲折方屢渡。
　　贊公湯休徒，好靜心跡素。昨枉霞上作，盛論嚴中趣。
　　怡然共攜手，姿意同遠步。捫蘿澀先登，陡嶮眩反顧。
　　要求陽岡煖，苦涉陰嶺沍。惆悵老大藤，沉吟屈蟠樹。

卜居意未果，杖策迴且暮。層巔餘落日，草蔓已多露。

子美回到城裡，由於這二、三日一連走了幾十里路，覺得腰腳有點疲累。雖然沒有找到適宜的地點，可是還不死心，總覺得西枝村一帶，仍然還有好地方可以探尋。總希望在離贊公不遠處，找到好地方建一茅屋，彼此可以常常來往，因而寄詩與贊公，請他再陪同尋訪。因作「寄贊上人」：

一昨陪錫杖，卜鄰南山幽。年侵腰腳衰，未便陰崖秋。

重岡北面起，竟日陽光留。茅屋買兼土，斯焉心所求。

近聞西枝西，有谷杉漆稠。亭午頗和暖，石田又足收。

當期塞雨乾，宿昔齒疾瘳。徘徊虎穴上，面勢龍泓頭。

柴荊具茶茗，逕路通林丘。與子成二老，來往亦風流。

於是子美又去了贊公那裡，拉著他翻山越嶺到西枝村之西的西谷一帶，找尋可以建茅屋隱居的地方。一心一意想在距離贊公不遠處於山間水邊築一陋室，二老時時來往，共啜清茗，不也風雅之至嗎？

然而適合於意想中的卜居地，始終沒有找到，一番心力竟付諸東流了。

子美本來也想托杜佐在東柯谷一帶找地，但楊夫人有不同的意見，她提醒子美：「我們快老了，住在山裡不要緊，可是孩子們呢？不將變成小野人了？」

子美聞之一怔，頓時驚悟。

「啊，是了。我只顧我自己了。」

「我看，贊公那地方還不錯。」楊夫人怕子美過於失望，忙著安慰他，「離城廿多里，孩子們腳健，時時可到城裡走一趟。」

「你這主意很好，」子美欣然同意。「如果西枝村一帶找不到地方，那就另作打算。」

　　事實上，構築茅屋隱居又談何容易。目前在秦州的生活已經
夠困難了。還不到兩個月，就要杜佐接濟食物，隱士阮昉送薤三
十束。也很喜歡，覺得友情的溫暖，因而作詩致謝：

秋日阮隱居致　薤三十束

　　隱者柴門內，畦蔬繞金秋。盈筐承露薤，不待致書求。

　　束比青芻色，圓齊玉筋頭。衰年關鬲冷，味暖併（一作腹）

　　無憂。

　　羈旅塞邊，既傷生事爲艱，又憂國事蜩螗，眞是愁緒百結。
每於獨處之時，追憶昔日之遊，倍加遠懷老友。他懷念高適、岑
參、薛璩、蘇源明，而於鄭虔、李白紀念尤深。想起當年在長安，
他和鄭虔都是窮官，幸有蘇源明景況稍好，所以常是他付酒錢的。
他與鄭老，在米珠薪桂的日子，仍然興致極高，「得錢即相見，
沽酒不復疑。」如今鄭虔被貶遠在台州海隅，最近得到消息，雖
是貧而多病，但故人猶存，亦足聊以安慰了。子美因作「所思」
一詩：

　　鄭老身仍竄，台州信始傳。爲農山澗曲，臥病海雲邊。

　　世已疏儒素，人猶乞酒錢。徒勞望牛斗，無計劚龍泉。

　　子美與李白有深厚的友情，對這位有仙道骨的年長者，他始
終懷有一份敬愛之意。因從永王璘獲罪，於乾元元年（西元七五
六年）長流夜郎（今貴州桐梓）但於乾元二年春夏間遇赦，自巫
山下漢陽，過江夏。他的「下江陵」一詩「朝辭白帝彩雲間，千
里江陵一日還，兩岸猿聲啼不住，輕舟已過萬重山。」便是在那
時候寫的。子美於乾元二年七月自華州棄官赴秦州，自然沒有得
到他的消息。子美想念殷切，除上面提到的「夢李白二首」又作
「寄李十二白二十韻」，對其人、其事、其詩提綱挈領融入詩中。
王嗣奭在「杜臆」中說：「此詩分明爲李白作傳，其生平履歷備

矣，白才高而狂，人或疑其乏保身之哲，故爲之剖白」後人有責備李白的認他有虧大節，但也有人認他係被脅迫無奈，理由是他能識郭子儀於微時，豈不識永王璘之不濟。

寄李十二白二十韻

昔年有狂客，號爾謫仙人。筆落驚風雨，詩成泣鬼神。
聲名從此大，汨沒一朝伸。文彩承殊渥，流傳必絕倫。
龍舟移棹晚，歌錦奪袍新。白日來深殿，青雲滿後塵。
乞歸優詔許，遇我宿心親。未負幽棲志，兼全寵辱身。
劇談憐野逸，嗜酒見天眞。醉舞梁園夜，行歌泗水春。
才高心不展，道屈善無鄰。處士禰衡俊，諸生原憲貧。
稻粱求未足，薏苡謗何頻。五嶺炎蒸地，三危放逐臣。
幾年遭鵩鳥，獨泣向麒麟。蘇武元還漢，黃公豈事秦。
楚筵辭醴日，梁獄上書辰。已用當時法，誰將此議陳。
老吟秋月下，病起暮江濱。莫怪恩波隔，乘槎與問津。

懷人之作，另有「月夜憶舍弟」五律一首。凄苦之語，令人感動。詩曰：

戍鼓斷人行，邊秋一雁聲。露從今夜白，月是故鄉明。

有弟皆分散，無家問死生。寄書長不達，況乃未休兵。

子美在棗州，生活過得十分艱苦，但他并不頹喪，只是對楊夫人和孩子們感到很歉疚。他因懂得一些醫理和藥物，經常在天氣晴朗時到山中去採藥，回來晒乾後再賣給藥店，順手也採點可食的橡實。這就是史傳中說的「拾橡實以自給」。子美并不諱言自己物質上的窮困，並且還幽自己一默，總是留一錢在囊，免被譏爲窮措大。他在「空囊」一詩中說：

翠柏苦猶食，明霞高可餐。世人共鹵莽，吾道屬艱難。

不爨井晨凍，無衣床夜寒。囊空恐羞澀，留得一錢看。

　　即在這樣的環境中，子美守著君子之道，不願轉個方向去奔競。在華州，如果能爲三斗米折腰，與俗陋的州牧輸誠合作，也就不會辭官來秦州了。

　　子美在秦州住了二個多月，漸漸有人知道他是杜甫了。他曾爲天子近臣，詩名滿天下，所交公卿大夫，秦州爲通西域門戶，來往的人很多，難免有些應酬。在此時的他，是不願意去無謂的週旋的。爲了避免州官的探聽造擾，他常外出遊覽。他到秦州東樓走走，出城看田野、看山寺。他去看太平山的泉眼，中有五色小蛇，覺得很神異。他寫了「太平山泉眼」一詩：

> 招提憑高岡，疏散連草莽。出泉枯柳根，汲引歲月古。
> 石間見海眼，天畔縈水府。廣深丈尺間，宴息敢輕侮。
> 青白二小蛇，幽姿可時睹。如絲氣或上，爛熳如雲雨。
> 山頭到山下，鑿井不盡土。取供十方僧，香美勝牛乳。
> 北風起寒文，弱藻舒翠縷。明涵客衣淨，細蕩林影趣。
> 何當宅下流，餘潤通藥圃。三春濕黃精，一食生毛羽。

　　在居留秦州這段時期，「秦州雜詩二十首」是子美的代表作之外，他所寫的詩，除上面已提到的，還有遣興詩三題共十二首。以及宿贊公房、赤谷西崦人家、東樓、雨晴、寓目、山寺、遣懷、天河、初月、擣衣、歸燕、促織、螢火、蒹葭、苦竹、除架、廢畦、夕烽、秋笛、日暮、野望、病馬、蕃劍、銅瓶、送遠、送人從軍、所思、從人覓小胡孫許寄、佳人、秦州見敕目薛三據授司議郎畢小曜除監察與二子有故遠喜遷官兼述索居凡三十韻及寄高適岑至與嚴武，張彪等人長詩三十韻。

　　三個月中作詩亦可謂多矣。其中「從人覓小胡孫許寄」一首，他的生活已很困難，亦非有閒情再弄一個小動物，而是想彌補孩子們的寂寞，讓他們玩玩小猴子。另外「佳人」是一篇很特殊的

詩作，既不感生事、傷邊愁，亦非憶舊懷人，寫的是一個被棄貴婦的慨世傷心。

佳人

> 絕代有佳人，幽居在空谷。自云良家子，零落依草木。
> 關中昔喪亂，兄弟遭殺戮。官高何足論，不得收骨肉。
> 世情惡衰歇，萬事隨轉燭。夫婿輕薄兒，新人美如玉。
> 合昏尚知時，鴛鴦不獨宿。但見新人笑，那聞舊人哭。
> 在山泉水清，出山泉水濁。侍婢賣珠迴，牽蘿補茅屋。
> 摘花不插髮，采柏動盈掬。天寒翠袖薄，日暮倚修竹。

仇兆鰲認為「天寶亂後，當是實有其人，故形容曲盡其情。舊謂托棄婦以比逐臣，傷新進猖狂，老成凋謝而作，恐懸空撰意，不能淋漓愷至如此。」王嗣奭說：「大抵佳人事必有所感，而公遂借以寫自己情事。」

此佳人誠然端莊靜麗，結句「天寒翠袖薄，日暮倚修竹。」如見其人。子美一定因某事有所聞、有所感，因而寫此寓意自托，也兼為所有正直的逐臣發言。

在秦州奔波尋訪，卜居之所終不可得，而生活的困難幾乎日甚一日，子美放棄了在西枝村一帶尋地的努力，正好這時候同谷縣宰送來了一封信，說同谷風物甚美，歡迎子美前去定居。在這樣的景況中，接到熱情相招的來信，自然興奮得很。他對楊夫人說：

「同谷地處較南端，比這裡和暖多了。」

「這位縣官你過去認識嗎？」

「見過一面，」子美回憶著說，他是忠厚、篤於友情的人，凡是別人說的話，從不懷疑。所以對這封相招的函扎，也認是很可貴的情誼。這就是子美在臨同谷界所作「積草嶺」那一首詩中

提到的「邑有佳主人，情如已識面。來書語絕妙，遠客驚深眷。」

「既然歡迎我們去，」子美說，「至少會給我們一點必要的幫助，聽說同谷的栗亭那地方很不錯，不妨去看看。」

然後他跟楊夫人說明，秦州生事為艱，塞邊人事雜遝，他憂慮吐蕃終將滋事，不如早避兵火為宜。

二、同谷七歌

子美和楊夫人商定了離開居留三個月的邊塞大城，遷移成州（同谷）。孩子們是興奮的，因為他們又將旅行到一個新的城市，路上要經過許多許多的地方，又可以看到許多新奇的事物了。

前一、二天子美去西枝村寺院，向贊公告別。十月天氣，秋意蕭蕭，澗水咽咽，落葉滿路。贊公是他在秦州唯一的老友，原期「與子成二老，來往亦風流。」，終竟不能如願。他真不情願去向贊公告別，無奈生事為艱，食不能飽，又煩厭在地方上有所應接，現在既然有同谷可去，也算是一條出路了。

兩人見面，悵然相對。子美終於說出了要南行的話，贊公為了要減輕子美的離愁別緒，總是平和地安慰他、鼓勵他。

「別即是聚，」贊公說，「等你安定後，我去栗亭吃蜜茶，一、二百里路程，貧僧應該可以做得到的。」贊公的意思是，他雖屬遠放、守官府管制的一類，但半月一月在百十里周圍走動，官府開一眼閉一眼是無妨的。

子美相信贊公的話，聽贊公這麼一說心裡好過多了。

斜日餘暉尚在，子美向贊公告別，回到城裡。

這天夜裡，子美在燈下寫成了「別贊上人」，把心裡要說的全寫入詩裡。

別贊上人

> 百川日東流，客去亦不息。我生苦飄蕩，何以有終極。
> 贊公釋門老，放逐來上國。還爲世情嬰，頗帶憔悴色。
> 楊枝時在手，豆子雨已熟。是身如浮萍，安可限南北。
> 異縣逢舊友，初欣寫胸臆。天長關塞寒，歲暮饑凍逼。
> 野風吹征衣，欲別向曛黑。馬嘶思故櫪，歸鳥盡斂翼。
> 古來聚散地，宿昔長荊棘。相看俱衰年，出處各努力。

　　第三日子夜後，子率領家小揮別秦州，踏上南行的征途。他的：

「發秦州」（原註：乾元二年，自秦州赴同谷縣紀行）

> 我衰更懶拙，生事不自謀。無食問樂土，無衣思南州。
> 漢源十月交，天氣如涼秋。草木未黃落，況聞山水幽。
> 栗亭名更嘉，下有良田疇。充腸多薯蕷，崖蜜亦易求。
> 密竹復冬筍，清池可方舟。雖傷旅寓遠，庶遂平生遊。
> 此邦俯要衝，實恐人事稠。應接非本性，登臨未銷憂。
> 谿谷無異石，塞田始微收。豈復慰老夫，惘然難久留。
> 日色隱孤戍，烏啼滿城頭。中宵驅車去，飲馬寒塘流。
> 磊落星月高，蒼茫雲霧浮。大哉乾坤內，吾道長悠悠。

　　子美以無食、無衣的心情，奔往南州（同谷、即今甘肅成縣）。只希望有一棲身之地，有薯蕷可食，進而求得崖蜜就滿足了。這願望是這樣的低，但在詩人筆下，亦足見生事之堪悲了。而「大哉乾坤內，吾道長悠悠。」子美的道，豈只是衣食而已。

　　子美出城繞道而行，走了將近七里路，早晨才到赤谷亭，過大隴山一路都是峻險的，而從赤谷開始，山路亂石、谿谷多風，車行十分困難。一路荒涼，難見村墟煙火，走了一天，才到達離秦州不遠的鐵堂峽。從此向前，便是到同谷的大道。

　　從赤谷開始，子美沿途都有詩記行，寫景、抒情，筆力高健。

「鐵堂峽」一詩最能代表路途險絕之狀。

鐵堂峽

山風吹遊子，縹緲乘險絕。峽形藏堂隍，壁色立精鐵。

徑摩穹蒼蟠，石與厚地裂。修纖無垠竹，嵌空太始雪。

威遲哀壑底，徒旅慘不悅。水寒長冰橫，我馬骨正折。

生涯抵弧矢，盜賊殊未滅。飄蓬踰三年，回首肝肺熱。

到了鹽井這地方，但見四處煮鹽，煙氣繞繚。由於鹵氣浸漬，草木凋枯。子美又慨嘆當時鹽鐵法之不善，以致轉手之間價格倍增。子美的詩中說：「自公斗三百，轉致斛六千。」據志書說「天寶、至德間，鹽每斗十錢。乾元元年，第五琦爲諸州権鹽鐵使，初變法。劉宴代之，法益密。貞元四年，江淮斗增二百，爲錢二百一十，後復增六十。河中兩地鹽，斗三百七十。豪賈射利，官收不能平。」以鹽價一事而言，當時的民生問題已是很嚴重的了。

唐代內陸鹽井有六百四十處。同谷一處在成州長道縣東南三十里。自鹽井取鹽，因井水下鹹上淡，所以「土人取巨竹，盡通中節，惟下梢留節，傍鑿小孔，用牛皮掩洞口，皮連繩索。下竹之後，牽索轉皮，則鹹水入洞，仍掩其孔，汲起傾瀉，不雜淡水。」這樣純手工的取水煮鹽，產量有限，但比之從沿海運鹽入內陸，價格上就大有差別了。

子美向來關心民間疾苦，自貶調華州參軍司功後，曾於戰亂中前往洛陽一帶，對民間事物瞭解得更多、更深，知道中下層社會，與上層的結構大不相同。士大夫關心民疾者爲數不多，而下層社會民衆一生勤苦，祇要布衣粗食就十分滿足了。可嘆可恨者，即是如此也還遭受層層的剝削，以鹽價一事而言，便知道民間遭盤剝之苦了。

子美從鹽井經寒峽、法鏡寺、青陽峽、龍門鎮、石龕，抵達

同谷邊界的積草嶺，再過泥功山、鳳凰台，全程約二百六十里到達同谷。同谷在甘肅東南部，西漢水的北岸，鄰接陝西。有鳳凰山、飛龍峽、雞峰等勝景。最著名的是距縣西北一百里的仇池。子美在秦州時便熟知此地，曾希望與贊公同遊，欣賞神魚穴中的神魚。

　　這一路千辛萬苦，從他的紀行詩中可知其概略。到了同谷，上面提到「佳主人」卻不見蹤影。子美失望極了，所以在同谷所作的詩篇中再沒有提到此人。顯然可知，那位勢利的邑宰，初不過慕子美之名，虛語相招，到真的人來了，卻避之唯恐不及。所以到同谷之後，生活上的困窘，比在秦州時更甚。使得子美白頭亂髮，必須到山中去拾橡栗、去掘黃獨以為食。在十一月中天寒風冷，以致「手腳凍皴皮肉死」他的「同谷七歌」和「秦州雜詩二十首」同樣是他詩集中的名篇。

　　而七歌是用創新的體裁處理，另開詩的新格局。讓我們來看：

乾元中寓同谷縣作歌七首

其一

有客有客字子美，白頭亂髮垂過耳。
歲拾橡栗隨狙公，天寒日暮山谷裡。
中原無書歸不得，手腳凍皴皮肉死。
嗚呼一歌兮歌已哀，悲風為我從天來。

其二

長鑱長鑱白木柄，我生託子以為命。
黃獨無苗山雪盛，短衣數挽不掩脛。
此時與子空歸來，男呻女吟四壁靜。
嗚呼二歌兮歌始放，閭里為我色惆悵。

其三

有弟有弟在遠方，三人各瘦何人強。

生別展轉不相見，胡塵暗天道路長。

東飛鴐鵝後鶖鶬，安得送我置汝傍。

嗚呼三歌兮歌三發，汝歸何處收兄骨。

其四

有妹有妹在鍾離，良人早歿諸孤癡。

長淮浪高蛟龍怒，十年不見來何時。

扁舟欲往箭滿眼，杳杳南國多旌旗。

嗚呼四歌兮歌四奏，林猿為我啼清晝。

其五

四山多風溪水急，寒雨颼颼枯樹濕。

黃蒿古城雲不開，白狐跳梁黃狐立。

我生何為在窮谷，中夜起坐萬感集。

嗚呼五歌兮歌正長，魂招不來歸故鄉。

其六

南有龍兮在山湫，古木巃嵷枝相樛。

木葉黃落龍正蟄，蝮蛇東來水上遊。

我行怪此安敢出，拔劍欲斬且復休。

嗚呼六歌兮歌思遲，溪壑為我迴春姿。

其七

男兒生不成名身已老，三年飢走荒山道。

長安卿相多少年，富貴應須致身早。

山中儒生舊相識，但話宿昔傷懷抱。

嗚呼七歌兮悄終曲，仰視皇天白日速。

　　同谷七歌第一首「有客有客字子美」取自詩經周頌「有客」
一章的起句「有客有客，亦白其馬。」子美在同谷為客居，所以

用得非常恰當。結句「嗚呼一歌兮歌已哀，悲風爲我從天來。」使我們感到如聞其聲，如見其人。其三其四是懷弟懷妹，無不是敘生事之艱困，一層進一層，實在令人不忍卒讀。第七章結句「嗚呼七歌兮悄終曲，仰視皇天白日速。」歌終而日暮，眞是「吾道屬艱難」了。

七歌的結句都用「嗚呼」可見其哀，也突出了歌的形式，加強了歌的氣勢，其聲悽，其情切，頓挫淋漓之至。後世宋元詞人多傲同谷歌體者，以南宋文天祥的「亂離六歌」最爲人知。

七歌中提到的「山中儒生舊相識，但話宿昔傷懷抱。」王嗣奭說：「積草嶺詩云：邑有佳主人豈指同谷令耶？歌內甚有不足主人意，主人何獨不爲意也。又如「黃蒿古城雲不開，」見城中無相知，故但言「山中儒生舊相識」，然亦隱隱及之，終屬厚道。」但從子美晚年「長沙送李十一銜」一詩中有「與子避地西康州」一句，西康州即同谷，則山中儒生指的并非那「佳主人」，而應是李銜。詩中又有「李杜齊名眞忝竊」句，則李銜有詩贈子美，推想李銜亦是能詩的。

很可能李銜是早些時先到同谷的。子美到時「佳主人」沒有露面，幸而李銜知道了匆匆趕來協助，才住到城郊不遠的鳳凰山下的鳳凰村。山之附近有鳳凰台、萬丈潭、黃龍碑等勝景，這倒是極爲子美所欣賞的，在困窘之中提升了他的情緒。

黃龍碑又稱「西峽頌摩崖」，在成縣西北，建於東漢建寧四年（西元一七一年）。周圍山勢陡峭。兩山對峙，一泓中流。二峽旁有潭，水深莫測。故稱爲萬丈潭，俗傳有龍自潭飛出，又名黃龍潭。潭左側摩崖成碑，記載當時武都太守李翕率眾開天井道政跡。碑文漢隸，刻得酋勁有力，碑的右側刻「五瑞圖」，繪黃龍勝空飛舞，白鹿引頸長鳴，嘉禾簇簇，甘露欲滴，樹木連理駢

枝，寓意龍鳳呈祥，五谷豐登。

　　鳳凰山有鳳凰台，二石對峙其形如闕，傳說有鳳凰棲息其上，故名鳳凰台。山腰清泉涓涓匯成小河。山上多松柏、古槐、海棠、斑竹，北宋時在飛龍峽口建有「杜甫草堂」，明萬曆四十六年（西一六一八年）重修，坐西朝東，南北寬約二十公尺，東西長約十公尺。現存大門左右廂房，二門內大殿三間。原有的杜甫塑像早已被毀。

　　子美初到同谷，雖在顛沛流離之際，仍很有興致的遊覽了這一帶的勝景。作了「鳳凰台」、「萬丈潭」二詩，以誌遊。「鳳凰台」的起句「亭亭鳳凰台，北對西康州。西伯今寂寞，鳳聲亦悠悠。山峻路絕蹤。石林氣高浮。安得萬丈梯，為君上上頭。」萬丈潭一詩寫實事實景，加上自己的想象，以最熟練的藝術手法表達出來，一掃一般遊覽詩的堆砌、虛無的鋪陳，用之於甲山、用之於乙山均無不可的套語。子美入秦州以來所寫的紀遊詩，無不深刻刻劃，因此內容則元氣充沛，用詞則光怪陸離，布局則推陳出新。且看：

萬丈潭

青溪含冥寞，神物有顯晦。龍依積水蟠，窟壓萬丈內。
跼步凌垠堮，側身下煙靄。前臨洪濤寬，卻立蒼石大。
山危一徑盡，岸絕兩壁對。削成根虛無，倒影垂澹淨。
黑知灣澴底，清見光炯碎。孤雲到來深，飛鳥不在外。
高蘿成帷幄，寒木壘旌斾。遠川曲通流，嵌竇潛洩瀨，
造幽無人境，發興自我輩。告歸遺恨多，將老斯遊最。
閉藏修鱗蟄，出入巨石礙。何當炎天過，快意風雲會。

　　從華州到秦州，從秦州到同谷，子美率領一家大小長途跋涉。物質條件是如此惡劣，營養不良而又消耗體力，全家人瀕臨疾病

的邊緣，風寒感冒是在所難免的。子美只好用山中採來的草藥權
作防治。他對楊夫人說：「苦了你和孩子們。」

「孩子們只要能食飽就沒有問題了。」楊夫人幽幽地說，「
我倒是擔心你，轉眼就五十了，你憂家憂國，身體吃不消。」

「我挺得住，」子美滿懷信心「我雖憂傷卻不頹喪，在詩中
發發牢騷，也不過眞的紀遊，留一個紀錄，你可放心。」

雖然如此，生活上飢寒交迫，是不能不要解決的問題。

「入蜀罷。」子美堅定地說，「樂土、南州皆不可留，祇有
再向前了。」

「蜀中有舅舅、還有王家表弟，又有嚴、高二公，」楊夫人
回應著，「比在這裡舉目無親好多了。再說，你這入山採橡栗、
採草藥只是應急，豈是長法。」

子美一家是十一月初到達同谷，還不到一個月又決定入蜀，
實在是迫於形勢，原非所願的。已入臘月，人們都在準備過年的
衣食，子美卻於十二月一日離同谷，踏上八百里以上的路程，要
走難行的棧道（閣道）奔向成都。臨行躊躇，與三、兩友人作別，
心裡又起離散之悲，寫「發同谷縣」一詩紀行。

　　　　發同谷縣（原註：乾元二年十二月，自隴右赴成都紀行）
　　賢有不黔突，聖有不煖席。況我飢愚人，焉能尚安宅？
　　始來茲山中，休駕喜地僻。奈何迫物累，一歲四行役。
　　忡忡去絕境，杳杳更遠適。停驂龍潭雲，迴首虎崖石。
　　臨歧別數子，握手淚再滴。交情無舊深，窮老多慘慽。
　　平生懶拙意，偶值棲遁跡。去住與願違，仰慚林間翮。

這一年自春至冬，先是從東都洛陽回到華州，從華州棄官到
秦州，又從秦州到同谷，如今又離同谷赴成都，怎不使子美慨嘆
「去住與願違」，「一歲四行役」呢。子美入蜀所走的路線是同

谷——木皮嶺——白沙渡——水會渡——飛仙閣——五盤——龍門閣——石櫃閣——桔柏渡——劍門——鹿頭山——成都。一路都作有紀行詩。共十二首。「發秦州」至同谷紀行詩也是十二首。這二組山水詩共廿四首。在他的詩作中佔很重要的地位，也獲後世的佳評。認為筆力變化，雄奇崛壯。令人讀之，山川歷落，居然在眼。後於子美者韓愈，作「南山」詩凡二百四句，舖敘詳，文采瞻，議者謂其以「上林」「子虛賦」才力小者不能到。但王履認為「東西兩際海，巨細難悉究。……初從藍田入，顧盼勞頸脰」等十餘句，凡大山皆可用，不似子美「攬實事實景以入於華藻之中，是故高山人表，而不失乎文章之所以然。」

子美發同谷取道栗亭，度木皮嶺，由白水峽入蜀，一路險阻。其後乾符年間黃巢之亂，王鐸治兵便置關於此，以遮秦隴。子美「木皮嶺」一詩中說：「季冬攜童稚，辛苦赴蜀門。南登木皮嶺，艱險不易論。」又說：「遠岫爭輔佐，千巖自崩奔。始知五岳外，別有他山尊。」可見行旅不易。度木皮嶺後漸入蜀境，路更艱險。從而經白沙渡、水會渡、到達飛仙閣。飛仙閣上有閣道百餘間。閣道是石駕空為飛梁，連山絕險，飛閣相通。所謂高棧連雲，外設欄干，壘石成梯，堅於結構，稱閣之險也。到了五盤嶺，棧道盤曲有五重。走這樣的艱阻的道路，子美仍以詩人之心不忘情山水，他的「五盤」起句便是「五盤雖云險，山色佳有餘。仰凌棧道細，俯映江木疏。」過了五盤是龍門閣。此地石穴高數十丈，其狀如門故稱龍門。此閣石壁斗立，比他閣尤險。過了龍門閣到石櫃閣、桔柏渡便是劍門。這是古蜀道的門戶。有大劍山、小劍山，古稱梁山山脈連綿橫且百餘里。峭壁斷崖，如門之闢、如劍之植，故又名劍門山。張載的「劍閣銘」說：「惟蜀之門，作固作鎮，是曰劍閣，壁立千仞，窮地之險，極路之峻。」

第六章 成 都

萬里橋西一草堂 百花潭畔即滄浪

一、浣花溪畔 學圃種藥

漸行漸近，終於望到成都的城郭了。一家大小無不興奮，特別是孩子們，二十多日的車馬勞頓，現在將到一個安頓的大城市。心想不知要比秦州、同谷好上幾倍。

「成都快到了。」楊夫人慈祥地看著孩子們說。那意味著不再飢寒，不再到山中去拾橡栗、去掘黃獨了。

孩子們看著媽媽，蒼黃的臉上綻開微笑。

成都是子美一家人的希望所在，一個新的生活的開始，充滿了美麗的前景。至此，道鉻之艱阻已盡，山川之奇險已盡，子美寫「成都府」一詩，以為這一組十二首紀行詩的總結。

成都府

翳翳桑榆日，照我征衣裳。我行山川異，忽在天一方。

但逢新人民，未卜見故鄉。大江東流去，遊子日月長。

曾城填華屋，季冬樹木蒼。喧然名都會，吹簫間笙簧。

信美無與適，側身望川梁。鳥雀夜各歸，中原杳茫茫。

初月出不高，眾星尚爭光。自古有羈旅，我何苦哀傷。

成都府以當年玄宗曾來此避安祿山之亂，於至德二載（西元七五七年）十二月升為南京。據新唐書地理誌載：「成都府土貢：錦、單絲羅、高杼布、麻、蔗糖、梅、生春酒。戶十六萬九百五

十，口九十二萬八千一百九十九。縣十。」可見這是一個人口近百萬物產豐富的大地方。

子美於「初月出不高，眾星尚爭光」的傍晚時分到達。看到萬家燈火，層城華屋，傳來悠悠的笙歌聲。他雖然意識到將在成都居留很長的一段時期　，但思鄉之念卻忽而升起。「信美無所適，側身望川梁」，他總不忘情洛陽與長安，。這就是在「五盤」一詩中所說的「成都萬事好，豈若歸吾廬。」但是現在為衣食奔逐，已到距洛陽、長安二、三千里外的成都，祇好自己寬慰自已：「自古有覊旅，我何苦哀傷。」了。

子美一家初抵成都，即由王家表弟前來迎接。此時臘鼓催年，滿城洋溢著忙迫歡喜的景像。子美卻是到西郊七里浣花溪畔的草堂寺暫時寄寓。僧人復空亦居其中。這山寺相當宏麗，子美一家大小住處寬敞。

「這溪名極好。」子美稱讚浣花二字詩意濃厚，山水清幽，正好忘去一年的辛苦行役，好好休息一陣子了。

「這裡到城裡很方便，」王家表弟對孩子們說，「過些天我會來帶你們去玩。」草草安頓下來，首先是要充分的休息和必需的食物與一些日用品。王十五司馬已經準備了。接著是子美的老友高適，這時他任離成都不過九十里的彭州刺史。不過他人未來而是一首詩，隨詩而來的為數不多的錢米等物。於是子美開始過著「故人供祿米，鄰舍與園蔬。」的生活了。

高適贈子美的詩是「贈杜二拾遺」

傳道招提客，詩書自討論。佛香時入院，僧飯屢過門。

聽法還應難，尋經膾欲翻。草玄今已畢，此後更何言。

所謂招提客是子美寫過「游龍門奉先寺」一詩，「已從招提游，更宿招提境。」的起句，如今住在寺裡，真的作了招提客了。

調侃老友詩書自隨，卻是聽佛法，食僧飯。這有一則故事。原來
唐時王播少時孤貧，常客揚州惠昭寺木蘭院，隨僧齋餐，日子長
了，眾僧都厭怠，因是提早開飯然後鳴鐘，王播來時便撲空了。
後來王播發跡，正好出鎮揚州，因訪舊游，發現從前的題壁詩，
都罩以碧紗。王播心中好笑，寫了二首絕句。其一是：「二十年
前此院游，木蘭花發院新修。而今再到經行處，樹老無花僧白頭。」
其二是：「上堂已了各西東，慚愧闍黎飯後鐘。二十年來塵撲面，
如今始得碧紗籠。」

　　子美很高興高適來詩問候，立即以詩酬答。

酬高使君相贈

　　　古寺僧牢落，空房客寓居。故人供祿米，鄰舍與園蔬。

　　　雙樹容聽法，三車肯載書。草玄吾豈敢，賦或似相如。

　　兩首詩對看，一問一答。子美短時間住在草堂寺的生活，大
致是安靜的。一方面調息身心，一方面計畫未來。

　　急景凋年，很快就過年了。過了年就是上元元年（西元七六
〇年）。子美於開春之後，在親友的幫助下，籌劃修蓋一所自己
居住的草堂。他的「卜居」詩說：

　　　浣花溪水水西頭，主人爲卜林塘幽。

　　　已知出郭少塵事，更有澄江銷客愁。

　　　無數蜻蜓齊上下，一雙鸂鶒對沉浮。

　　　東行萬里堪乘興，須向山陰入小舟。

　　上面二首詩中的「故人」與「主人」，王嗣奭（杜臆）認爲
故人當指成都尹裴冕。黃鶴、鮑欽止也認爲卜草堂的主人是裴冕。
但有人提出質疑：子美雖然在鳳翔行在時認識裴冕，但并沒有什
麼交情。顧宸註：「裴若爲公結廬，則詩題當特標裴冀公，不當
以『主人卜林塘』一句輕敘。如王判官遺草堂貲，公必載之。又

如嚴鄭公攜酒饌來亦必亟稱之，何況爲公卜居耶」但另有一種可能是，裴冕身爲劍南節度使又是地方官，與子美雖無深交卻是舊識，子美在到成都前站「鹿頭山」一詩中，曾對裴冕有所讚揚，即有投奔之意。如今到了他的治所，對這位有名的詩人稍予協助不是不可能的。只不過他是經由一些僚屬如王司馬、蕭明府、韋少府等人出面，動用官署的款項罷了。當然，稱得上故人的，總還是高適和嚴武。有時接濟不來，還可以在詩中催一催。畢竟他們是詩人朋友，不是官場中認識的。

子美偕同老老少少的朋友們，幾經勘察選定浣花溪畔的一畝之地，作爲建草堂的的地址。這塊地是在成都西郊碧雞坊外，萬里橋西，百花潭北，浣花溪西岸的江流曲處。既然地非私產，那便屬公家所有，王司馬他們自然會到官署，去辦一個手續就行了。

這天子美回到寺裡，很高興的和楊夫人談起草堂的建地，盛稱那是難得的好地方，水木 清幽，不遠處也有疏落的三、五人家。

「爹要建草堂了」宗文、宗武對母親說，「我們也能幫忙的。」

「開始時都是粗重的工作，」子美對孩子們說，「你們幫不上忙，但以後要搬點小木材和茅草，你們可以做。」

「好的，好的。」孩子們滿意父親的允許。

「草堂建好了，我們可避風雨，避寒冷，」子美對楊夫人和孩子們說「我種菜，媽媽做飯，宗文、宗武拾樹枝、劈柴，也許可以去釣魚，我們一家人布衣粗食，過安靜的日子。」

難得子美在孩子們面前說了這麼多話。於是一家人沉緬於建草堂和草堂落成後的想象中。子美內心則是感慨多於興奮，憂慮多於喜悅。在複雜的情緒中念中原戰亂未止，國事蜩螗，總是他心頭的一塊大石。說不定蜀中也會波及，則欲幽居草堂恐也不容

易了。愈想愈惱，心裡難免有些煩躁。

　　雖說是簡單的草堂，子美自已規畫何處種松、何處植竹、何處栽桃，還有藥欄、還有禽舍，規模正復不小。老友嚴武和高適派人送來了營建之資，親朋好友有王司馬，有徐卿，蕭、何、韋三位明府，無不積極參與。

　　在王司馬主持營建下，草堂的工程很快就展開了。先是挖土打地基，然後量丈竹木，收拾白茅。怕春天雨水多，因而加緊工程的進度。子美和孩子們幾乎天天都來工地，楊夫人則弄一些點心送來，給大家休息時小食。這是一種精神的鼓勵或感謝，促使工程的進行更迅速、更順利。

　　感謝上蒼，這春季多是晴朗的日子，偶而陰天也只微雨，不太影響工程的進行。終於在春末夏初時，草堂落成了。子美和楊夫人率領一家人遷進新居。數年來居無定所，不意今日在距故園數千里外的成都府浣花溪畔，建成了自已的草堂，柴門白屋，一派自然風光，雖朱門大宅不易也。子美興奮喜悅之餘，作成「堂成」一詩：

> 背郭堂成蔭白茅，緣江路熟俯青郊。
> 榿林礙日吟風葉，籠竹和煙滴露梢。
> 暫止飛烏將數子，頻來語燕定新巢。
> 旁人錯比揚雄宅，懶惰無心作解嘲。

　　草堂落成是堂的本身粗具規模，屋子內部還得整修。外面種竹植樹，也得按先後次第來做。無論如何，此身居處已有著落，不復有那麼濃重的飄浮感了。遠離中原煙塵隔絕，對於戰亂的事所知不多，除了有時懷念親友情不能已之外，子美是一心一意要在浣花溪畔做一個普通人，以詩酒自娛。不過他也決心要在詩歌藝術上達到更高的境界。

　　住進草堂，對自然景物處處感到新鮮，清晨的江上淡淡的煙波，樹梢霧氣繚繞，子美在江邊散步覺得清新愉快。但草堂的四週，一片廣地竹木不夠，於是他向蕭八明府覓桃栽、向韋二明府覓綿竹，向何少府覓榿木，向韋少府覓松樹，更有甚者，又向韋處索大邑瓷碗，並親到徐卿家覓果栽。每求一物便寫一詩，所以子美的筆墨也跟他的心意一樣忙碌。

　　且看他的「蕭八明府實處覓桃栽」一詩：

　　　　奉乞桃栽一百根，春前爲送浣花溪。

　　　　河陽縣裡雖無數，濯錦江邊未滿園。

　　　　　　（他用的是潘岳的故事：潘岳爲河陽令，遍樹桃李。）

　　又「乞大邑瓷碗」詩：

　　　　大邑瓷碗輕且堅，扣如哀玉錦城傳。

　　　　君家白碗勝霜雪，急送茅齋也可憐。

　　一碗之微，子美也是很認真的，稱讚它的質地與聲色。

　　及至王家表弟出郭相訪，送來營草堂貲，子美高興得不得了。作了一首：

王十五司馬弟出郭相訪遺營草堂貲

　　　　客裡何遷次，江邊正寂寥。肯來尋一老，愁破是今朝。

　　　　愛我營茅棟，攜錢過野橋。他鄉唯表弟，還往莫辭勞。（

　　　　一作遙）

　　初住進草堂，周圍的環境還不太熟悉。幽靜是夠幽靜了，但有時也會感到寂寞。幸虧種樹理花和爲農，可以消磨許多時間，比起幾年前的東奔四走，總算閒適的了。他的「江村」一首最足以表現他在浣花溪畔的生活狀態。老少安居，與世無求，享受著自然的美好。

江村

　　清江一曲抱村流，長夏江村事事幽。

　　自去自來梁上燕，相親相近水中鷗。

　　老妻畫紙為棋局，稚子敲針作釣鉤。

　　但有故人供祿米，微軀此外更何求。

　　不過，故人供祿米，有時會脫期接濟不及的時候。正如「狂夫」一詩：

狂夫

　　萬里橋西一草堂，百花潭畔即滄浪。

　　風含翠篠娟娟淨，雨裛紅蕖冉冉香。

　　厚祿故人書音斷，恆飢稚子色淒涼。

　　欲填溝壑惟疏放，自笑狂夫老更狂。

供祿米的是老朋友，在此情況下，子美便寫詩向高適告急了。

因崔五侍御寄高彭州一絕

　　百年已過半，秋至轉飢寒。為問彭州牧，何時救急難。

　　糧食問題事實上并沒有那麼嚴重，只是子美過去餓怕了，因而未雨綢繆，下筆時難免有些誇張。再說，草堂已成，子美已經開始種植，有些容易成長的作物，個把月即可有收成，應該不致構成飢餓的威脅了。且看他的

為農

　　錦里煙塵外，江村八九家。圓荷浮小葉，細麥落輕花。

　　卜宅從茲老，為農去國賒。遠慚勾漏令，不得問丹砂。

　　除了農作，草堂主人還要養家禽，這是構成田舍風光很重要的一部份。因此子美對楊夫人說：

　　「我們得養些雞、鴨。雞最重要，『風雨如晦，雞鳴不已。』有雞司晨，才像個農家。鴨子喜遊水，可以放到溪中去覓食。」

　　楊夫人同意子美的想法，但是她建議：「開始時養得少一些，

還要養幾隻鵝，你知道為什麼嗎？」

「王羲之最喜歡鵝，」子美說，「你要我分點時間練習書法？」

「不是的，」楊夫人笑著說，「你已經夠忙了。我告訴你養鵝有個好處，我們周圍有樹林子、有草地、有溪流，難免會有蛇，蛇怕鵝糞，所以養鵝可以卻蛇。」

「呵，這樣很好。」子美想了一想對楊夫人說，「你不愧為司農少卿之女。」

子美計畫用竹子、木片做禽舍，雞舍可以搭在樹上，用粗竹紮牢即可。他不免想到在羌村時，鄰人叩柴扉來訪，，群雞相鬥，把牠們趕到樹去的情景。

草堂初成，正是春夏之交的梅雨天開始。子美本有輕微的肺疾，也怕風濕。平日靠自己懂得一點醫理，又能善用草藥，所以經常調理，不致成為大患。這些日子來過份勞累，正好是宴宴細雨天，因而節勞休息。但子美何嘗靜得下來，自己雖來到蜀中，遠兵亂，而想起弟妹們仍在中原，手足離散，安危莫卜，大傷情懷。於是寫下「遣興」一詩：

干戈猶未定，弟妹各何之？拭淚霑襟血，梳頭滿面絲。

地卑荒野大，天遠暮江遲。衰疾那能久，應無見汝期。

楊夫人看見了這首詩，頗不以為然。因勸子美說：「過於憂傷了。戰亂之世，心情要豁達一點。」

「是，是。」子美深感憾意，使妻子也因而憂慮，「只是我一著筆便難以自禁。」

這時候，門外傳來宗文、宗武的聲音，赤著雙腳很高興的跑進來。手裡提著釣竿和一尾不算小的江魚。

「爹，你看我們釣到一條魚了，」兩兄弟第一次獵穫，十分高興，「給你晚上下酒。」

子美和楊夫人都笑了。分享孩子們的愉快。

二、田舍風光 山水之樂

清江一曲，柴門野徑，面對這一派農村風光，子美和楊夫人內心深感喜悅。暮春花事已了，現值初夏，楊柳隨風飄舞，崗上枇杷已結黃實。落日西照時，對岸江邊鸕鷀展翅而立，意態悠閒而滿足。子美把這景物寫成「田舍」一詩：

田舍

田舍清江曲，柴門古道旁。草深迷市井，地僻懶衣裳。

楊柳枝枝弱，枇杷對對香。鸕鷀西日照，晒翅滿漁梁。

除了耕種之外，子美的腳步漸漸向草堂左右邁開。他認識了一些田父。最重要的發現北鄰是一位退職的縣令，南鄰朱山人是隱逸之士。這下子美可高興了，因為總算找到了兩位可以談論詩書的鄰居。有空暇或寂寞時，彼此可以過訪晤談。

初夏早曉，晨後溫風拂柳。子美精神很好，便出門看看園圃。向左信步而行，一會兒便到了王明府的住處。叩門相訪，好像彼此都已熟悉。

「我早該去拜訪的，」主人說，「不意尊駕先來。」

「閣下先居此地，是我遲來謁鄰。」

幾句客套之後，子美隨主人入屋，彼此相談融洽。這位王明府，任縣令尚未秩滿，便辭官退休來此。

「干戈滿地，我不慣吏事，」主人說，「因而來此水竹之地定居，布衣蔬食，有酒足矣。」

「明府真是高人，」子美很欽佩，也勾起了自己為宦的一些感慨。

談到詩，談到酒，兩人的話題就長了。因而彼此相約，有興

即來，興盡即返。並將選定一天宜詩宜酒的日子，長飲論文。且
看子美所寫的「北鄰」：

> 明府豈辭滿，藏身方告勞。青錢買野竹，白幘岸江皋。
>
> 愛酒晉山簡，能詩何水曹。時來訪老疾，步屧到蓬蒿。

　　由於氣味相投，子美和王明府時有來往，王明府也常到草堂
聊天。遇到有酒，兩人便自然地飲將起來，天南地北無所不談，
話題多是各地風土人情，奇文異事。涉及嚴肅的問題，總是寥寥
數語作結，庶免撫事傷懷。

　　北鄰是左鄰，南鄰是右舍。子美的南鄰朱山人，是位仁厚君
子。他崇尚自然，穿著平民的衣服，過著恬淡的生活。子美和他
一經認識，很談得來。朱山人好客，當子美過訪時，他熱情招待，
又用小舟送客過溪，眞是一位妙人。子美稱他爲「錦里先生」，
又稱「多道氣」、「數追隨」。可見　不是普通人而是一位高士。
且看

南鄰

> 錦里先生烏角巾，園收芋栗不全貧。
>
> 慣看賓客兒童喜，得食階除鳥雀馴。
>
> 秋水纔深四五尺，野航恰受兩三人。
>
> 白沙翠竹江村暮，相送柴門月色新。

　　這位朱山人講求生活的情趣，他在溪邊竹間築了一座小水亭，
引溪水入小池，簡樸雅致。每當月白風清之時，便在小亭享受自
然之樂。也常邀子美酌於亭上，使子美進入忘情之境。他寫了一
首：

過南鄰朱山人水亭

> 相近竹參差，相過人不知。幽花欹滿樹，細水曲通池。
>
> 歸客村非遠，殘尊席更移。看君多道氣，從此數追隨。

過水亭不遠處，是另一位愛酒的南鄰。邢是斛斯融，此公賣文作碑，得錢即飲。出門他去不甚顧家，耽酒如此，子美曾作詩諷勸他。

聞斛斯融官未歸

故人南郡去，去索作碑錢。本賣文爲活，翻令室倒懸。

荊扉深蔓草，土銼冷疏煙。老罷休無賴，歸來省醉眠。

子美經營草堂，一直持續的進行著。栽樹、種藥、作圃，興之所至，當作健康勞動。幾個月下來也見得一些規模。草堂離成都府不過七、八里之遙，有些客人也容易來訪。子美雖在病痛來時也仍然熱情接待。且看：

有客

患氣經時久，臨江卜宅新。喧卑方避俗，疏快頗宜人。

有客過茅宇，呼兒正葛巾。自鋤稀菜甲，小摘爲情親。

自已種的蔬菜，剛剛冒出新葉不久，但爲情親之故，摘一點來供客，也算是出於誠意了。王嗣奭〈杜臆〉說：「公於情親之人，當病氣已久，猶必正巾以接之，安有不冠而見嚴武者，此可辨誣之一證也。」（杜嚴世交，子美長武十四歲。俗傳子美對武簡慢，因此兩人之間有嫌隙，武嘗擬殺子美云云）

除了偶然而來的客人外，也有慕名而來的貴賓，主人款洽之際，寫的詩也就不同了。

如「賓至」

幽棲地僻經過少，老病人扶再拜難。

豈有文章驚海內，漫勞車馬駐江干。

竟日淹留佳客坐，百年粗糲腐儒餐。

不嫌野外無供給，乘興還來看藥欄。

子美對佳賓遠道來訪，十分謙抑，只是幽棲野居，拿不出什

麼東四來款客，衹要客人不嫌山野，仍是歡迎來看水竹、看藥欄，所以顧註說：「此詩詞人聲價、高士性情種種俱見。」

客人貴賓來訪，子美和楊夫人總得費一點精神來接待，但如親屬來探望，則內心之喜悅自又不同。子美的舅氏崔明府，曾來浣花溪看望初成的草堂，子美寫了「客至」一詩：

客至（原註：喜崔明府相過）

舍南舍北皆春水，但見群鷗日日來。

花徑不曾緣客掃，蓬門今始爲君開。

盤餐市遠無兼味，樽酒家貧只舊醅。

肯與鄰翁相對飲，隔籬呼取盡餘杯。

成都近郊有幾處名勝古蹟，如建元寺（宣宗時賜名昭覺寺）武候廟等。子美初到成都，雖在建築草堂，也曾忙裡偷閒去遊訪離草堂不遠的武候廟。此廟爲西晉末年十六國成（漢）李雄爲紀念三國蜀丞相諸葛亮而建。廟前有古柏，諸葛亮坐像，像前有銅鼓三面，稱諸葛鼓。

子美來遊時，祠廟頗見荒涼。緬懷諸葛一生匡時報國，鞠躬盡瘁，死而後已。撫今追昔，感物思人，子美心頭有沉摯的悲痛。寫下了「蜀相」一詩。

蜀相

丞相祠堂何處尋，錦官城外柏森森。

映階碧草自春色，隔葉黃鸝空好音。

三顧頻煩天下計，兩朝開濟老臣心。

出師未捷身先死，長使英雄淚滿襟。

子美對諸葛亮是極景仰的。先後寫了「蜀相」、「武候廟」、「八陣圖」、「諸葛廟」等詩。以「蜀相」及詠懷古蹟二詩最爲傳誦。

諸葛亮壯志未酬而身先死，子美對英雄的悼惜與同情，於二
詩表露無遺。

江村晨夕景象萬千，農家生活簡樸自然，都是子美治療衰
疾的良方。家禽、水鳥，子美無不觀察入微，運用爲詩的素材，
都能一如畫家所作的花鳥，無不栩栩如生。如「鸂鶒」如「花鴨」。
花鴨一詩則寓意十分分明。且看

花鴨

花鴨無泥滓，階前每緩行。羽毛知獨立，黑白太分明。

不覺群心妒，休牽眾眼驚。稻粱霑汝在，作意莫先鳴。

一般來說，上元元這一年，草堂初成，子美的興致極高，這
可從他的「絕句漫興九首」及後來 的「江畔獨步尋花七絕句」
詩中可見。這兩組詩調子輕快，寄情寓意，意在言外，是絕好的
小品。

絕句漫興九首

一

眼見客愁愁不醒，無賴春色到江亭。

即遣花開深造次，便教鶯語太丁寧。

二

手種桃李非無主，野老牆低還似（一作是）家。

恰是春風相欺得，夜來吹折數枝花。

三

熟知茅齋絕低小，江上燕子故來頻。

銜泥點污琴書內，更接飛虫打著人。

四

二月已破三月來，漸老逢春能幾回。

莫思身外無窮事，且盡生前有限杯。

五

腸斷江春欲盡頭，杖藜徐步立芳洲。

顛狂柳絮隨風舞，輕薄桃花逐水流。

六

懶慢無堪不出村，呼兒日（一作自）在掩柴門。

蒼苔杯酒濁中靜，碧水春風野外昏。

七

糝徑楊花鋪白氈，點溪荷葉疊青錢。

筍根雉子無人見，沙上鳧雛傍母眠。

八

舍西柔桑葉可拈，江畔細麥復纖纖。

人生幾何春已夏，不放香醪如蜜甜。

九

隔戶楊柳嫋嫋弱，恰似十五女兒腰，

誰謂朝來不作意，狂風挽斷最長條。

江畔獨步尋花七絕句

一

江上被花惱不徹，無處告訴只顛狂。

走覓南鄰愛酒伴，（原註：斛斯融，吾酒徒）經旬出飲獨空
床。

二

稠花亂蕊裹江濱，行步欹危實怕春。

詩酒尚堪驅使在，未須料理白頭人

三

江深竹靜兩三家，多事紅花映白花。

報答春光知有處，應須美酒送生涯。

四

東望少城花滿煙，百花高樓更可憐。

誰能載酒開金盞，喚取佳人舞繡筵。

五

黃師塔前江水東，春光懶困倚微風。

桃花一簇開無主，可愛深紅愛淺紅。

六

黃四娘家花滿蹊，千朵萬朵壓枝低。

留連戲蝶時時舞，自在嬌鶯恰恰啼。

七

不是愛花即欲死，只恐花盡老相催。

繁枝容易紛紛落，嫩蕊商量細細開。

天氣好，興致高時，子美也會到城裡去走走。常去的地方是畫家王宰和韋偃那裡。王宰是蜀人。朱景玄「唐朝名畫錄」稱「王宰家於西蜀，貞元中韋令公以客禮待之。畫山水樹石出於象外。景玄曾於故席夔舍人廳事，見圖幛，臨江雙樹，一松一柏，古藤縈，上盤於空，下著於水，千枝萬葉，交植屈曲，分布不雜。或枯或榮，或蔓或亞，或宜或倚，葉疊千重，枝分八面。達士所珍，凡目難辨。又於興善寺見畫四時屏風，若移造化風候雲物八節四時於一座之內，妙之至極也。」

子美到達王宰住處，主人好似正完成一幅畫，在院子裡靜坐飲茶，看見子美來了，也很高興。主客對坐傾談，談到畫松，子美因於回憶二年前在長安時，朱雀門玄都觀的李道士畫「松樹障」攜來請他題詩的往事。後來這幅畫竟因杜詩的流傳而載入史冊。

王宰領子美看他新作的山水圖，子美稱讚之餘寫下了：

戲題王宰畫山水圖歌

十日畫一水，五日畫一石，能事不受相促迫，王宰始肯留
真跡。壯哉崑崙方壺圖，掛君高堂之素壁。巴陵洞庭日本
東，赤岸水與銀河通，中有雲氣隨飛龍。舟人漁子入浦漵，
山木盡亞洪濤風。尤攻遠勢古莫比，咫尺應須論萬里。焉
得并州快剪刀，剪取吳松（淞）半江水。

王嗣奭（杜臆）說：「此詩通篇設想，俱有戲意。而收語尤
戲之甚，故云『戲題』。」

但十日一水，五日一石，正是畫家慎重將事，非胸中醞釀成
熟不倉促下筆，末句「剪取半江水」也正是藝術創作的筆法，戲
題兩字何妨謂之「真率快意」。

另一位畫家韋偃，是名畫家韋鑒之子。他是京兆人，長居四
川。朱景玄的「畫斷」說「常以越筆點簇鞍馬，千變萬態，或騰
或倚，或齕或飲，或驚或止，或走或起，或翹或跂。其小者，或
頭一點，或尾一抹，巧妙精奇，韓幹之匹也。」「名畫記」則說：
「韋偃工山水，高僧，奇士，老松，異石，筆力勁健，風格高學。
人知偃善馬，不知松石更佳。」

子美去韋偃的畫室，看見一幅雙松，便為他題詩。

戲為韋偃雙松圖歌

天下幾人畫古松，畢宏已老韋偃少。

絕筆長風起纖末，滿堂動色嗟神妙。

兩株慘裂苔蘚皮，屈鐵交錯迴高枝。

白摧朽骨龍虎死，黑入太陰雷雨垂。

松根胡僧憩寂寞，龐眉皓首無住著。

偏袒左肩露雙腳，葉裡松子僧前落。

韋侯韋侯數相見，我有一匹好東絹，重之不減錦繡段。

已令拂拭光凌亂，請公放筆為直幹。

　　子美十分讚賞這幅雙松的屈曲奇古，以及松下龐眉皓首入定的胡僧。

　　「松畫得太好，墨色變化，濃淡、乾濕無臬表現獨特，我如聞其濤聲。」子美說，「老僧入定，使我生向道之意。」

　　知畫者的意見不是諛語，特別是詩中的「白摧朽骨龍虎死，黑入太陰雷雨垂。」認是詮釋了畫中的墨色變化。所以韋偃樂於接受。他說：「我想畢老畫松，在松根處下筆濃淡，極具分寸，因能顯其奇古。」

　　他們談到筆墨也談到絹。

　　「我想起來了，」子美說，「我還藏著一長東絹，那是蘇源明送給我的，一直帶在身邊。」

　　「東絹說是關東絹，但梓州鹽亭出的鵝溪絹，亦即是東絹。」韋偃說。

　　「我這匹珍藏可是要請你畫松石的。」

　　韋偃望著子美笑著回答：「敢不從命。」

　　數日之後，韋偃來到完花草堂。他告訴子美有事他去，將暫離成都一段時期。

　　「我居蜀中已久，成都是我的第二故鄉。」韋偃說，「離開一段時間，真還有點捨不得呢。」

　　「戰亂未止，路上恐不太好走，」子美擔心沿途的安全。」

　　「無妨，我將沿水路順流而下。」

　　主客談了一些時候，子美領他在草堂四週看了看。韋偃非常欣賞這一彎溪流、和子美的藥欄與禽舍，特別是在溪中漫遊的白鵝。

　　回到草堂，韋偃自動索筆墨，要在草堂的素壁上畫馬。興來之筆，特見神駿。真為草堂生色。子美題詩如下：

韋候別我有所適，知我憐渠畫無敵。

戲拈禿筆掃驊騮，欻見騏驎出東壁。

一匹齕草一匹嘶，坐看千里當霜蹄。

時危安得眞致此，與人同生亦同死。

子美向來愛馬與鷹，在他所作詠馬與鷹的詩中，多讚賞他的英姿和高邁不群的氣質，而奇句屢出，托意慨乎身世者亦深。

韋偃別後，子美少了一個談詩論畫的朋友，在城裡也少了一個歇息作客的地方。

子美對東壁的馬十分喜歡，每每坐看諦視良久，不覺爲倦。這天他在看得出神時，宗文「突然跑進來說：「爹，我釣到二尾大魚了。」

楊夫人聞聲跑出來。得魚是可喜的，但有點嗔怪宗文不肯多唸點書，只是貪玩。

「孩子們的童年太寂寞、太辛苦了，」子美悠悠地對楊夫人說，「現在有溪流、有林子、有野地，讓他們高高興興玩玩罷。讀書貴乎自發自動，得慢慢誘導他們才行。」

「我只恐他野了性子收不回來。」

「你的顧慮是對的，有機會時說說他。」子美悠悠地回應。

這天晚上，餐桌上有二尾不小的魚。楊夫人用川味烹飪，雜以筍片、青蒜，加上適量的紅椒，熱騰騰，香味四溢。

子美要楊夫人陪他喝一杯新酒。「韋偃的畫和我的詩，都將傳之後世。」子美喝了二杯，意興風發。

話題一轉，他們談到自建草堂以來的幾個月，無不忙著內內外外的整理，只是在自已草堂週圍走走，還來不及到遠一點的地方瀏覽。當然，子美自已常訪南鄰朱山人，在水亭小飲，也曾乘小舟返家，是很有興味的事。但楊夫人忙著家事，忙著園圃，又

忙著孩子們的衣著，足跡便拘於草堂附近一隅了。子美覺得過意不去。

「涼秋天氣好，我們可以趁時走得遠一點。」子美提議，徵求楊夫人的意見。

「好呀，孩子們已經走到村子盡頭的地方了。」楊夫人說，「只是我們還不知道另外一片天地呢。」

「我帶你們走，」宗武說，「乘船慢慢遊去最好。」

子美慈祥地笑著：「宗武，整個村子的路徑你都熟了，可是你的書卻還沒有唸熟。」

對父親善意的期盼，宗武毫不遲疑的回答：「我會唸熟的。」

於是在一個清秋的晴日，子美攜同妻子全家乘船溯溪西行，秋色淒淒，他遠看長年積雪的西嶺，看見捕魚射鳥的兒童和採菱藕的女孩，沿途所見，都是新鮮的景象。使子美印象最深的莫過採菱藕的孩子，採了菱藕根本不洗去泥巴，便丟到竹籃子裡，捕得的魚便立刻括鱗，這是他們從來沒有見過的。

這樣泛舟繞村，直到暮色蒼茫，新月在衣時才捨舟登岸回到草堂。這時濁醪初熟，楊夫人自畦中摘了新鮮的蔬菜，全家盡一夕之歡。在子美心中，京洛兵火未息，這種生活亦不過苟全性命而已。

子美以「泛溪」為題寫下了這次的遊覽：

> 落景下高堂，進舟泛迴溪。誰謂築居小，未盡喬木西。
> 遠郊信荒僻，秋色有餘淒。練練峰上雪，纖纖雲表霓。
> 童戲左右岸，吾弋畢提攜。翻倒荷芰亂，指揮徑路迷。
> 得魚已割鱗，採藕不洗泥。人情逐鮮美，物濺事已睽。
> 吾村靄暝姿，異舍雞亦棲。蕭條欲何適，出處庶可齊。
> 衣上見新月，霜中登故畦。濁醪自初熟，東城多鼓鼙。

　　這次泛溪，子美得到新鮮而愉快的經驗。且喜身住浣花溪畔與水爲鄰，若不諳水性豈不遺憾。經這次快遊，一向以車馬陸行爲主的子美，才體會到一舟容與的樂趣。才了解到孩子們何以喜歡水，可以竟日在水邊嬉遊而不倦。

　　秋末冬初，成都天氣仍是薄涼不寒，子美常進城，或爲應酬、或悄來悄往，但都很晚回到草堂。他有一首「西郊」的詩，記述自成都晚歸草堂的：

　　　時出碧雞坊，西郊向草堂。市橋官柳細，江路野梅香。

　　　傍架齊書帙，看題檢藥囊。無人覺來往，疏懶意何長。

　　自草建成已經半年，一家人的生活也逐漸上了軌道。子美想到高適已由彭州轉刺蜀州，應該去看看老友敘敘舊了。自成都至蜀州百里之遙，盡一日之路程也不爲累。他跟楊夫人商量。

　　「我想到蜀州看望高適，多則二旬，回來正好過年。」

　　楊夫人毫不遲疑的回答：「近日小陽春天氣，你就快去罷。」

　　子美到了蜀州，與高適久別重晤彼此都高興之至。燈下把杯，回憶二、三十年前的梁宋之遊，恍如隔世。

　　蜀州人士與高適有來往的知道杜甫來了，紛紛邀請宴遊，子美感到忙碌的快樂。

　　洛陽時的舊識裴迪也在蜀州，因而相偕登東亭，裴迪曾作詩紀遊，後來寄給已回成都的子美。子美也寫了一首和章：

和裴迪登蜀州東亭送客逢早梅相憶見寄

　　東閣官梅動詩興，還如何遜在揚州。

　　此時對雪遙相憶，送客逢春可自由。

　　幸不折來傷歲暮，若爲看去亂鄉愁。

　　江邊一樹垂垂發，朝夕催人自白頭。

　　在蜀州盤桓數日，子美又去鄰縣新津，遊覽四安寺鐘樓和東

南五里的修覺寺、絕勝亭。新津縣令招待蜀州刺史的賓客，特別
在北橋樓設宴款待。子美題了一詩。

題新津北橋樓

望極春城上，開楚近鳥巢。白花簷外朵，春柳眼前梢。

池水觀爲政，廚煙覺遠庖。西川供客眼，惟看此江郊。

讚譽縣令以池水比其官清，廚煙遠庖，又稱其有好生之仁，
純粹是一首應酬之作。

子美大約停留了半個月時間，便回到成都草堂。時近歲闌。
這是子美在草堂過的第一個年。自然是又悲又喜，百感交集。但
無論如何，避難來蜀，總算有一間草堂可以容身避風雨，有地可
以種蔬菜、藥草，而江邊景色清麗，作爲隱居之地，比秦州、同
谷，也就不可同日而語了。

三、與士人田父相往還

上元二年（西元七六一年）是不平靜的一年，連蜀中也發了
動亂。不過子美平居草堂，雖於國事憂心沖沖，但不見不煩，這
一年還算過得平靜。

草堂雖在村郭，離成都不過數里之遙，仍然濃厚地感染到新
正的熱鬧與大地回春的新氣象。正月初七俗稱「人日」（一日爲
雞、二日爲狗、三日爲豬、四日爲羊、五日爲牛、六日爲馬）。
後二天接到高適寄來的一首詩。

人日寄杜二拾遺

人日題詩寄草堂，遙憐故人思故鄉。

柳條弄色不忍見，梅花滿枝堪斷腸。

身在南番無所預，心懷百憂復千慮。

今年人日空相憶，明年此日知何處。

一臥東山三十春，豈知書劍老風塵。

龍鐘還忝二千石，愧汝東西南北人。

這詩感情深厚，慰問老友也鳴不平。「一臥東山三十春」，正是子美懷才不遇，無由報國，滿心憂憤。子美讀了此詩正抓著自己的癢處，百感交併，不由得感謝老友的知己，也見得友情之眞摯可貴。

在新正日子裡，子美興致很好。與村中老少交接酬應。田家待客，肉食豐足，村酒更是醉人，使他日夕流連，頓忘成都以外的煙塵。

開春以後，氣候宜人，子美動了遊興，因而又去新津。去年冬天遊修覺寺，意猶未盡，現在早春時候，另有一番景象，因而重遊。先後寫了二首詩。

遊修覺寺

野寺江天豁，山扉花竹幽。詩應有神助，吾得及春遊。

徑石相縈帶，川雲自去留。禪枝宿眾鳥，漂轉暮歸愁。

後遊

寺憶曾遊處，橋憐再渡時。江山如有待，花柳更無私。

野潤煙光薄，沙暄日色遲。客愁全爲減，捨此復何之？

遊覽新津之後，子美即赴蜀州訪晤高適。老友見面份外開心。樽前把酒，互祝今年一切都更順利，身體必須更健康，才能致任重道遠。

「北方局勢似乎不太穩定」話題一轉談到時事，高適根據官方文書這樣表示。「如果奴剌、黨項蠢動，將又有一場兵禍。」

「京洛兵火未息，川中難免受到影響。」子美慨嘆。

「我預測蜀中人事可能會調動，」高適說，「不過，對我而言，如何調動我都不會在意，能過幾年平靜日子也很不錯。」

　　子美久久不語。高適居然萌退意是他所料不到的。但看他這
一、二年來身體已不如前，可見吏事繁劇，也引起他無限同情。

　　在蜀州盤桓了一些時候，子美回到成都草堂。這年二月崔光
遠代李若幽爲成都尹充劍南西川節度使。子美與他并無交情，因
此他在草堂，仍然過他的平靜日子。

　　春天的浣花溪畔，桃紅柳綠，景象宜人。子美經常早臥早起，
甚得幽趣之樂。他在「早起」一詩中，開頭是「春來常早起，幽
事頗相關。」末句是「童僕來城市，瓶中得酒還。」在「落日」
一詩中，起句是「落日在簾鉤，溪邊春事幽。」末句是「濁醪誰
造汝，一酌散千愁。」

　　在春天的夜裡，子美半酣欲眠，忽然門外淅淅瀝瀝下起春雨
來了，臥聽雨聲，一股欣喜之情油然而生，於是他披衣起坐，寫
下了「春夜喜雨」一詩：

　　　好雨知時節，當春乃發生。隨風潛入夜，潤物細無聲。

　　　野徑雲俱黑，江船火獨明。曉看紅濕處，花重錦官城。

後來他又寫了「水檻遣興二首」，其一云：

　　　去郭軒仍敞，無村眺望賒。澄江平少岸，幽樹晚多花。

　　　細雨魚兒出，微風燕子斜。城中十萬戶，此地兩三家。

　　春雨是可喜的。但雨水太多，往往會使江漲，草堂在浣花溪
畔，自然會受影響，那卻是很惱人的。

　　雖然蜀地春夏多雨，但子美對雨水已經有了一份深厚的感情，
所以在這時間裡，寫了許多以雨水爲題材的詩章。祇要雨水不威
脅草堂的存在，他都是以欣賞的情懷看待它的。如「春水二絕」：

　　　　一

　　　二月六日春水生，門前小灘渾欲平。

　　　鸕鷀溪鷺莫漫喜，吾與汝曹俱眼明。

二

> 一夜水高二尺強，數日不可更禁當。
>
> 南市津頭有船賣，無錢即買繫籬旁。

又「春水」：

> 三月桃花浪，江流復舊痕。朝來沒沙尾，碧色動柴門。
>
> 接縷垂芳餌，連筒灌小園。已添無數鳥，爭浴故相喧。

水已泓到草堂的門前來了，雖然想買條船預防萬一。可喜的是他還要和孩子們接長鉤線，鉤上芳餌釣魚呢。直至水漲如海勢，對漫漫錦江，不知如何下筆，卻想到自已的詩，故而有

江上值水如海勢聊短述

> 爲人性僻耽佳句，語不驚人死不休。
>
> 老去詩篇渾漫與，春來花鳥莫深愁。
>
> 新添水檻供垂釣，故著浮槎替入舟。
>
> 焉得思如陶謝手，令渠述作與同遊。

「語不驚人死不休」，這是子美對詩歌藝術的執著的夫子自道。修正了少年時「讀書破萬卷，下筆如有神」的豪語。三十年來歷經滄桑，學問、修養都更成熟了，因此對於詩的設意、結構，鍛字、鍊句無不力求推陳出新，力求突破。從刻意求工到詩境漸熟，子美自已心中最是明白。面對江上水勢如海的奇景，卻一時不能爲詩。朱瀚評曰：「少陵對錦江水而袖手，青蓮對黃霍樓而擱筆，其警悟後學不淺。然玩其頷聯，亦有漸老漸熟之意。」

江村八九人家，一年來子美全家幾乎都與他們全都相熟了。他們很敬重子美，楊夫人有時也送一點餅餌之類的小物件，給農家幼小的孩子們。凡是社日、節慶，農家都邀子美去嚐嚐新釀的酒，子美無不欣然而往。

這年三月天的寒食，（歲時記：去冬至一百五日，有疾風甚

雨，謂之寒食。據曆在清明前二日。相傳起於晉文公悼念介之推，在首陽山不肯出仕抱木焚死，因定是日禁火寒食。）清明，在農家也是一個節日。田父自然又邀子美飲酒了。田父和子美談起今年的春耕，因雨水停勻很是順利，因此彼此心情輕鬆，桌上魚肉滿盤、春蔬可口，於是酒杯寬了。

「今年的春酒比去年釅些，」這位六十出頭的老農是村中幾位年長者頭腦最清楚的。指著瓦盆告訴子美，，「你老能飲，也算是我的酒友了。」

子美欣然舉杯敬他，祝他今年豐收。

田父喜歡子美的率直、親切。舉杯自飲，談話東西南北無所計較。

「聽說貴人家飲酒，排場可大呢。」田父說。要子美講講真實的情形。「那也不過是銀盆瓷碗罷了。」子美說，「我倒喜歡你這竹根杯子，注了酒還聞到竹香。」

「明天要阿丸去找二個好的竹根，為杜老挖二個好杯子。」

阿丸又提著一壺酒送來。他對子美說：「竹根要找到大一點的，削刻起來才好看。」

「好，慢慢找，」子美舉杯說「阿丸，我先謝你。」

飲著飲著，子美心中已經有了一首絕句：

「莫笑田家老瓦盆，自從盛酒長兒孫。傾銀注玉驚人眼，共醉終同臥竹根。」二人對飲甚是盡興。子美寫下了「寒食」一詩：

　　寒食江村路，風高花下飛。汀煙輕冉冉，竹日淨暉暉。

　　田父要皆去，鄰家問不遺。地偏相識盡，雞犬亦忘歸。

這年四月，蜀中開始不平安了。梓州刺史段子璋稱兵作亂，襲東川節度使李奐於綿州。自稱梁王，改元黃龍，以綿州為黃龍府，設置百官。成都尹崔光遠會同蜀州刺史高適率西川牙將花驚

定襲綿州平亂。花驚定恃勇誅殺段子璋。可是他卻在東川大肆剽
掠，竟至砍斷婦女手腕以取其金銀釧者。人民大受其毒。花驚定
回到成都又恃功驕奢，歌舞宴飲。朝廷知道此事，天子怪罪光遠
不能戢軍，因罷崔光遠而以高適代成都尹。

在這段時間中，正是花驚定在成都城過著極度享受的生活。
子美有一首有名的「贈花卿」的絕句：

> 錦城絲管日紛紛，半入江風半入雲。

> 此曲祗應天上有，人間那得幾回聞。

形容歌舞之妙，人間少有，是語含諷刺的。

另外一首是：

戲贈花卿歌

> 成都猛將有花卿，學語小兒知姓名。

> 用如快鶻風火生，見賊惟多身始輕。

> 綿州副使著拓黃，我卿掃除即日平。

> 子璋髑髏血模糊，手提擲還崔大夫。

> 李侯重有此節度，人道我卿絕世無。

> 既稱絕世無，天子何不喚取守東都。

猛將有功，主將不能統馭善後，其諷喻之意從結句「何不喚
取守東都」表露無遺。

子美這首詩流傳著一個故事，據「唐書紀事」稱：「有病瘧
者，子美曰：誦吾詩可以療之。「夜闌更秉燭，相對如夢寐。」
其人誦之，未愈。曰：「更誦吾詩『子璋髑髏血模糊，手提擲還
崔大夫。』誦之，果愈。」

子美在浣花溪度過了卜居草堂後的第二個夏天。一入秋季，
他又匆匆的去了蜀州（州治在今崇慶縣城）屬邑青城（今灌縣）
一趟。灌縣西南三十里的青城山，峰巒迭嶂，古木參天，是有名

的幽勝之地。子美在赴青城前曾寄一詩給陶、王二少尹，起句是
「老被樊籠役（一作老恥妻孥笑），貧嗟出入勞。」想來此行并
非純粹的旅遊，或是困於生計，想看看老朋友能有什麼幫助。

　　到了青城，自然必登青城山遊覽。據「御覽」稱：黃帝遍歷
五嶽，封青城山為五嶽丈人，一名赤城，一名青城都，一名天國
山，為第五大洞寶仙九室之天。對郡西北，在岷山南。連峰掩映，
互相連接，靈仙所宅，神異甚多。」

　　子美有二首詩紀青城之遊。

野望因過常少仙

　　野橋齊渡馬，秋望轉悠哉。竹覆青城合，江從灌口來。
　　入村樵徑引，嘗果栗皺開。落盡高天日，幽人未遺還。

丈人山

　　自為青城客，不唾青城池。為愛丈人山，丹梯近幽意。
　　丈人池西佳氣濃，緣雲擬住最高峰。
　　掃除白髮黃精在，君看他時冰雪容。

　　從青城歸來，已是仲秋天氣。他和楊夫人談起，聽友人相告
杜位已從嶺南移居江陵。感傷之餘，亦復可慰。

　　「十年前我在長安杜位家守歲，忽忽我今年已五十了。」子
美說。心中暗唸那時的詩句：「明朝四十過，飛騰暮景斜。」眼
前也浮湧起除夕曲江池畔杜位宅中的熱鬧景象。

　　「日子可真過得快，」楊夫人喟然，「孩子們日漸長大，雖
然督著他們多唸些書，但一有空他們總跑到溪邊田畔去玩。」

　　「只要不甚荒廢就好，」子美說，「我囑咐宗文、宗武要熟
讀文選的。」

　　「看來他們釣魚比讀書還有興趣，」楊夫人笑著說「那裡魚
多，按季節魚喜歡什麼餌，好像他們全知道。快要變成小漁翁了。」

子美笑了：「那也不壞，我可不必嗟嘆食無魚了。」

回到書室，子美寫了「寄杜位」一詩：

> 近聞寬法移新州，想見懷歸尚百憂。
>
> 逐客雖皆萬里去，悲君已是十年流。
>
> 干戈況復塵隨眼，鬢髮還應雪滿頭。
>
> 玉壘題書心緒亂，何時更得曲江遊。

但對另一位好友李白，卻久無消息，十分思念。他寫了「不見」一詩寄意：

不見

> 不見李生久，佯狂事可哀。世人皆欲殺，吾意獨憐才。
>
> 敏捷詩千首，飄零酒一杯。匡山讀書處，頭白好歸來。

懷李白，子美也想到鄭虔和蘇源明。回憶那年長安秋潦米珠薪桂的日子。他買了平價米，又賣去一部份，懷著錢去找鄭虔飲酒。「得錢即相覓，沽酒不復疑。」那種苦中作樂的況味，即今想來卻另有一種樂趣。戰亂之後，情況大變，連這一點也難以保存，不免浩嘆。不知這詩書畫三絕的老人，遠謫南荒台州，不知何以為生。還有蘇源明，也無法從友人的訊息中得到一點消息。這位慷慨豪邁的人，滯留京師，想來也是過著委頓的日子。

在這段日子裡，子美徘徊江邊，散步林中，看見一些樹木，病象已著，因而寫病柏、病橘、枯楠等詩，俱是傷時托意之作。

從「病橘」一詩，可知子美是借橘以慨時事，仇兆鰲說：「傷貢獻之勞民也。病橘不供，適當減膳之時，疑是天意使然。但恐實有司而疲民力，故引獻荔事以為證。」

病橘

> 群橘少生意，雖多亦奚為。惜哉結實小，酸澀如棠梨。
>
> 剖之盡蟲蝕，采摘爽所宜。紛然不適口，豈只存其皮。

蕭蕭半死葉，未忍別故枝。玄冬霜雪積，況乃迴風吹。

嘗聞蓬萊殿，羅列瀟湘姿。此物歲不稔，玉食失光輝。

寇盜尚憑陵，當君減膳時。汝病是天意，吾愁罪有司。

憶昔南海使，奔騰獻荔枝。百馬死山谷，到今耆舊悲。

　　江邊一株高大的枏樹，相傳已有二百年，但并無龍鐘老態，而是青蓋亭亭。子美很喜歡它。有時多喝了酒，祇要在樹下憩息片刻便很快醒過來。夏秋季節在微風裡枝葉搖曳，高處蟬鳴，別有韻致。

　　這二天秋風甚勁，吹得枝柯搖動，葉子沙沙作響。不意第二天一場突發的暴風雨，猛烈的狂風竟把枏樹吹拔倒地了。子美看到心愛的枏樹為風雨所害，十分痛心。於是他寫下了悲嘆和紀念的詩篇。

枏樹為風雨所拔嘆

倚江枏樹草堂前，古老相傳二百年。

誅茅卜居總為此，五月彷彿聞寒蟬。

東南飄風動地至，江翻石走流雲氣。

幹排雷雨猶力爭，根斷泉源豈天意。

滄波老樹性所愛，浦上亭亭一青蓋。

野客頻留懼雪霜，行人不過聽竽籟。

虎倒龍顛委榛棘，淚痕血點垂胸臆。

我有新詩何處吟？草堂自此無顏色。

　　子美的情懷可說到了痛心疾首的地步。孩子們也一樣深愛古枏，總在它旁邊看望不肯離去。楊夫人看見子美這樣傷神便安慰他：「二百年的古樹，它也活得夠長了，這豈是天意。人生不過百年，它的壽數已經超過人的一倍了。」

　　「唉，你說的固然不錯，但這是我沒有想到的。我曾說：江

邊一樹垂垂發，朝夕催人自白頭。如今是我們看它衰謝，它再也看不到我們白頭了。」

痛惜柟樹爲風雨所拔的傷感尚未平復，接著又來一場大風雨。子美的茅屋竟被狂風所破。這雙重的打擊使他傷心極了。最可恨的是南村那些素無來往的孩子，竟公然抱著大束吹倒在地的茅草逃去，任由子美叫得舌乾唇焦，他們只當作耳邊風，毫不手下留情。這使子美除了頹然嘆息，還有什麼辦法呢？

風雨不止，到處屋漏。子美氣稍稍平了，卻是一臉的無奈。

「那些頑童不知是南村誰家的？」子美對楊夫人和孩子們說，「竟然抱著大堆的白茅逃是，太可惡了。」

「那是南村幾個最壞的孩子，」宗武說，「我認得裡面有一個叫阿丑的，最兇。」

「明天你可不要去惹他，」楊夫人看宗武有想和他算帳的意思，便告誡他。「他比你兇，你打不過他的。」

「我要想辦法治他。」宗文幽絀地說。

「算了，算了。」子美對孩子們說，「當然，我的確很氣，但是你們如果找他理論，此事永遠難了，要結上仇恨的，就原諒他們罷。」

子美寫了一首「茅屋爲秋風所破歌」

八月秋高風怒號，捲我屋上三重茅。

茅飛渡江灑江郊，高者掛罥長林梢。

下者飄轉沉塘坳，南村兒童欺我老無力。

忍能對面爲盜賊，公然抱茅入竹去。

唇焦口燥呼不得，歸來倚杖自嘆息。

俄頃風定雲墨色，秋天漠漠向昏黑。

布衾多年冷似鐵，嬌兒惡臥踏裡裂。

床頭屋漏無乾處，雨腳如麻未斷絕。

自經喪亂少睡眠，長夜沾濕何由徹。

安得廣廈千萬間，大庇天下寒士盡歡顏，風雨不動安如山。

嗚呼，何時眼前突兀見此屋，吾廬獨破受凍死亦足。

這首詩中的「安得廣廈千萬間，大庇天下寒士盡歡顏。」傳誦千古。子美自已的茅屋破了，身受切膚之痛，但他卻顧慮和他相同命運的天下寒士，這種民胞物與的襟懷，仁厚之心，使後世對子美的人和他的詩欽服讚嘆不已。

草堂客去，子美又恢復了平靜的生活。他不時在四週走動。由於高適和王掄的同訪草堂，他知道了更多的朝廷的情況和時事動態。撫時憂國，自然也掛念遠隔的親友。兵革未息，百姓疲於調役，想到高適說過，他曾上書論列，但是朝廷不納，因此不無感慨，於是在「野望」一詩中表露了他的喟嘆。

野望

西山白雪三城戍，南浦清江萬里橋。

海內風塵諸弟隔，天涯涕淚一身遙。

惟將遲暮供多病，未有涓埃答聖朝。

跨馬出郊時極目，不堪人事日蕭條。

除了這種嚴肅的詩題外，子美也偶然拈筆寫一、二首即興的小詩。他的一首「少年行」摹少年意氣，寫生妙筆，如見其人其態。詩是：

馬上誰家少年郎，臨階下馬坐人床。

不通姓氏粗豪甚，指點銀瓶索酒嘗。

平居草堂，子美處天地狹窄的一角，遠離了政治和文化中心的京師。但他仍然關心世局，到城裡時每從友人處聽聞到一些訊息。他也經常打聽文壇的動態，新近流傳的詩文等。經過一番研

析，對時下年輕的一輩，不無失望之處。那就是在亂世，他們不能勤奮砥勵，卻圖以捷徑取巧，以浮巧藻飾爲工麗。更有甚者，還大言炎炎，皆議前人。於是子美寫了一篇「戲爲六絕句」的詩，可以窺見子美對文藝創作的概念，對於後生譏誚前賢大不以爲然。

其一

庾信文章老更成，凌雲健筆意縱橫。

今人嗤點流傳賦，不覺前賢畏後生。

庾信的詩在六朝爲梁之冠，世稱他的詩爲綺艷、清新。子美則稱讚他的老成。楊愼說，所以老成者，是綺而有質，艷而有骨，清而不薄，新而不尖。唐代的詩是繼承魏晉六朝而發展者。

其二

楊王盧駱當時體，輕薄爲文哂未休。

爾曹身與名俱滅，不廢江河萬古流。

楊炯、王勃、盧照鄰、駱賓王是初唐四傑。子美對後輩爲文哂笑，不以爲然。直指哂笑者身亡則已，前人則萬古長存。

其三

縱使盧王操翰墨，劣於漢魏近風騷。

龍文虎脊皆君馭，歷塊過都見汝曹。

子美的意思是，他們的文章雖不及漢魏，但其龍文虎脊，足供王者之用，以汝曹之材能與他們相比嗎？

其四

才力應難跨數公，凡今誰是出群雄。

或看翡翠蘭苕上，未掣鯨魚碧海中。

子美讚譽數公之才，今人無出其右者。即有小巧如翡翠蘭苕，但失之纖小，其能有萬鈞之勢掣鯨魚於碧海中乎？

其五

　　不薄今人愛古人，清詞麗句必爲鄰。

　　竊攀屈宋宜方駕，恐與齊梁作後塵。

　　清詞麗句是好文章的本色，但古人不易摹倣。才力不足者，子美勸他不可好高鶩遠，宜從充實本身著手。

其六

　　未及前賢更勿疑，遞相祖述復先誰。

　　別裁僞體親風雅，轉益多師是汝師。

　　子美的意思是，才力不及前人而遞相祖述，是永遠困於藩籬之內。必須自出創意，親於風雅始知淵源所在，則前賢皆可爲師，再求突破，方能有自已的成就。

　　子美的六絕句，冠以戲字，是有不作正式評議，試爲之說的意思。錢箋說得好：詩以論文，而題云戲爲六絕，蓋寓言以自況也。韓退之詩「李杜文章在，光焰萬丈長。不知群兒愚，那用故謗傷。蚍蜉撼大樹，可笑不自量。」然則當公之世，群兒謗傷亦不少矣，故借庾信四子以發其意。嗤點輕薄，皆指並時之人。一則曰汝曹，正退之所謂群兒也。末又呼之曰汝，即所謂汝曹也。哀其聲名俱滅，故諄諄然呼而寤之。

　　少陵絕句，多縱橫跌蕩，能以議論攄其胸臆。氣格才情，迥異常調，不徒以風韻姿致見長矣。

四、送嚴武入朝

　　這年十二月，來了一個天大的消息。朝廷任命嚴武爲西川節度使兼攝東川，並爲成都尹。子美了解這是朝廷應付吐蕃安定大後方，集中兵權的一項重要措施。子美想到嚴武將來成都，使他興奮得一夜不能成眠。想起自已與嚴武的交情，他與其父嚴挺之是好友，可謂世交，在靈武任左拾遺時，嚴武亦在朝任給事中。

他的文才武略已使子美刮目相看，加上上一代的交情，所以子美和嚴武時相過從。那年子美四十六歲，嚴武才三十二歲，雖然年齡相差十四歲，但彼此都以平輩友好視之，交誼是很深厚的。

子美日夕盼望嚴武早日來成都。

這時朝廷的確重視四川大後方的安定，同時加強兵備，以防吐蕃分三道入寇。因此派竇侍御為西山檢使，以御史出檢校諸州軍儲器械，得以便宜入奏。子美欣喜朝廷這些積極的措施，十分興奮，因此寫了一篇變體詩贈他。

入奏行贈西山檢察使竇侍御

竇侍御，驥之子，鳳之雛。年未三十忠義俱，骨鯁絕代無。炯如一段清冰出萬壑，置在迎風露寒之玉壺。蔗漿歸廚金碗凍，洗滌煩熱足以寧君軀。政用疏通合典則，戚聯豪貴耽文儒。兵革未息人未蘇，天子亦念西南隅。吐番憑陵氣頗粗，竇氏檢察應時須。運糧繩橋壯士喜，斬木火井窮猿呼。八州刺史思一戰，三城守邊卻可圖。此行入奏計未小，密奉聖旨恩宜殊。繡衣春當霄漢立，綵服日向庭闈趨。省郎京尹必俯拾，江花未落還成都。肯訪浣花老翁無？為君沽（一作酤）酒滿眼酤，與奴白飯馬青芻。

過了年，進入寶應元年（西元七六二年），子美心情極好，連楊夫人和孩子們也知道嚴中丞來作　成都尹而興奮喜悅。在早春時子美漫步江頭，欣賞初發的花木，愛其顏色的美好，他寫下了「江頭五韻」的一組詩，前面三首是詠花的。今錄其二。

丁香

丁香體柔弱，亂結枝猶墊。細葉帶浮光，疏花披素艷。

深栽小齋後，庶使幽人占。晚墮蘭麝中，休懷粉身念。

麗春

　　百花競春華，麗春應最勝。少須顏色好，多蔓枝條膉。

　　紛紛桃李姿，處處總能移。如何此貴重，卻怕有人知。

　很快的子美收到了嚴武派人送來的詩：

寄題杜二錦江野亭

　　漫向江頭把釣竿，懶眠沙草愛風湍。

　　莫倚善題鸚鵡賦，何須不著鸂鶒冠。

　　腹中詩書幽時晒，肘後醫方靜處看。

　　興發會能馳駿馬，終當直到使君灘。

　他十分高興的把詩唸給楊夫人聽。

　「老朋友總是關切我的生計和老病，」子美說「他要我興致好便到城裡去敘敘。」

　「鸚鵡賦是怎麼個典故？」楊夫人笑著問。

　子美把曹操與禰衡的故事講給她聽，「他是勸我出仕。」

　「如果你的身體吃得消，城裡近在咫尺，也不是不可考慮的，」楊夫人說，「只是你疏懶慣了，怕受不了拘束。」

　這話正說中了他的痛處。不過他心裡也想：有一份俸祿，一家人的生活便可改善。於是對楊夫人說：「這回怕免不了要被他拉入幕府。」

　子美很珍惜嚴武這首情致殷殷的詩，馬上寫了一首詩酬答，邀他早來草堂相晤。

奉酬嚴公寄題野亭之作

　　拾遺曾奏數行書，懶性從來水竹居。

　　奉引濫騎沙苑馬，幽棲真釣錦江魚。

　　謝安不倦登臨費，阮籍焉知禮法疏。

　　枉沐旌麾出城府，草茅無徑欲教鋤。

　過不了幾天，嚴武果然來了。鄰家大人小孩都跑出屋子來看。

誇子美的貴賓。大人們都傳語這成都尹是個好官。

主客相見之歡是可以想見的。子美寫了一首-

嚴中丞枉駕見過

元戎小隊出郊坰，問柳尋花到野亭。

川合東四瞻使節，地分南北任流萍。

扁舟不獨如張翰，皂帽還應似管寧。

寂寞江天雲霧裡，何人道有少微星。

嚴武下車伊始，有意改革敝政，而蜀中自上元二年十月至十二月，一連旱了三個月不曾下雨，子美因此作了「說旱」一文，，建議嚴武決獄疏怨以求雨。其文是

周禮司巫，若國大旱，則率眾而舞雩。傳曰龍見而雩。謂建巳之月，蒼龍宿之體，昏見東方，萬物待雨而盛大，故祭天，遠爲百谷祈膏雨也。今蜀自十月不雨，抵建卯非雲之時，奈久旱何？得非獄吏只知禁系，不知疏決，怨氣積，冤氣盛，亦能致旱？是何川澤之干也，塵霧之塞也，行路皆菜色也，田家其愁痛也？自中丞下車之初，軍郡之政，罷敝之俗，已下手開濟矣。百事冗長者，又已革削。獨獄囚未聞處分，豈次第未到，爲獄無繫者乎？谷者百姓之本，百役是出。現冬麥枯黃，春種不入。公誠能暫輟諸務，親問囹徒，除合死者之外，下筆盡放，使囹圄一空，必甘雨大降。但怨氣消，則和氣應矣。躬身疏決，請以兩縣（成都、華陽）及府系爲始，管內東西兩川，各遣一使兼委刺史、縣令，對巡使同疏決。如兩縣及府等囚例處分，眾人之望也，隨時之義也。昔貞觀中，歲大旱，文皇帝親臨長安、萬年兩縣決獄，膏雨滂足。即岳鎮方面歲荒札，皆連帥大臣之務也，不可忽。凡今徵求無名數，又者老合兩川

待丁，得異常丁乎？不殊常丁賦斂，是老男及老女，死日
短促也。國有養者，公遽遣使吏存問其疾苦，亦和氣合應
之義也。時雨可降之徵也。愚以爲至仁之人，常以正道應
物，天道遠，去人不遠。（原註：中丞嚴公節制劍南日，奉此
說）

嚴武很重視子美的「說旱」，審度時勢，立刻採取了許多利
民的措施。對一些長期服役的兵士，如家中親老缺乏人力的，予
以放歸務農。子美村中的阿丸便是在這樣的情形下放歸的。老農
感激得不得了，前幾天便對子美說：「今年春雨及時，阿丸又放
回助耕，今年春社得好好熱鬧一番。」

春分前後社日那天，老農便邀子美去嘗春酒。滿桌子的魚肉
菜肴，客人幾乎不停的輪番來往。他們多半認識子美，都來熱情
的敬酒。

「阿丸是長在番的（長在役不更代）弓弩手，這次放回可好
了，」田父對衆人說：「我們的新尹可是好官。」

「是嘞，新尹體恤我們農家。」衆人一齊誇讚。

於是吃肉喝酒，氣氛十分熱鬧。自早至晚，子美幾次想脫身，
都被田父按住了。

「酒有的是，我們慢慢飲。」田父又叫家人溫酒熱湯。「你
看新尹多好，我們要敬他酒，請杜老代表他。」說著便起身舉杯
向子美：「祝新尹高升，明天杜老看見他，可要替我們感謝他。」

子美無法推辭，答應了他的要求，同時也乾了杯。

長時間的談話，長時間的飲酒，田父已經語無倫次，醉態
百出。子美自然也醉了。在暮色蒼茫中，由阿丸扶送他回草堂。

第二天，酒困猶在。但子美很愉快的追憶昨日之飲，寫下了
一篇田父留飲述言敘事的詩。聲音笑貌歷歷如繪，眞是一幅有趣

的動作畫。

遭田父泥飲美嚴中丞

步屧隨春風，村村自花柳。田翁逼社日，邀我嘗春酒。

酒酣誇新尹，畜眼未見有。迴頭指大男，渠是弓弩手。

名在飛騎籍，長番歲時久。前日放營農，辛苦救衰朽。

差科死則已，誓不舉家走。今年大作社，拾遺能住否？

叫婦開大瓶，盆中為吾取。感此氣揚揚，須知風化首。

語多雖雜亂，說尹終在口。朝來偶然出，自卯將及酉。

久客惜人情，如何拒鄰叟。高聲索果栗，欲起時被肘。

指揮過無禮，未覺村野醜。月出遮我留，仍嗔問升斗。

自此，子美與嚴武以詩代簡時有唱和。兩人交情之厚從彼此的詩中可以得知。嚴武得到了好酒，總不忘送給好酒的好友。青城山道士善釀乳酒，嚴武分送一瓶給子美，他乃作一詩謝他。

謝嚴中丞送青城山道士乳酒一瓶

山瓶乳酒下青雲，氣味濃香幸見分。

鳴鞭走送憐漁父，洗盞開嘗對馬軍。

這個春天，子美因為嚴中丞來了成都，精神上得到了依靠，在草堂的日子似乎過得很愜意。四月初櫻桃熟時，有老農送了一小竹籃給他嘗新，使子美憶起當年在長安門下省皇上賜櫻的事，感慨之餘，寫了一首：

野人送朱櫻

西蜀櫻桃也自紅，野人相贈滿筠籠。

數回細寫愁仍破，萬顆勻圓訝許同。

憶昨賜霑門下省，退朝擎出大明宮。

金盤玉筯無消息，此日嘗新任轉蓬。

閒適之餘，見江邊花樹，門外麢鷦又是滿林春筍，作了頗富

清興的三絕句

一

楸樹馨香倚釣磯，斬新花蕊未應飛。

不知醉裡風吹盡，何忍醒時雨打稀。

二

門外鸕鷀去不來，沙頭忽見眼相猜。

自今已後知人意，一日須來一百回。

三

無數春筍滿林生，柴門密掩斷人行。

會須上番看成竹，客至從嗔不出門。

這些日子裡，他情懷愉快，但卻疏懶得未到城裡官署去看望老友。嚴武是了解他的，所以并不在意。到了仲夏他卻攜了酒饌又來草堂。於席間對酌之餘，透露了想表薦他入幕之意。這使子美在友情的溫暖之中，懷著無限的感激之意。因作

嚴公仲夏枉駕草堂兼攜酒饌

竹裡行廚洗玉盤，花邊立馬簇金鞍。

非關使者徵求急，自識將軍禮數寬。

百年地僻柴門迥，五日江深草閣寒。

看弄漁舟移白日，老農何有罄交歡。

嚴武以令尹之尊二訪草堂，使子美覺得不好意思，因而決定到城裡去回拜。他有一詩記其事：

嚴公廳宴同詠蜀道圖畫

日臨公館靜，畫滿地圖雄。劍閣星橋北，松州雪嶺東。

華夷山不斷，吳蜀水相通。興與煙霞會，清樽幸不空。

在長安那方面，李國輔一手遮天，初則玄宗被劫持於西內，驚憂成疾，於四月逝世。肅宗聞耗病便加重，而張皇后與李輔國

的矛盾加深，原欲殺李輔國，事洩卻被李輔國所殺。肅宗受驚死去。太子李豫繼位是爲代宗。代宗早就對李輔國不滿，不久便派人把李輔國殺了。於七月召嚴武還朝作爲安定的力量。任爲京兆尹，兼御史大夫、二帝山陵橋道使，監修陵墓。嚴武還朝，高適繼任成都尹、西川節度使。

　　短暫歡愉的日子又結束了。雖然爲嚴武得到朝廷的重用而高興，但老友聚會不久又要遠離，惆悵依戀之情實難自已。子美乃作--

奉送嚴公入朝十韻

鼎湖瞻望遠，象闕憲章新。四海猶多難，中原懷舊臣。
興時安反側，自昔有經綸。感激張天步，從容靜塞塵。
南圖迴羽翮，北極捧星辰。漏鼓還思晝，宮鶯罷囀春。
空留玉帳術，愁殺錦城人。閣道通丹地，江潭隱白蘋。
此生那老蜀，不死會歸秦。公若登台輔，臨危莫愛身。

　　鼎湖、象闕是指肅宗晏駕代宗即位，四海多難緬懷像嚴武那樣文才武略出眾的舊臣，所以被召入朝。成都兵威猶在，卻愁殺錦江草堂的老友。離情別緒使子美鄉愁因此加重，慨乎言之，此生不死總要返回長安的。最後一句「公若登台輔，臨危莫愛身。」普通送大臣入京的，那敢說這樣的話，衹有子美與嚴武的交情，才能作此忠言，實在令人肅然。

　　長亭祖餞，成都府的僚屬和地方士紳恭送嚴武一行首途。子美不忍與老友遽別，離緒依依不能自已，儘管嚴武懇辭再送，子美仍然無法回頭。

　　「子老，別再送了，」嚴武笑著說，「我當不起，何況我也不能回頭送你。」

　　「不，不，再送一程。」子美強自振奮，「就到綿州罷。」

嚴武對老友的深情，祇有感激，不能拒絕。在途中嚴武作了
一首回贈子美的詩

酬別杜二

獨逢堯典日，再睹漢官儀。未效風霜勁，空慚雨露私。
夜鐘清萬戶，曙漏拂千旗。並向殊庭謁，俱承別館追。
斗城憐舊路，涪水惜歸期。峰樹還朝伴，江雲更對誰。
試迴滄海棹，莫妬敬亭詩。祇是書應寄，無忘酒共持。
但令心事在，未肯鬢毛衰。最恨巴山裡，清猿惱夢思。

嚴武在詩中謝老友的關愛，也接受他的忠告。但他希望子美
在蜀中留下來，隨時寄書寄詩。

嚴武一行從水路到達綿州。當地刺史杜姓，在江樓設宴款待
這位回朝的大員。子美與杜使君談起宗族輩分，才知刺史是他孫
輩。子美寫詩記述這次的盛宴。

送嚴侍郎到綿州同杜使君江樓宴得心字

野興每難盡，江樓延賞心。歸朝送使節，落景惜登臨。
稍稍煙集渚，微微風動襟。重船依淺瀨，輕鳥度曾陰。
檻峻背幽谷，窗虛交茂林。燈光散遠近，月彩靜交深。
城擁朝來客，天橫醉後參。窮途衰謝意，苦調短長吟。
此會共能幾，諸孫賢至今。不勞朱戶閉，自待白河沉。

這一席華筵，是地方官員接待還朝拜受重任的大臣，因此無
不極力趨奉，主客興致都很高，觥籌交錯從月落到更深、到行將
天曙，大家了無倦意。唯獨子美「窮途衰謝意，苦調短長吟。」
自嘆流落，他的感傷之深可以想見。

通宵達旦的宴飲，熱鬧的氣氛沖淡了一點離愁。但子美每一
想到作客蜀中生計爲艱，好不容易來了一個可作依靠的摯友，數
月之內又要離去，依依不捨之情，復又激盪不已。

又要分手了，而子美仍悽然不忍。嚴武握著他的雙手，想要說什麼，卻也一語難出。

「願彼此珍重，記住日後重逢。」嚴武安慰老友。

「此地離奉濟驛不過三十里，」子美聲音有點咽啞，「讓我再送你這一程，作詩道別。」

嚴武同意了。他被老友的情義深深感動，隨行的僚屬也無不為他們兩人的友情而讚嘆。

奉濟驛重送嚴公四韻

　　遠送從此別，青山空復情。幾時杯重把，昨夜月同行。

　　列郡謳歌惜，三朝出入榮。江村獨歸處，寂寞養殘生。

悵別生悲，自已將獨自回到江村的草堂，寂寞養殘生了。

黃生評曰：「上半敘送別，已覺聲嘶喉哽，下半說別後情事，彼此懸絕，真欲放聲大哭。送別詩至此，使人不忍再讀。」

送別嚴武，子美惆悵地回到綿州，暫住在官府的客館。既然到了綿州，也就索性排遣愁懷，瀏覽四周的風物。綿州城西北有一座百尺高的越王台，登樓可下瞰州城。這座台是高宗顯慶中，太宗第八子越王貞任綿州刺史時所建。子美趁興登臨，慨前王作亭，現在供人觀賞。他作了一首

越王樓歌

　　綿州州府何磊落，顯慶年中越王作。

　　孤城西北起高樓，碧瓦朱甍照城郭。

　　樓下長江百丈深，山頭落日半輪明。

　　君王舊跡今人賞，轉見千秋萬古情。

東津涪江江邊有一株樹，久叫海棕。是早年從海外運入中土栽植的，所以叫海棕。彙祈「益州方物贊」中說：「海棕大抵棕類，然不皮而幹葉叢於秒，至秋乃實。似楝子。劉恂的「嶺表錄」

中說：「廣中有一種波斯棗木，無旁枝，直聳三、四丈，至顛四向，共生十餘枝，葉如棕櫚，彼土人呼爲海棕木。」子美見海而興感懷，作了一首---

海椶行

左綿公館清江濱，海椶一株高入雲。

龍鱗犀甲相錯落，蒼稜白皮十抱文。

自是眾木亂紛紛，海棕焉知身出群。

移栽北辰不可得，時有西域胡僧識。

「杜臆」說：「公抱經濟而不得識，自負自嘆，非詠海棕也。」子美寓居公館，閒來無事便到江邊散心，這裡出產魴亦稱鯿魚，甚爲肥美。漁人在江上用大網捕魚，往往一網得數百尾。子美經常清晨便到江邊看漁人打魚。因而觸動詩興，前後寫了二首觀打魚歌，撫事傷時言外寄意，因干戈未息而想到殺生之可戒也。

觀打魚歌

綿州江水之東津，魴魚鱍鱍色勝銀。

漁人漾舟沉大網，截江一擁數百鱗。

眾魚常才盡棄卻，赤鯉騰出如有神。

潛龍無聲老蛟怒，迴風颯颯吹沙塵。

饔子左右揮霜刀，鱠飛金盤白雪高。

徐州禿尾不足憶，漢陰槎頭遠遁逃。

魴魚肥美知第一，既飽歡娛亦蕭瑟。

君不見朝來割素鬐，咫尺波濤永相失。

又觀打魚

蒼江漁子清晨集，設網提綱取魚急。

能者操舟疾若風，撐突波濤挺叉入。

小魚脫漏不可記，半死半生猶戢戢。

> 大魚傷損皆垂頭，屈強泥沙有時立。
> 東津觀魚已再來，主人罷繪還傾杯。
> 日暮蛟龍改窟穴，山根鱣鮪隨雲雷，干戈格鬥尚未已。
> 鳳凰麒麟安在哉？吾徒胡爲縱此樂，暴殄天物聖所哀。

　　嚴武尚在出川途中，劍南兵馬使、成都少尹兼侍御史徐知道卻趁機叛亂。自封爲成都尹兼御史中丞、劍南節度使以取代嚴武的位置。他假借手中的兵權，派兵北上扼守劍閣，截斷中原入川的要道，以阻朝廷入蜀平亂。在這樣突然的變亂中，嚴武手無兵權，被阻於巴山無法出川。而子美亦因路途不靖不能回成都。況他與嚴武的密切關係是盡人皆知的，如果回成都難免爲徐知道所執。念及浣花草堂的家人，中夜徘徊，憂心不已。

五、梓州、綿州等地遊蹤

　　子美住在綿州公館，雖與刺史杜使君有同宗之誼，但過去並無交情。嚴武既走，則再開住下去內心實覺不安。而目前的情形，有家歸不得，流亡的日子並不好過。至少要有個故人可作依靠，才能得一安身之地。

　　這時他得識漢中王李瑀正在梓州，他是玄宗兄讓皇帝李憲的第六子，早有才望，儀表出衆，封隴西郡公。安史之亂隨玄宗入蜀，至漢中封漢中王，仍加銀青光祿大夫、漢中郡太守。子美在長安時期經常參加李璡李瑀的游宴，可說是關係不平常了。私忖如果到梓州投奔他，李瑀是不會不加照顧的。

　　但子美不願貿貿然不告而去，既然綿州離梓州不遠，當然是設法先容，最好的方式是寄詩表意。據說這時漢中王在梓斷飲，於是子美利用這個題目，寫了「戲題寄上漢中王三首」，皆有索飲之意。此時飄萍客旅豈可以索飲而戲題？不過是借酒爲由，希

望漢中王接納的意思。

自然，漢中王看見這三首戲題的詩，瞭解子美被阻無法回成都的困難，因而招手讓他去梓州作客。

戲題寄上漢中王三首（原註：時王在梓州，斷酒不飲，篇中戲題）

一

西漢親王子，成都老客星。百年雙白鬢，一別五秋螢。
忍斷杯中酒，祗看座右銘。不能隨皂蓋，自醉逐流萍。

二

策杖時能出，王門罷昔遊。已知嗟不起，未許醉相留。
蜀酒濃無敵，江魚美可求。終思一酩酊，淨掃雁池頭。

三

群盜無歸路，衰顏會遠方。尚憐詩警策，猶記酒顛狂。
魯衛彌尊重，徐陳略喪亡。空餘枚叟在，應念早升堂。

到了梓州，作為漢中王的賓客，總算暫時有了一枝之棲。但憂國憂家之情，仍時時激盪不已。他和漢中王談到目前的亂局，嘆息朝廷優容小人，不能重用剛正的大臣，以至局勢不可收拾。

可是不久漢中王即離梓州回任所蓬州（今四川儀隴縣南）他寫了一首詩送行。

玩月呈漢中王

夜深露氣清，江月滿江城。浮客轉危坐，歸舟應獨行。
關山同一照，烏鵲自多驚。欲得淮王術，風吹暈已生。

徐知道只是草寇式的作亂，祗知割據一方，掠奪財物，並無確切的目標。到八月間，徐知道為其部將李忠厚所殺。但是變亂並未立即平息。嚴武仍然不能出劍閣。子美這時在梓州，懷念家人，同時關切嚴武和高適，親情和友情，使他百憂交集。客夜悲秋，萬般無奈。在他「悲秋」與「客夜」的兩首詩中，最足以說

明當時的心境。

悲秋

涼風動萬里，群盜尚縱橫。家遠傳書日，秋來為客情。

愁窺高鳥過，老逐眾人行。始欲投三峽，何由見兩京。

客夜

客睡何曾著，秋天不肯明。入簾殘月影，高枕遠江聲。

計拙無衣食，窮途仗友生。老妻書數紙，應悉未歸情。

漢中王返蓬州後，梓州雖有章彝本與友善，但子美與他保持適當的距離。倒是梓州從事嚴二厚待子美，兩人意氣相投，在窮途潦倒之時，頓覺溫暖無比。嚴二是一豪俊之士，兩人把杯，談論極其投契，客子愁懷一掃而空。子美曾作詩：

從事行贈嚴二別駕

我行入東川，十步一迴首。

成都亂罷氣蕭索，浣花草堂亦何有。

梓中豪俊大者誰，本州從事知名久。

把臂開樽飲我酒，酒酣擊劍蛟龍吼。

烏帽拂塵青驄粟，紫衣將炙緋衣走。

銅盤燒蠟光吐日，夜如何其初促膝。

黃昏始叩主人門，誰謂俄頃膠在漆。

萬事盡付形骸外，百年未見歡娛畢。

神傾意豁真佳士，久客多憂今愈疾。

高視乾坤又可（一作何）愁，一體（一作軀）交態同悠悠。

垂老遇君未恨晚，似君須向古人求。

嚴二酒酣擊劍，豪邁之情躍然紙上。「從事行」的結句「垂老遇君未恨晚，似君須向古人求。」可見嚴二對子美之厚，且亦可見子美感慨之深。

　　到了九月九日，子美邀約嚴二別駕同登梓州城樓，自嘆當年豪情今已滿頭白髮，腳力大不如前。

　　「兵戈滿地，關塞阻隔，」子美對嚴二說，「不知嚴中丞何時能出劍閣。」

　　「子翁忽憂，」嚴二安慰他，「成都亂局很快可收拾，您應把府上大小接來。」

　　子美沉吟了一會才說：「尊見甚是，此地通漢水，將來出川也比較方便。」

　　「子翁不必煩憂，您的事我會全力協助。」

　　子美聽到這句話十分感激，對嚴二長揖致謝。

　　這日回到嚴二宅第，開樽暢飲黃花酒。子美寫了一詩寄嚴武。

九日奉寄嚴大夫

　　九日應愁思，經時冒險艱。不眠持漢節，何路出巴山。

　　小驛香膠嫩，重巖細菊斑。遙知篠鞍馬，回首白雲間。

　　「杜臆」說：「通篇不說憶嚴，只寫其客行之景，與思己之情，正是深於憶者。」

　　後來嚴武也作了一首詩答贈。

巴嶺答杜二見憶

　　臥向巴山落月時，兩鄉千里夢相思。

　　可但步兵偏愛酒，也知光祿最能詩。

　　江頭赤葉楓愁客，籬外黃花菊對誰。

　　跋馬望君非一度，冷猿秋雁不勝悲。

　　同時子美也懷念高適。

寄高適

　　楚隔乾坤遠，難招病客魂。詩名惟我共，世事與誰論。

　　北闕更新主，南星落故園。定知相見日，爛漫倒芳樽。

這首詩諸注家的爭議，在「楚」與「故園」，仇注以七國時蜀本屬楚，在送李校書一詩中曾有「已見楚山碧」一句。「杜臆」疑適家滄州，不得言故園。但子美本杜陵人，常以長安爲故園，到了成都後築了完花草堂，當亦可稱故園。這樣，這首詩的意義便十分清楚了。

成都經過一場動亂，目前局勢已漸漸安定。子美於秋未得到嚴二的鼓勵資助，便回成都接家小來梓州。子美騎馬獨行，山間落日，深谷鳥鳴，在幽寂的山路上有一點風吹草動，只怕有強盜擄劫。好不容易到達成都，看見兵亂後的市容，許多地方出現殘破的景像。子美無心多看，匆匆西出碧雞坊經石筍街奔回草堂。

出門迎接的是楊夫人。他看到她面色蒼黃，執手相看心中悽然。

「你受驚了。」子美說，楊夫人眼睛潤濕只搖搖頭。

「小村裡倒還好，」楊夫人稍稍鎮定，「城裡可是鬧得驚天動地。」

晚餐桌上，子美告訴楊夫人遷居梓州的計劃。

「那是要放棄這裡的草堂了？」

「不，不，不是這樣說，」子美解釋，「蜀亂一時雖平，我們得找一個好一點的立足點，可動可靜。」

楊夫人和孩子們都不忍離這千辛萬苦建立起來的草堂，但是局勢如此，又有什麼辦法呢？衹好聽從子美的主意了。

把家接到梓州後，稍事安頓，子美於十一月獨自往梓州六十里外的射洪縣、通泉縣，這可能不全是應邀游覽，而是爲取得生活費用的安排有關。

射洪縣有金華山勝景，有陳子昂學堂和故宅的遺跡，都是子美嚮往遊覽憑弔的。他對陳子昂的詩和品格是很欽佩的。據史傳

陳子昂字伯玉，梓州射洪人，家世豪富，子昂在金華山苦節讀書。
為「感遇」詩三十首，王適見而驚曰：「此子必為天下文宗矣。」
武后光宅元年（西元六八四年）廿四歲遊東都，舉進士對策高第，
則天召見，拜麟台正字，再轉右拾遺。他有一首有名的「登幽州
台歌」：「前不見古人，後不見來者，念天地之悠悠，獨愴然而
涕下。」長安二年（西元七〇二年）臥病家中，當地縣令段簡聞
其家富有，乃附會法律，欲害子昂，家人納錢廿萬，段簡嫌少，
系獄而卒。

　　子美到了射洪，最先去拜訪到任才半年的刺史李使君，他曾
寫詩送行，末四句是「遇害陳公隅，于今蜀道憐。君行射洪縣，
為我一潸然。」說的就是陳子昂遺跡。現在自己來了，當然要去
憑弔。

　　於是他登縣北的金華山，上拂雲霄，下瞰涪江。在玉京觀的
後面是陳昂的讀書子美作詩

冬到金華山觀因得故拾遺陳公學堂遺跡

涪右眾山內，金華紫崔嵬。上有蔚藍天，垂光抱瓊台。
繫舟接絕壑，杖策窮縈回。四顧俯層巔，淡然川谷開。
雪嶺日色死，霜鴻有餘哀。焚香玉女跪，霧裡仙人來。
陳公讀書堂，石柱仄青苔。悲風為我起，激烈傷雄才。

　　其後子美又到縣北東武山下憑弔陳子昂故宅。他寫了一詩

陳故拾遺故宅

拾遺平昔居，大屋尚修椽。悠揚荒山日，慘淡故園煙。
位下曷足傷，所貴者聖賢。有才繼騷雅，哲匠不比肩。
公生揚馬後，名與日月懸。同遊英俊人，多秉輔佐權。
彥昭超玉價，郭震起通泉。到今素壁滑，灑翰銀鉤連。
盛事會一時，此堂豈千年。終在立忠義，感義有遺篇。

　　子美在射洪是住在李明甫的家裡，李是一位和藹長者。同情子美的遭遇，招待亦甚殷切。酒邊暢談，子美吐露心事，愁懷為之一寬。

　　「成都亂後，草堂已不能居，我原先以為蜀中可兵火，殊不料事與願違。所以我先把家小遷來梓州，再作計較。」

　　「然則將作何計劃？」李明甫問。

　　「我是想從水路出川，回洛陽或長安。」

　　「以你的才情，以你的抱負，隱居自是一時權宜之計，」李明甫說，「回長安才有你的機會。」

　　這句話恰好說中了子美的心事。他很感激李丈的鼓勵，然則攜家出川豈是輕易能行。

　　「不必多憂，」李丈說，「出川總得用錢，你不妨接受我的幫助。」

　　子美很感激，卻也感到慚愧。他作了一詩贈李丈。

奉贈射洪李四丈明甫

　　丈人屋上烏，人好烏亦好。人生意氣豁，不在相逢早。

　　南京亂初定，所向色枯槁。遊子無根株，茅齋付秋草。

　　東征下月峽，掛席窮海島。萬里須十金，妻孥未相保。

　　蒼茫風塵際，蹭蹬騏驎老。志士懷感傷，心胸已傾倒。

　　過了幾天，子美又南往通泉，天曙動身，寒氣襲人。他騎馬跟著一隊旅客同行，山路荒僻崎嶇，行進困難，子美頗嘆老來筋力衰退，只得賈勇而行。他記起「楚辭」中的一句

　　僕夫悲余馬懷兮，蜷局顧而不行。

　　不久，寒日終於衝破霧氣，陽光從密葉中透射來，心頭頓時感到一點溫暖。

　　雖說只是幾十里的路途，卻是一段艱難的征程。他這樣辛苦

的來通泉，有二大目的，一是憑弔郭代公故宅，一是觀賞薛稷的
書畫眞跡。到了通泉，他成爲當地縣令姚某的賓客。他和京師來
的王侍御，同登東山野亭宴飲。寫了一首：

陪王待御宴通泉東山野亭

江水東流去，清樽日復斜。異方同宴賞，何處是京華。

亭景臨山水，村煙對浦沙。狂歌遇形勝，得醉即爲家。

通泉縣署壁後有薛稷的畫鶴，還有慧普寺三個大字的題匾，
徑三尺，是薛稷的眞跡。薛稷（西二六四九～七一三年）蒲州汾
陰（今山西萬縈）人是隋代有名的詩人薛道衡的曾孫。外祖魏徵
家多藏虞世南、褚遂良書法，他銳精模仿，遂以書名天下。畫花
鳥、人物雜畫無不佳，尤以畫鶴知名。睿宗在藩時很喜歡他的書
畫，即位後遷薛稷黃門侍郎，歷太子少保。後因竇懷貞以附太平
公主伏誅，稷坐知謀，賜死萬年獄。功名不得善終，書畫卻是傳
世。

子美觀賞他的畫壁，但年遠日久，沒有得到好好的保護，風
吹、日晒、雨打，已多剝落。子美十分惋惜。他作了「觀薛稷少
保書畫壁」及「通泉縣署壁後薛少保畫鶴」二首詩，茲錄其後一
首

薛公十一鶴，皆寫青田眞。畫色久欲盡，蒼然猶出塵。

低昂各有意，磊落如長人。佳此志氣遠，豈惟粉墨新。

萬里不以力，群遊會有神。威遲白鳳態，非是倉庚鄰。

高堂未傾覆，當得慰嘉賓。曝露牆壁外，終嗟風雨頻。

赤霄有眞骨，恥飲誇池津。冥冥任所往，脫落誰能馴。

觀賞薛稷的書畫後，子美又去瞻望郭代公（元振）當年任通
泉尉時的住宅，據張說所撰郭代公行狀中說：「公少倜儻廓落，
有大志，十六，入太學與薛稷、趙彥昭同業。十八，擢進士第，

其年判入高等。請外官，授梓州通泉尉。落拓不拘小節。常鑄錢，掠良人財物以濟四方。海內同聲合氣，有至千萬者。則天聞其名，驛徵引見，語至夜，甚奇之。問蜀川之蹟，，對而不隱。令錄舊文，乃上「古劍歌」，則天覽而佳之，令寫數十本，遍賜學士。先天二年，知政事。太平公主、竇懷貞潛結兇黨，謀廢皇帝。睿宗猶豫不決，諸將皆阿諛順旨，惟公廷爭不受詔。及舉兵誅懷貞等，宮城大亂，睿宗步蕭章門觀變，諸相皆竄外省，公獨登奉天樓躬侍。睿宗聞東宮兵至，將欲投至樓下，公親扶聖躬，敦勸乃止。及上即位，宿中書十四日，獨知政事，下詔封代國公。」

可見郭元振才品非凡，長於擔任國家大事。茲錄其「古劍歌」於下：

君不見昆吾鐵冶飛炎煙，紅光紫氣俱赫然。

良工鍛鍊凡幾年，鑄作寶劍名龍泉。

龍泉顏色如霜雪，良工咨嗟嘆奇絕。

琉璃玉匣吐蓮花，錯縷金環生明月。

正逢天下無風塵，幸得相逢君子身。

精光黯黯青蛇色，文章片片綠龜鱗。

非直結交遊俠子，亦曾親近英雄人。

何言中路遭棄捐，零落飄淪古獄邊。

雖復沉埋無所用，猶能夜夜氣沖天。

子美對郭元振是很欽佩的。憑弔遺跡之後，他作一首

過郭代公故宅

豪俊初未遇，其跡或脫略，代公尉通泉，放意何自若。

及夫登袞冕，直氣森噴薄。磊落見異人，豈伊常情度。

定策神龍後，宮中翕清廓。俄頃辯尊親，指揮存顧託。

群公有慚色，王室無削弱。迴出名臣上，丹青照台閣。

我行得遺跡，池館皆疏鑿。壯公臨事斷，顧步涕橫落。

精魄凜如在，所歷終蕭索。高詠寶劍篇，神交付冥漠。

子美在通泉曾參加不少宴飲，也有其輕鬆的一面。一位辭官歸里的郝使君，便曾邀宴子美，出二美姬侑酒，使他回憶到在長安時代，陪諸公子在八丈溝納涼，以及泛舟遊河，青蛾皓齒，橫笛短簫的歲月。那時雖也滿腹愁緒，但視之今日，那又略勝一籌了。

六、在梓州聞官軍捷報

這樣盤桓了數天，子美便回到梓州。

第二年（廣德元年七六三）開春後，傳來中原捷報。自頭年十月以雍王李適（後來的德宗）為天下兵元帥，會諸道節度使僕固懷恩等及回紇於陝州，統兵十餘萬進討史朝義。史朝義聞官軍將至謀於諸將，阿史那承慶說：「唐若獨與漢兵來，宜率眾與戰，若與回紇俱來，其鋒不可當，宜退河陽以避之。」朝義不聽，及至官軍抵洛陽北郊，分兵取懷州，史朝義不敵且戰且走，到正月走至廣陽自殺，其將田承嗣以莫州降，李懷州以幽州降。至此，十年的安史之亂初平。子美欣喜得不得了，有詩一首

聞官軍收河南河北

劍外忽傳收薊北，初聞涕淚滿衣裳。

卻看妻子愁何在，漫卷詩書喜欲狂。

白日放歌須縱酒，青春作伴好還鄉。

即從巴峽穿巫峽，便下襄陽向洛陽。

原詩自註「余田園在洛陽」他祖籍長安杜陵，但自祖父杜審言起落籍河南鞏縣，故宅在洛陽杜氏祖塋在首陽山下。所以勝利回鄉，首先便要到東京。在「春日梓州登樓二首」中，第二首說：

　　天畔登樓眼，隨春入故園。戰場今始定，移柳更能存。

　　厭蜀交遊冷，思吳勝事繁。應須理舟楫，長嘯下荊門。

　　這是聞收京後狂喜之餘，進一步的動去蜀之念。雖然，在這春光明媚的日子裡，子美高興的想到一些有趣的宴飲，他寄一詩給通泉的郝使君，戲請他攜家妓來梓州遊宴，一飽眼福。詩是：

春日戲題惱郝使君

　　使君意氣凌雲霄，憶昨歡娛常見招。

　　細馬時鳴金騕裹，佳人屢出董嬌饒。

　　東流江水西飛燕，可惜春光不相見。

　　願攜王趙兩紅顏，再聘肌膚如素練。

　　通泉百里近梓州，請君一來開我愁。

　　舞處重看花滿面，樽前還有錦纏頭。

　　盼望如此，明知百里攜妓甚不可能，只是空想花容，聊慰情懷而已。

　　這一年子美在梓州，但他足跡遍及閬州、綿州、鹽亭、涪城及漢州等地。他遊覽、宴飲，參加許多送別聚會，最使他感觸的，無過於送人之任及入朝。比如送崔都水使下峽、送魏十八倉曹還京、送路六侍御入朝、送何侍御歸朝、送辛別駕昇之、送辛員外等不一而足。

　　梓州東南有一山，高一里，形似牛頭，四面孤絕，俯視州郭，下有長樂寺，樓閣煙花爲一方勝概。子美於是乘興登牛頭山、登牽兜寺、以及惠義寺、觀音寺。這些寺廟都是梓州有名的浮圖。

　　這期間他到閬州，隨後轉往綿州。這是他送別嚴武和觀打魚的舊遊之地。他泛江送客作詩：

泛江送客

　　二月頻送客，東津江欲平。煙花山際重，舟楫浪前輕。

　　淚逐勸杯下，愁連吹笛生。離筵不隔日，那得易爲情。

　　從綿州返梓州後，不久又送別老朋友辛員外，子美是重友情
的人，既然在梓州并無所事，就一直送到綿州。他作詩兩首：

　　　　惠義寺園送辛員外
　　朱櫻此日垂朱實，郭外誰家負郭田。
　　萬里相逢貪握手，高才仰望是離筵。

　　　　又送
　　雙峰寂寂對春台，萬竹青青照客杯。
　　細草留連侵坐軟，殘花悵望近人開。
　　同舟昨日何由得，並馬今朝未擬迴。
　　直到綿州始分首，江邊樹裡共誰來。

　　子美在歸途中經過涪城，他便去遊香積山的香積寺官閣。然
後又去漢州。房琯是於上元元年（西元七六〇年）四月，以禮部
尚書出爲晉州刺史，八月改漢州刺史。這年春拜特進刑部尚書。
房琯初牧此邦時鑿湖名房公湖、又名西湖。子美來時，房琯已在
歸朝途次。由新任刺史王使君陪同遊房公西湖。這時綿州的杜使
君正要還綿，子美把他留下，一舟容易對酒賞春。看湖中群鵝嬉
水，小鵝兒並且遊近舟前，子美覺得十分可愛。

　　「這小鵝兒太可愛，能送一對給我嗎？」子美舉杯奉酌王使
君提出要求。

　　「當然可以，」王使君立即回答，「子翁記得王右軍籠鵝的
故事嗎？」

　　「可惜我非右軍。」

　　「不然，」王使君說，子翁善書大字，就請書房公湖三字，
我要刻碑立於湖畔。

　　子美欣然同意。事後子美還寫了二首遊湖的詩。

得房公池鵝

房公西池鵝一群，眠沙泛浦白如雲。

鳳凰池上應回首，爲報籠隨王右軍。

舟前小鵝兒

鵝兒黃似酒，對酒愛新鵝。引頸嗔船逼，無行亂眼多。

翅開遭宿雨，力小困滄波。客散層城暮，狐狸奈若何。

　　春末，子美從漢州返回梓州。這裡過往官員眾多，有舊雨有新知，因此又有許多應酬宴飲，好幾次他陪李使君泛江，有女樂在諸舫，舞衫歌扇裝點春光。子美寫行樂之盛，佳人情致的艷曲二首：

數陪李使君泛江有女樂在諸舫戲為艷曲二首贈李

一

上客迴空騎，佳人滿近船。江清歌扇底，野曠舞衣前。

玉袖臨風並，金壺隱浪偏。競將明媚色，偷眼艷陽天。

二

白日移歌袖，青宵近笛床。翠眉縈度曲，雲鬟儼成行。

立馬千山暮，迴舟一水香。使君自有婦，莫學野鴛鴦。

　　在多次的送別宴會中，凡遇到去成都的，子美便想起草堂。那天送韋司直歸成都，他又憶起草堂了。故送別詩中有「為問南溪竹，抽梢合過牆。」的結句。

　　春夏時節，浣花溪一帶的風景極好，子美自然是很懷念的，他作寄題江外草堂詩一首，追敘構築草堂經過，四週風物之美，聊慰懷思。

題寄江外草堂

我生性放誕，雅欲逃自然。嗜酒愛風竹，卜居必林泉。

遭亂到蜀江，臥病遺所便。誅茅初一畝，廣地方連延。

經營上元始，斷手寶應年。敢謀土木麗，自覺面勢堅。
亭台隨高下，啟谿當清川。惟有會心侶，數能同釣船。
干戈未偃息，安得酣歌眠。蛟龍無定窟，黃鶴摩蒼天。
古來賢達士，寧受外物牽。雇惟魯鈍姿，豈識悔吝先。
偶攜老妻去，慘澹凌風煙。事跡無固必，幽貞貴雙全。
尚念四小松，蔓草易拘纏。霜骨不堪長，永為鄰里憐。

　　這年自夏至秋，子美迭有與章留後遊宴的詩作。章留後即是
章彝，他原來的官銜是侍御史留後東川，只是虛銜，現在實授刺
史取代李使君的位置，因而才展開了官場的各項活動。子美第一
次參加遊宴，分韻賦詩，是在章就任後不久，他寫了

陪章留後侍御宴南樓（得風字）

絕域長夏晚，茲樓清宴開。朝廷燒棧北，鼓角漏天東。
屢食將軍第，仍騎御史驄。本無丹灶術，那免白頭翁。
寇盜狂歌外，形骸痛飲中。野雲低度水，簷雨細隨風。
出號江城黑，題詩蠟炬紅。此身醒復醉，不擬哭途窮。

　　這是初宴南樓，然後又移台上。

台上

改席台能迥，留門月復光。雲霄遺暑濕，山谷進風涼。
老去一杯足，誰憐屢舞長。何須把官燭，似惱鬢毛蒼。

　　仇說，詩以「絕域」二字起句，是登樓而感世亂，嘆長安未
平，亦恐梓州多事。

　　初秋，子美因事別梓到閬州，老友房琯在歸朝途次臥病閬州，
竟於八月四日卒於閬州僧舍。子美當然傷悼不已，九月作文致祭。
這時候，子美的十一舅崔明府和二十四舅都在閬州。二十四舅是
使蜀還京時隨有青城之命，十一舅因與同行去青城。他與崔氏兩
舅相見又復相別，作詩二首

閬州東樓筵奉十一舅往青城

曾城有高樓，制古丹臒存。迢迢百餘尺，豁達開四門。

雖有車馬客，而無人世喧。遊目俯大江，列筳慰別魂。

是時秋冬交，節往顏色昏。天寒鳥獸伏，霜露在草根。

今我送舅氏，萬感集清樽。豈伊山川間，回首盜賊繁。

高賢意不暇，王命久崩奔。臨風欲慟哭，聲出已復吞。

閬州奉送二十舅自京赴任青城

聞道王齊舄，名因太史傳。如何碧雞使，把詔紫微天。

秦嶺愁回首，涪江醉泛船。青城漫污雜，吾舅意淒然。

子美逗留閬州時曾遊嚴氏溪。嚴姓為閬州諸大姓之一，溪以族名。他與嚴氏一位長者長談竟夜，頗生與之偕隱之意。

就在這時候，子美得知高適被任為西川節度使，心中很是高興。寫了一首：

警急（原註：高公適領西川節度）

才名舊楚將，妙略擁兵機。玉壘雖傳檄，松州會解圍。

和親知計拙，公主漫無歸。青海今誰使，西戎實飽飛。

子美希望高適於警急中有所展布，但又憂慮邊事太亂，難以挽回頹局。

秋將盡時，子美得到家書，稚女病得很重，因而急急歸梓。因作一詩記行旅之苦與內心之憂。

發閬中

前有毒蛇後猛虎，溪行盡日無村塢。

江風蕭蕭雲拂地，山木慘慘天欲雨。

女病妻憂歸意急，秋花錦石誰能數。

別家三月一書來，避地何時免愁苦。

章彝凡有遊宴必請子美參加，王嗣奭「杜臆」說：「章留後，

所行多不法,而待杜特厚。」自然,子美在客中潦倒之時,得到
章彝厚待是很感激的。在多篇詩作中都推譽章留後,不過言外之
意,亦多涵諷勸之義。廣德元年七月,吐蕃入大震關,陷蘭、廓、
河、洮、岷、秦、成、渭、等州,盡取河西、隴右之地,而章彝
在十月間卻舉行大校獵。子美心中大不以為然。他作一首「冬獵
行」,言其兵馬之雄,校閱之盛。然末句:「草中狐兔盡何益,
天子不在咸陽宮。(按:是年十月吐蕃入寇長安,代宗幸陝)朝廷雖
無幽王禍,得不哀痛塵再蒙,嗚呼,得不哀痛塵再蒙!」全篇之
旨意在焉。言當勤王敵愾,不宜多殺、校獵騁雄也。

冬獵行(原註:時梓刺史章彝兼侍御史留後東川)

君不見東川節度兵馬雄,校獵亦似觀成功。夜發猛士三千
人,清晨合圍步驟同。禽獸已斃十七八,殺聲落日迴蒼穹。
幕前生致九青兕,駝駝峞峞垂玄熊。東西南北百里間,彷
彿蹴踏寒山空。有鳥名鸜鵒,力不能高飛逐走蓬,肉味不
足登鼎俎,胡為見羈虞羅中。春蒐冬狩侯(一作候)得用,
使君五馬一馬驄。況今攝行大將權,號令頗有前賢風。飄
然時危一老翁,十年厭見旌旗紅。喜君士卒甚整肅,為我
回轡擒西戎。草中狐兔盡何益,天子不在咸陽宮。朝廷雖
無幽王禍,得不哀痛塵再蒙,嗚呼,得不哀痛塵再蒙!

最可諷刺的是,章彝在梓州大校獵,吐蕃的入寇卻更深入,
邊將告急,程元振皆不上聞。臨時應變一無所用,弄得皇上出奔
陝州,吐蕃入京師焚燒掠奪一空。子美聞之傷心。這時他已決計
從嘉陵江南下渝州,出峽東遊吳楚。友好們各隨心意分贈程儀。
章彝可能送了一份厚禮,還特別送一枝桃竹杖給子美。桃竹是巴
渝的特產,葉如棕、身如竹,節密實中,犀理瘦骨,是天成的挂
杖。子美寫了一首

桃竹杖引贈章留後

江心蟠竹生桃竹，蒼波噴浸尺度足。斬根削皮如紫玉，江
妃水仙惜不得。梓檀使君開一束，滿堂賓客皆嘆息。憐我
老病贈兩莖，出入爪甲鏗有聲。老夫復欲東南征，乘濤鼓
泄白帝城。路幽必為鬼神奪，拔劍或與蛟龍爭。重為告曰：
杖兮杖兮，爾之生也甚正直，慎勿見水踴躍學變化為龍，
使我不得爾之扶持，滅跡於君山湖上之青峰。噫，風塵澒
洞兮豹虎咬人，忽失雙杖兮吾曷從。

王嗣奭說，此等詩出神入化。朱鶴齡曰：「此蓋借竹杖規諷
章留後也。既以踴躍為龍戒之，又以忽失雙杖危之，其微旨可見。」

大約在這個月的時間內，地方官員及友好們的話別餞宴，日
子過得十分忙碌。他有一詩別章彝：

將適吳楚留別章使君留後兼幕府諸公（得柳字）

我來入蜀門，歲月亦已久。豈惟養兒童，自覺成老醜。
常恐性坦率，失身為杯酒。近辭痛飲徒，折節萬夫後。
昔如縱壑魚，今如喪家犬。既無遊方戀，行止復何有。
相逢半新故，取別隨薄厚。不意青草湖，扁舟落吾手。
眷眷章梓州，開筵俯高柳。樓前出騎馬，帳下羅賓友。
健兒簸紅旗，此樂幾難朽。日車隱崑崙，鳥雀噪門牖。
波濤未足畏，三峽徒雷吼。所憂盜賊多，重見衣冠走。
中原消息斷，黃屋今安否？終作適荊蠻，安排用莊叟。
隨雲拜東皇，挂席上南斗。有使即寄書，無使長迴首。

雖然，子美決心去蜀作荊楚之遊，但對成都草堂仍是十分懷
戀的。畢竟那是當年「一歲四行役」 的終點，經過多少心力才
把草堂建成。一花一樹都有感情存在，總以為這裡是可以布衣蔬
食安度晚年的地方。誰知成都先有段子璋之亂，繼有徐知道之反，

弄得蜀中大亂，民不聊生。子美之去蜀，實是不得已的。猶冀若干時日之後會再度歸來。

「草堂是我們花了心力建成的，不可棄，」子美對四弟占說。「況且我們親族兄弟子姪眾多，倘有入蜀的，譬如二十四舅便在青城，我們的草堂便可作爲客館。」。他有繼母所出四弟穎、觀、豐散居他鄉，另有一妹嫁鍾離韋氏。　祇有占是隨他入川的。

「我也捨不得，」占說，「讓我回去看守，說不定你遊吳楚後，這裡也已太平了，便可立即回來。」

「你肯留成都那就最好不過了，」子美欣然，「自已留守與托別人照顧是不同的。自已則可建可補，多養些鵝鴨亦可補生計。」

「占弟一人也忙不過來，」楊夫人說，「總是量力而行，鄰家孩子不是農忙時可以顧他們幫忙。」

「宗文要不要留下來？」子美突然問楊夫人。

「宗文可以幫忙做些粗重的事，還是跟我們一起出峽罷。」

就這樣，占決定回成都。子美有詩

舍弟占歸草堂檢校聊示此詩

久客應吾道，相隨獨爾來。孰知江路近，頻爲草堂迴。

鵝鴨宜長數，柴荊莫浪開。東林日影薄，臘月更須栽。

子美原定十一月末離梓赴閬州，買舟南下渝州出峽，終因瑣事牽絆，不果成行。一天不走，總還有人借題筵餞，甚至還有人贈送程儀。子美的心裡很焦躁，也怕易涉誤會，當然這是過慮的，他不是容易接受惠贈的，他人緣很好，朋友們全知道他決心出峽，但都希望他多留幾日是幾日，沒有人盼他早走。

轉眼到了臘月中，尚有一些未了的事沒有辦妥，一方面也還有一、二篇文債要趕寫出來。這時候維州雪嶺一帶告警，吐蕃鐵騎縱橫，更使得他心緒煩亂，他寫下一詩寄慨。

歲暮

歲暮遠爲客，邊隅還用兵。煙塵犯雪嶺，鼓角動江城。

天地日流血，朝廷誰請纓。濟時敢愛死，寂寞壯心驚。

歲云暮矣。子美仍然滯留梓州。

到了第二年，廣德二年（西元七六四年）的春初，子美才終於攜家離梓，邁出出峽的第一步。

到了閬州故人甚多，自然又有許多遊宴。出峽在望，子美的心情爲之一快，他，他寫下了「閬山歌」與「閬水歌」以紀勝。

閬山歌

閬州城東靈山白，閬州城北玉台碧。

松浮欲盡不盡雲，江動將崩未崩石。

那知根無鬼神會，已覺氣與嵩華敵。

中原格鬥且未歸，應結茅齋著青壁。

閬水歌

嘉陵江色何所似？石黛碧玉相因依。

正憐日破浪花出，更復春從沙際歸。

巴童蕩槳欹側過，水雞銜魚來去飛。

閬中勝事可腸斷，閬州城南天下稀。

閬州閬中縣有靈山，一名仙穴山。峰多雜樹，山之東南隅有玉女搗練石。閬水即是嘉陵江。州城三面皆水，地勢平闊，江流舒緩，城南對面即錦屏山，景色號稱天下第一，子美說「閬州城南天下稀」即指此。

江山壯麗，春色無邊，子美和朋友們泛江遊覽，兩岸繁花如錦，舟中聽樂，杯酒歡酌，正是極美好的享受。但是去年十月郭子儀收復京師，天子自陝州還京的消息，子美到現在才知道，欣喜之餘又不無感傷，。頗不滿於一般大臣平日阿諛順旨，有變則

奔亡，收京時又復扈從。他在「收京」一詩中，直率地表達了他的感慨。

收京

　　復道收京邑，兼聞殺犬戎。衣冠卻扈從，車駕已還京。

　　剋復誠如此，安危在數公。莫令回首地，慟哭起悲風。

　　另外在「傷春五首」的詩中，也對收京一事，發表了一連串的意見。第四首有「敢料安危體，猶多老大臣。」第五首中有「君臣重修德，猶足見時和」。無非希望天子要用能擔當大任的老臣，不爲宦官所包圍，國事方有可爲，否則今日收京，明日仍可失京也。

　　這時候，子美得到朝廷召補京兆功曹參軍的消息，但他已決定赴荊楚，日來正因行程的安排猶不果下峽而煩惱，是故決定不赴召。他在寄別馬巴州一詩中，堅決的說明了他的心意。

奉寄別馬巴州 （原注：時甫除京兆功曹，在東川）

　　勳業終歸馬伏波，功曹非復漢蕭何。

　　扁舟繫纜沙邊久，南國浮雲水上多。

　　獨把釣竿終遠去，難隨鳥翼一相過。

　　知君未愛春湖色，興在驪駒白玉珂。

　　在閬州，子美聽到章彝罷梓州刺史及東川留後，曾寫一詩寄意，稱美章彝并惜別。

奉寄章十待御 （原注：時初罷梓州刺史、東川留後，將赴朝廷）

　　淮海維揚一俊人，金章紫綬照青春。

　　指揮能事迴天地，訓練強兵動鬼神。

　　湘西不得歸關羽，河內猶宜借寇恂。

　　朝覲從容問幽仄，勿云江左有垂綸。

　　唐書新舊二史都說嚴武再鎮蜀，章將入朝嚴武因事殺之。章彝之死，可說是很奇怪，很難索解的一件事。嚴章本友善，何故殺之，況且章彝也算是大臣，嚴武又如何殺他？但據舊唐書說：「武再鎮蜀，恣行猛政，梓州刺史章彝初爲武判官，及是小不副意，赴成都杖殺之。」黃鶴注：詩云「朝覲從容問幽仄」意必彝將入朝，而武殺之也。

　　子美決定二月便南下渝州，在此之前，他到房琯墓前拜別。作詩：

別房太尉墓

　　　　他鄉復行役，駐馬別孤墳。近淚無乾土，低空有斷雲。
　　　　對棋陪謝傅，把劍覓徐君。惟見林花落，鶯啼送客聞。

　　房琯是於頭年，廣德元年（西元七六三年）歸朝途中遘病，八月初死於僧舍，時年六十七歲（比子美年長十五歲）房琯之死，酉陽雜俎壺史載有一則荒誕不經的傳說。稱房琯曾請精於黃道之術、異事甚多的邢和璞算命。邢說：「若來由東南，止西北。祿命卒矣。降魄之處非館非寺、非途非署。病起於魚餐，休於龜茲板。」後房自袁州除漢州，及罷歸至閬州，舍紫極宮，適雇工冶木，房怪其木理成形，問之，道士稱數月前有賈客施數段龜茲板，今治爲屠蘇也。房琯憶邢之言，有頃，刺史具鱠邀房，房嘆曰：「邢君，神人也。」乃具白於刺史且以龜茲板爲托。其夕，病鱠而終。」

　　一切準備停當，子美決定二月初攜家買舟南下，就在此時，他在刺史的筵席上得到確訊，嚴武已奉朝命以黃門侍郎拜成都尹充劍南節度使，再度鎮蜀。

　　子美驚喜非凡，回家立刻告訴楊夫人：「嚴季鷹要回成都了。」

　　「那太好了，」楊夫人應聲道，有點錯愕。及至知道詳情，

便問：「那我們呢？」

「改變行程，再回成都。」子美堅定地表示。

「好呵，」宗文、宗武雀躍著，「我們再回錦江釣魚，黃狗一定飛奔來迎接我。

子美的興奮是非凡的。他全家人合力辛苦建成的草堂，植樹、闢園圃，築禽舍，建水檻，無一不是作長遠的打算。誰知時局動盪，自從嚴武還朝，蜀中兵亂不已，沒有一處安靜，加上沒有這樣一個可依靠的朋友，逼得子美非捨棄草堂出峽不可。

七、嚴武重鎮蜀　白頭趨幕府

現在嚴武還蜀就是他重回草堂的唯一理由。二、三年來一直想出峽的念頭，臨到啓行前夕，他一點不猶豫的立刻改變，朋友們自然也能諒解他重回成都的決定。事實上，嚴武要留子美的專函恐怕已在途中。

子美萬分興奮，留下來等待嚴武回蜀。他作詩

奉待嚴大夫

殊方又喜故人來，重鎮還須濟世才。

常怪偏裨終日待，不知旌節隔年回。

欲辭巴徼啼鶯合，遠下荊門去鷁催。

身老時危思會面，一生襟抱向誰開。

取消荊楚的行程後，子美現在對草堂變得歸心似箭了。

今年的桃花汎來得特別早，嘉陵江上浩蕩的水勢，舟楫艱行。但他決定早日離開閬州，於是他冒著風濤渡江，希望與嚴武相會。

渡江

春江不可渡，二月已風濤。舟楫欹斜疾，魚龍偃臥高。

渚花張素錦，汀草亂青袍。戲問乘槎客，悠悠見汝曹。

　　本來是離蜀的，現在卻是歡歡喜喜的回成都。人生的遇合、行止真有自己所無法安排的。一路上山景迷濛，每憶過去的行旅，形役神傷，猶有餘法，但這一次情懷不惡，以詩作紀

自閬州領妻子卻赴蜀山行三首

一

泪泪避群盜，悠悠經十年。不成向南國，復作遊西川。
物役水虛照，魂傷山寂然。我生無依著，盡室畏途邊。

二

長林偃風色，迴復意猶迷。衫裏翠微潤，馬銜青草嘶。
棧懸斜避石，橋斷卻尋溪。何日干戈盡，飄飄愧老妻。

三

行色遞隱見，人煙時有無。僕夫穿竹語，稚子入雲呼。
轉石驚魑魅，抨弓落狖鼯。真供一笑樂，似欲慰窮途。

　　自閬州赴成都途中，子美的情緒一直很亢奮，詩興如泉湧，不能自已。一連寫了五首先寄嚴鄭公的詩。第一首是：

得歸茅屋赴成都，直為文翁再剖符。
但使閭閻還揖讓，敢論松竹久荒蕪。
魚知丙穴由來美，酒憶郫筒不用酤。
五馬舊曾諳小徑，幾回書札待潛夫。

　　觀此詩，嚴武離京入蜀時已有書招子美。第二首言故園賞新，第三首荒庭飲醉，第四首以生理衰顏訴之，第五首以生事息機告之。仇注曰：「雖只一人一事，而以五章為之，意思頗有重出，但各章自有層次。」王嗣奭說：「五作意俱條暢，辭極穩，都是真情真語。」

　　子美又回到草堂了。

　　浣花溪畔，樹梢長出新綠，江邊鷗燕如同舊識，花竹之間，

春華正盛，子美心頭感到陣陣溫暖和歡喜，寫下了

春歸

苔徑臨江竹，茅簷覆地花。別來頻甲子，歸到忽春華。

依杖看孤石，傾壺就淺沙。遠鷗浮水靜，輕燕受風斜。

世路雖多梗，吾生亦有涯。此身醒復醉，乘興即爲家。

初建草時植的小松，當時不過三尺高，二三年來已長得比人一樣高了。五株桃樹也是枝葉豐茂。這次歸來花期已過，要待明年才能看到它的繁花了。還有那條小船，看來已經破了，那辛苦搭建的水檻，大部份是靠大兒子宗文的力量建成的，因爲主人不在，被風吹浪打，已顯得傾斜了。但是故物尚在，仍是可以整修的。

子美和宗文、宗武兄弟，檢視屋裡屋外，很有一番感慨。但是歸來了一切都歡喜，過去的兵亂雖難忘記而現在時局平靖了，要在草堂長住，以度晚年了。

子美寫「草堂」一詩，追述戰亂來時不得不走，現在又喜悅歸來的種種經過。

草堂

昔我去草堂，蠻夷塞成都。今我歸草堂，成都適無虞。

請陳初亂時，反覆乃須臾。大將赴朝廷，群小起異圖。

中宵斬白馬，盟歃氣已粗。西取邛南兵，北斷劍閣隅。

布衣數十人，亦擁專城居。其勢不兩大，始聞蕃漢殊。

西卒郤倒戈，賊臣互相誅。焉知肘腋禍，自及梟獍徒。

義士皆痛憤，紀綱亂相踰。一國實三公，萬人欲爲魚。

唱和作威福，孰肯辨無辜。眼前列杻械，背後吹笙竽。

談笑行殺戮，濺血滿長衢。到今用鉞地，風雨聞號呼。

鬼妾與鬼馬，色悲充爾娛。國家法令在，此又足驚吁。

賤子且奔走，三年望東吳。弧矢暗江海，難爲遊五湖。

不忍竟舍此，復來葺榛蕪。入門四松在，步屧萬竹疏。

舊犬喜我歸，低徊入衣裾。鄰人喜我歸，沽酒攜胡蘆。

大官喜我來，遣騎問所須。城郭喜我來，賓客臨村墟。

天下尚未寧，健兒勝腐儒。飄飄風塵際，何地置老夫？

於時見疣贅，骨髓幸未枯。飲啄愧殘生，食薇不敢餘。

這首「草堂」詩中幾個喜我來的句子，可知子美之樂。春光未老，他乘興登樓縱目眺望，國事如此，卻又不無傷感，他寫下了一首「登樓」志慨的詩。

登樓

花近高樓傷客心，萬方多難此登臨。

錦江春色來天地，玉壘浮雲變古今。

北極朝庭終不改，西山寇盜莫相侵。

可憐後主還祠廟，日暮聊爲梁父吟。

後世頗爲傳誦這首詩。王嗣奭曰：「傷國無諸葛也，而自傷不用亦在其中」。葉夢得的「石林詩話」曰：「七言難于氣象雄渾，句中有力而舒徐不失言外之意。自老杜「錦江春色來天地，玉壘浮雲變古今。」與「五更鼓角聲悲壯，三峽星河影動搖」之後，常恨無後繼者。」

初歸草堂，裡裡外外的整理工作是做不完的。幸而宗文、宗武現在是得力的幫手了。宗武頗有書卷氣，不時出口朗誦老父的詩篇，宗文比較能使氣力，楊夫人常說，他們兄弟的名字要對換一下才好。

眼見春殘，花事將了，初夏天氣已頗有暖意。浣花草堂突有賓客來訪，子美一見高興得不得了。他是王侍御契。當年子美在長安與他分別，去華州任司功，旋即入蜀。現在重逢已足足三年

了。

「一別三年，」子美說，「想不到在蜀中重逢。」

「我剛罷官還鄉，」王契說，「但願今後時局太平，得與子翁經常樽前討教。」

兩人談起往事滔滔不絕。子美敘述自秦州至同入蜀的經過，以後因徐知道之反，被逼在良梓間奔波，已經決定出峽，及因嚴武再度鎮蜀，才又改變行程回到草堂。

兩人談到時事同聲一嘆。

「閣下息影林泉，在私為一得，在公為一失。」子美舉杯勸飲。

「我甚惶惑，也時多疑慮，」王契飲了一杯「究竟我們能為朝廷做些什麼？我看那些所謂大臣，就是會混日子。子翁，你若還在中樞會忍不住又要說話，但其結果如何，是不難想見的。」

「李輔國走了，又有程元振、魚朝恩，」子美嘆息，「前車之覽猶在眼前，這樣光靠郭子儀、李光弼奠定了中興之業，又能維持多久？」

這兩個理念相同，性情相合的老友，彼此敬愛。批評朝政，真是感慨系之。他們又談起高適，這是兩人共同的朋友。

「我出京時，達夫還沒有到。」王契說。

去年吐蕃陷京師，高適時任成都尹練兵牽制，但松、維保三州卻為賊所陷，師出無功。因代還。朝廷任為刑部侍郎後轉散騎常侍。子美想起許多往事，自從開元間相遇於齊魯，交契之深，非比尋常。

「我返成都，達夫已經走了。」子美惆悵地說。「竟不能良晤痛飲，實一大憾事。」

以後子美作了一詩寄高適。

奉寄高常侍

汶上相逢年頗多，飛騰無那故人何。

總戎楚蜀應全未，方駕曹劉不啻過。

今日朝廷須汲黯，中原將師憶廉頗。

天涯春色催遲暮，別淚遙添錦水波。

這首詩是對老朋友說真心話。王嗣奭說：「高杜交契最久，故贈詩不作諛詞。總戎句，不諱其短。方駕句，獨稱其長。下文但云中原相憶，則西蜀之喪師失地，亦見於言外矣。」

此後子美曾過導江去訪王契，遊覽勝景，快飲暢談。他寫了一首四十韻八十句的五言排律贈王契。

四月天，薄有暖意，子美心情大佳。他在林間溪畔徜徉觀賞，寫了八首五言絕句、四首七言絕句。其中一首廣為後世傳誦的是

兩箇黃鸝鳴翠柳，一行白鷺上青天。

窗含西嶺千秋雪，門泊東吳萬里船。

簡單幾筆，點染出溪前清景。末句所謂東吳萬里船者，范成大「吳船錄」稱：

「蜀人入吳者，皆從合江亭登舟，其西則為萬里橋，此橋正為吳人設。」

嚴武已經到達成都了。子美當然希望早日與他見面，但顧及他下車伊始，官署中必有許多事須先辦好，而且舟車勞頓，也得讓他休息幾天，因而遲遲尚未入城。

就在這時候，嚴武卻派人先來了。子美趕快出來迎接。看見來人是嚴武的寵將柏茂琳。

「柏將軍，不敢當，不敢當。」子美趨前作揖。

「子翁，久違了。」柏茂琳恭敬地，「鄭公本要來致候，實在忙不過來，所以派我來問候，還是請早到署歡晤。」

　　子美說明了遲去的緣故，深表歉意。

　　「如果得暇，何妨現在就進城，」柏茂琳提出要求，「鄭公的確渴望會見子翁。」

　　子美沉思片刻，答應了。

　　到了官署，嚴武高興得不得了。兩位老朋友緊緊握著手，彼此心中交融著一股暖流。成都佳肴、川中美酒，這是子美回到草堂後第一次開懷暢飲。

　　「盼子翁早日到署就職。」柏茂琳舉杯敬酒，子美愕然。

　　「是這樣的，」嚴武趕快解釋，「是我要老朋友來幫我的忙。」

　　「你看我這老大衰弱的樣子還行嗎？」子美嘲笑自已「我這次因閣下再度鎮蜀，喜孜孜的改變行程，為的是捨不得草堂，而有一個可依靠的老友，我的一切也都有安全感了。您讓我安居吟詩，多送幾瓶美酒，我就心滿意足了。何況您有柏將軍在，事無不辦。」

　　「子美，」嚴武親蜜地叫他的名字，「你我交情，不容你閒散的，我這裡有的是美酒，公事完了，我們就飲酒賦詩，有你在，我的詩也許可以長進些。」

　　柏茂琳也參加勸酒勸駕，子美也就無可逃遁了。

　　這年六月，子美入幕。嚴武表為節度參謀檢校工部員外郎，賜緋魚袋。

　　子美第一次參加幕中的禮儀，是成都尹嚴武置酒公堂，觀騎士，試新旗幟。子美寫了一首「揚旗」的詩

揚旗

江風颯長夏，府中有餘清。我公會賓客，肅肅有異聲。
初筵閱軍裝，羅列照廣庭。庭空六馬入，駊騀揚旗旌。
迴迴偃飛蓋，熠熠迸流星。來衝風颭急，去擘山嶽傾。

材歸俯身盡，妙取略地平。虹蜺就掌握，舒卷隨人輕。

三州陷犬戎，但見西嶺青。公來練猛士，欲奪天邊城。

此堂不易升，庸蜀日已寧。吾徒且加餐，休適蠻與荊。

　　幕府生涯是很辛苦的，對子美這樣一個性情的人來說，一開始便覺得很難適應。但子美已經答應老友入幕，自不能不克制、不忍耐。

　　晨入夜歸，官署中自朝至暮都有工作。子美知道曹霸在韋諷（他將往閬州作錄事參軍）家中畫馬，因而忙裡偷閒前往觀賞。曹霸是名書法家曹髦的後代，擅長畫馬。在開元中已得盛名。天寶末每被詔寫御馬及功臣，官至左武衛將軍。

　　子美對馬與鷹特具愛好，他有許多篇詠馬與鷹的名作。無非對此神駿之物，借之以寄其情。子美對曹霸畫馬極為激賞，他寫一篇「丹青引」贈給他。

丹青引

將軍魏武之子孫，於今為庶為清門。

英雄割據雖已矣，文采風流今尚存。

學書初學衛夫人，但恨無過王右軍。

丹青不知老將至，富貴於我如浮雲。

開元之中常引見，承恩數上南薰殿。

凌煙功臣少顏色，將軍下筆開生面。

良相頭上進賢冠，猛將腰間大羽劍。

褒公鄂公毛髮動，英姿颯爽猶酣戰。

先帝御馬玉花驄，畫工如山貌不同。

是日牽來赤墀下，迥立閶闔生長風。

詔謂將軍拂絹素，意匠慘澹經營中。

須臾九重真龍出，一洗萬古凡馬空。

玉花卻在御榻上，榻上庭前屹相向。

至尊含笑催賜金，圉人太僕皆惆悵。

弟子韓幹早入室，亦能畫馬窮殊相。

幹惟畫肉不畫骨，忍使驊騮氣凋喪。

將軍畫善蓋有神，偶逢佳士亦寫眞。

即今漂泊干戈際，屢貌尋常行路人。

途窮反遭俗眼白，世上未有如公貧。

但看古來盛名下，終日坎壈纏其身。

　　曹霸畫馬本只一事，子美既寫了「丹青引」，復作觀畫馬圖歌，都是筆力千鈞的五古。除了讚美曹霸的畫技外，夾敘夾議，借此喻國喻人。自來評注家極稱美他的起句「將軍魏武之子孫」起得蒼莽大家，而「須臾九重眞龍出，一洗萬古凡馬空。」爲天下獨步。

　　子美現在是節度使參謀，職位是很高的。在幕府中他提出一篇「東西兩川說」，指陳川邊的情勢與因應之道。由於這篇論說，使用的是一千二百多年前唐代的語法，所以今日我們讀來并不順暢。茲錄於下：

　　　聞西山漢兵，食糧者四千人，皆關輔山東勁卒，多經河隴幽朔教習，慣於戰守，人人可用。堪戰子弟向二萬人，實足以備邊守險。脫南蠻侵掠，邛雅子弟不能獨制，但分漢勁卒助之，不足撲滅，是吐蕃憑陵，本自足支也。

　　　推量西山邛雅兵馬，辛畔援形勝明矣。項三城失守，罪在職司，非兵之過也，糧不足故也。今此輩見關兵馬使，八州素歸心於其世襲刺史，獨漢卒自屬禆將主之。竊恐備吐蕃在羌，漢兵小眂而爨郫隨之矣。況軍需不足，姦吏減剝未已哉。愚以爲宜速擇偏禆主之，主之勢，明其號令，一

其刑賞，申其哀恤，致其歡欣，宜先自羌子弟始，自漢兒易解人意，而優勸旬月，沃洽號矣。

仍使羌兵各繫其部落，刺史得自教閱，都受於兵馬使，更得使八州都管，或在一羌王，或都關一世襲刺史，是羌之豪族，發有遠近，世封有豪家，紛然聚藩落之議於中，肆予奪之權於外巳。然則備守之根危矣，又何以藉其為本，式過雪嶺之西哉！比羌俗封王者，初以拔城之功得，今城失，襲王如故，總統未巳，奈諸董攘臂何，王尹之獄是巳。由策嗣羌王，關王氏舊親，西董族最高，怨望之勢然矣。誠於此時便宜聞上，使各自統領，不須王區分易置，然後都靜聽取別於兵馬使，不益元戎氣壯，部落無語哉！縱一部落怨，獲群部落喜矣。無夾如此處分，豈惟邛南不足憂，八州之人，願賈勇復取三城不日矣。幸急擇公所素諳明于將者正色遣之。

獠賊內編屬自久，數擾背亦自久，徒惱人耳，憂患蓋不至大。昨聞受鐵卷，爵祿隨之，今聞已小動，為之奈何？若不先招諭也，穀貴人愁，春事又起，緣邊耕種即發精卒討甚易，恐賊星散於窮谷深林，節兵馬，但驚動緣邊之人，供給之外，未免見劫掠而還賃其地，豪俗兼其地而轉富。蜀之土肥，無耕之地流冗之輩，近者交互其鄉村而已，遠者漂寓諸州縣而已，實不離蜀也。大抵祇與兼并豪家力田耳，但均歛薄歛則田不荒，以此上供王命，下安疲人，可矣。

豪族轉安，是否非蜀仍禁豪族受賃罷人田，管內最大，誅求宜約，富家辦而貧家創痍已矣。今富兒非不緣子弟職掌，盡在節度衙府州縣官長手下哉。村正雖見面，不敢示文書

取索，非不知其家處，獨知貧兒家處。兩川縣令刺史有權
攝者，須盡罷免，苟得賢良，不在正受權，在進退閒上而
已。

這篇文章雖有內容，但文詞拙澀迨不可讀。不過正顯示子美
對川邊情況了解甚深，提出漢人與少數民族的相處之道。也是子
美在嚴幕中公文方回的惟一資料。

畢竟幕府生涯對一個詩人，特別是子美是不適合的。在公開
場合，長官與部屬之間要維持一定的儀節，即同僚之間，也有明
顯的界限。這一點使子美很不習慣。他與嚴武之間過去是忘年交、
是好友。現在加上長官與部屬的關的係，十分尷尬。在衆人之前，
他和別人一樣倒也無所謂，可是在私人相聚時，他總覺得有點不
自然了。

嚴武覺察到了這一點，他對子美說：「在私下，我們是好朋
友，和從前一樣。」

子美衹有苦笑點頭。

對吐蕃的軍事部署在積極進行中。嚴武在這方面極其週詳的
策劃，而且極有信心。

「子美，」嚴武平靜地說，「進攻吐蕃的軍事如箭在弦，我
有信心一舉奏功。」說著把昨晚做的一首詩給子美過目。

軍城早秋

昨夜西風入漢關，朔雲邊雪滿西山。

更催飛將追驕虜，莫遣沙場匹馬還。

「此詩氣勢磅薄，」子美讚許，「軍事亦必如此。」然後便
奉和一首。

奉和嚴鄭公軍城早秋

秋風嫋嫋動高旌，玉帳分弓射虜營。

早收滴博雲間戍，欲奪蓬婆雪外城。

這年九月嚴武下令，使漢州刺史崔旰將兵擊吐蕃於西山，各路兵馬齊發，破吐蕃七萬餘衆，拔當狗城，收鹽川城，擴地數百里。

捷報傳來士氣民心無不振奮。府署中當然是一片歡喜慶賀的氣氛。嚴武意氣風發，大肆犒勞，子美對他恣用公帑，賞賜無度，心下頗不以爲然。但此時他正陶醉在勝利的狂熱中，怎能進言呢！

恰好此時子美得到一個機會，一位張姓的太子舍人從西北來成都，送一件織成褥段給他，這是用野蠶絲織成的褥毯甚是名貴。子美不肯接受這珍貴的禮物。因此若有其事的作詩辭謝，引經據典，大發議論。詩是：

太子張舍人遺織成褥段

客從西北來，遺我翠織成。開緘風濤湧，中有掉尾鯨。
透迤羅水族，瑣細不足名。客云充君褥，承君終宴榮。
空堂魑魅走，高枕形神清。領客珍重意，顧我非公卿。
留之懼不祥，施之混柴荆。服飾定尊卑，大哉萬古程。
今我一賤老，短褐更無營。煌煌珠宮物，寢處禍所嬰。
嘆息當路子，干戈尚縱橫。掌握有權柄，衣馬自肥輕。
李鼎死歧陽，實以驕貴盈。來瑱賜自盡，氣象直阻兵。
皆聞黃金多，坐見悔吝生。奈何田舍翁，受此厚貶情。
錦鯨卷還客，始覺心和平。振我粗食塵，愧客茹藜羹。

錢謙益曰：「史稱武累年在蜀，肆志逞欲，恣行猛政，窮極奢靡，賞賜無度，公在武幕下，作此諷諭，至舉李鼎、來瑱以戒之，朋友責善之道也。不然，辭一織成之遺，而侈談殺身自盡之禍，不病而呻，豈詩人之意乎？」

錢注的話也許是對的，更重要的是子美於取之道把握分際，

特別現在他是節度參謀，不能不避嫌遜謝，以免引起飛短流長。
這一點，他對好意的客人深感抱歉。

「我想，你一定能諒解我的苦衷，」子美不安地說，「如我
現在是草堂主人，行吟溪畔，你的隆情厚禮，我會接受的。可是
此刻……」

「子翁，我懂了，」張舍人被子美的誠懇坦率所感動，「你
真是一位忠厚長者。」

子美辭謝了張舍人的贈物，心頭為之一寬。但忽然間他思潮
起伏，想起了許多往事。十年離亂，人事蕭條，經歷了多少艱阻，
幸而此身尚存，而且還有一間草堂可避風雨，也就差堪告慰自己
的了。至於開元盛世，那時他裘馬清狂，遊吳越、遊齊趙，彷彿
還是眼前的事，但天寶之亂，卻把這些太平盛世的景象，變成了
歷史的陳跡。

他感喟、他無奈，只有用詩來傾瀉他胸中的積悶，他寫成「
憶昔」兩章，第一首傷肅宗失德，自靈武即位，收復西京，率回
紇兵以討安慶緒，正是振作有為的開始，無那專用李國輔，寵張
良娣，弄得國事又復亂象四起，遺禍代宗。而這些都是代宗親歷
目睹的事，繼位以後不為鑒戒，又踏覆轍，信任程元振、魚朝恩，
以致吐蕃入寇，再陷京師，造成悲慘歷史的重演。

憶昔〈其二〉

憶昔開元全盛日，小邑猶藏萬家室。

稻米流脂粟米白，公私倉廩俱豐實。

九州道路無豺虎，遠行不勞吉日出。

齊紈魯縞車班班，男耕女桑不相失。

宮中聖人奏雲門，天下朋友皆膠漆。

百餘年間未災變，叔孫禮樂蕭何律。

> 豈聞一絹值萬錢，有田種穀今流血。
> 洛陽宮殿燒焚盡，宗廟新除狐兔穴。
> 傷心不忍問耆舊，復恐初從亂離說。
> 小臣魯鈍無所能，朝廷記識蒙祿秩。
> 周宣中興望我皇，淚灑江漢身衰疾。

仇兆鰲在這詩後注曰：「古今極盛之世，不能數矣，自漢文景、唐貞觀後，惟開元盛世，稱民熙物阜。考柳芳「唐律」，開元廿八年，天下雄富，京師米價斛不盈二百，絹亦如之。東由卡宋，西歷歧鳳，夾路列店，陳酒撰待客，行人萬里，不持寸刃。嗚呼，可謂盛矣！明皇當豐享豫大時，忽盈虛消息之理，致開元變爲天寶，流禍兩朝，而亂猶未已。此章於理亂興亡之故，反覆痛陳，蓋亟望代宗撥亂反治，復見開元之盛焉。」

身在幕府，心在草堂。值此晚秋時節，雖云只隔數里之遙，也還是易撩動鄉思。子美散衙回到宿舍，數杯之後，他的情緒雜亂。秋月滿窗，時已夜深，子美仍然無法入睡。因此他寫下了二首詩

倦夜

竹涼侵臥內，野月滿庭隅。重露成涓滴，稀星乍有無。
暗飛螢自度，水宿鳥相呼。萬事干戈裡，空悲清夜徂。

宿府

清秋幕府井梧寒，獨宿江城蠟炬殘。
永夜角聲悲自語，中天月色好誰看。
風塵荏苒音書絕，關塞蕭條行路難。
已忍伶俜十年事，強移棲息一枝安。

子美竟夕不寐，憂國念鄉之情不能自已。干戈未息，幾年流落，老來又借棲幕府其傷感實在是很深沉的。惟一可安慰的是，

有嚴武這樣一個朋友，否則作客異鄉，全家衣食都會發生問題的。

　　就在這情緒低潮期間，子美的二弟穎不遠千里，長途跋涉自中原入蜀來成都探望兄嫂。他們兄弟手足情深，在亂離歲月，子美自華州棄官赴秦州、去同谷，一路上特別懷念散居各地的弟妹，在他的秦州詩作中「月夜憶舍弟」及同谷七歌中的其三、其四表現得十分悽愴。現在穎弟來了，不僅高興而且感動。於是請了幾天假，一同回到浣花溪畔的草堂。

　　兄弟兩人二十幾年不曾見面，這次相聚歡晤，自然歡喜。但杜穎看大嫂辛苦，大哥身體衰弱，心想勸他放棄辛苦的幕府工作，無那嚴武是他的好友，而且需要子美的幫忙，因此真不知何以為辭。

　　「我身體不好，」子美對弟弟說，「幕府工作恐不能做得太久。」

　　杜穎把握這一機會，加以勸說：「大哥原不是做幕工作的人，只是嚴公需要你。可是，你的身體也不能累得更壞，」杜穎看著子美的神情，然後又說：「現在府中僚屬工作上了軌道，委婉向嚴公表示辭意，他該諒解的。」

　　「這需要一點時間。」子美深以為然。

　　子美夫婦和老弟絮絮地談著家事。談到在山東、河北的杜觀、杜豐和在鍾離的妹妹。也談到在江南的賀家姑姑。希望杜穎這次回齊州，得便要打聽賀家姑姑的消息。

　　歡會苦短，杜穎遠來小住數日便要回齊州任所。子美很感傷，自嘆寥落，。兄弟這一別不知何日再能相見，甚或永無再見之期。

　　「大哥不必感傷，」杜穎安慰子美，「時局一太平，我們兄弟每年輪流來探望你，也許你回到洛陽來，那就更方便了。」

　　子美酒後臉上的一點紅暈綻開了歡愉的微笑。子美作了：

送舍弟穎赴齊州三首

岷嶺南蠻北，徐關東海西。此行何日到，送汝萬行啼。

絕域惟高枕，清風獨杖藜。時危暫相見，衰白意都迷。

其 二

風塵暗不開，汝去幾時來。兄弟分離苦，形容老病催。

江通一柱觀，日落望鄉台。客意長東北，齊州安在哉？

其 三

諸姑今海畔，兩弟亦山東。去傍干戈覓，來看道路通。

短衣防戰地，匹馬逐秋風。莫作俱流落，長瞻碣石鴻。

都是戰亂，使他們兄弟飽受長久分離之苦。這次一見雖然略解二、三十年的相思，然而一聚即散，何其匆匆，終是歡少憂多。

「大哥大嫂要保重，」杜穎臨別前夕語重心長，「大哥的重憂，實是憂國，但是既不在其位又有什麼辦法？安危大臣在，大哥把感情宣洩在詩裡，不能過於自傷。」

這些話挑起了子美的感慨。年來的奔波，心力體力都耗損不少，以致原有的一些疾病，更變得凸出、厲害。這是衰年的驚號，使他更形頹喪。

杜穎的勸慰，子美心頭感到一陣溫暖。

「我的一點毛病，就是很放不開，」子美笑了笑，「我說過：世人共鹵莽，吾道屬艱難。朝中讀書明理的人甚多，難道這『吾道』竟是我杜子美一人的慨嘆嗎？我只是布衣，他們才是身受國恩。」

顯然，子美又在發牢騷了。

「算了，算了，」子美自己節制著，「二弟，我聽你的，自今而後我將務農學圃，聊以長吟遣日。」

杜穎也笑了。很高興大哥能接納他的忠告。

送別杜穎後，子美又回到幕府。公餘常與嚴武分韻賦詩。官舍中的新松綠竹，都是很好的詩材。他曾寫有「嚴鄭公階下新松」、「嚴鄭公宅同詠竹」兩詩。茲錄其後者

嚴鄭公宅同詠竹〈得香字〉

綠竹半含籜，新梢纔出牆。色侵書帙晚，陰過酒樽涼。

雨洗涓涓淨，風吹細細香。但令無剪伐，會見拂雲長。

嚴武又邀同子美等僚屬去州城東南十二里的摩訶池泛舟。晚秋天氣，酌酒賦詩，他寫了一首：

晚秋陪嚴鄭公摩訶池泛舟

湍駛風醒酒，船回霧起隄。高城秋日落，雜樹晚相迷。

坐觸鴛鴦起，巢傾翡翠低。莫須驚白鷺，為伴宿青溪。

嚴武請畫家在他的廳堂內畫了一幅大的岷山沱江圖，請子美等人觀賞。自不能無詩，遂寫了一首：

奉觀嚴鄭公廳事岷山沱江畫圖十韻

沱水臨中座，岷山列北堂。白波吹粉壁，青嶂插雕梁。

直訝松杉冷，兼疑菱荇香。雪雲虛點綴，沙草得微茫。

嶺雁隨毫末，川蜺飲練光。霏紅洲蕊亂，拂黛石蘿長。

谷暗非關雨，楓丹不為霜。秋城玄圃外，景物洞庭旁。

繪事功殊絕，幽襟興激昂。從來謝太傅，丘壑道難忘。

後人對這首詩十分稱讚。楊萬里曰：「杜律排律多矣，獨此瓊枝寸寸是玉，梅檀片片皆香。」王嗣奭曰：「此詩是唐人詠畫格調，而遣詞工致，娓娓不窮，他人無復措手處。末拈限韻，亦自穩稱。」

雖說成都氣候良好，然則深秋時節，林木亦自有蕭森之意。敏感的詩人觸景傷懷。正於此時得知老友蘇源明、鄭虔先後作古，這一噩耗，對子美的打擊至大。一幕幕的往事湧上心頭。當年遊

齊趙時，結識蘇源明（原名豫後避諱改外源明）一見如故，樽酒論文且共同狩獵，以後又在長安相遇。鄭虔是旅食京華時的好友。子美在長安多與名公巨卿及知名人士來往，但祇有和鄭虔相聚時才能無拘無束，歡然飲酒賦詩，不知窮愁之爲何物。「得錢即相覓，沽酒不復疑。」只此二句，即可概見他們兩詩人交遊的一般了。

　　如今，兩位好友辭世，子美心情大惡，眞欲痛哭，又想寫詩以抒悲懷，但腦際茫茫然，思想竟無法集中。

　　他感到孤寂冷清，需要有一個人依傍。子美信步而行，不覺走上了到嚴武官舍的道路。

　　「是了，要找季鷹。」子美對自已說。

　　嚴武看到子美形神黯澹，以爲他生病了。上前扶住他端詳著：「子美，怎麼了？那裡不舒服？」

　　子美搖搖頭，悽然地告訴嚴武：「蘇源明、鄭虔老過世了。」

　　嚴武一怔。這兩人也是他相識的。但他很快鎮定過來，引著子美到書房去。

　　「你莫太感傷，」嚴武說，「人生無常，我們也莫可奈何。」

　　「故舊凋零，我怎麼不悲傷。」子美有些咽哽，但卻漸漸從頹喪中恢復過來，「季鷹，我剛才覺得好孤單，需要有個人依傍，所以就走到你這裡來了。

　　「這就對了，至少會覺得有個老朋友在你身邊。」嚴武說，「我們來飲幾杯，沖淡一點愁懷。」

　　酒邊追懷往事，子美宣洩了心中的傷感，便覺得好多了。這個晚上，他無法安眠，寫下了兩首輓詞

懷舊

地下蘇司業，情親獨有君。那因喪亂後，便有死生分。

老罷知明鏡，歸來望白雲。自從失辭伯，不復更論文。

哭台州鄭司戶蘇少監

故舊誰憐我，平生鄭與蘇。存亡不重見，喪亂獨前途。

豪俊何人在，文章掃地無。覊遊萬里闊，凶問一年俱。

白首中原上，清秋大海隅。夜台當北斗，泉路著東吳。

得罪台州去，時危棄碩儒。移官蓬閣後，穀貴役潛夫。

流慟嗟何及，銜冤有是夫。道消詩興發，心息酒為徒。

許與才雖薄，追隨跡未拘。班揚名甚盛，嵇阮逸相須。

會取君臣合，寧詮品命殊。賢良不必展，廊廟偶然趨。

勝快風塵際，功安造化爐。從容詢舊學，慘澹閟陰符。

擺落嫌疑久，衰傷志力輸。俗依綿谷異，客對雪山孤。

童稚思諸子，交朋列友于。情乖清酒送，望絕撫墳呼。

瘧病餐巴水，瘡痍老蜀都。飄零迷哭處，天地日榛蕪。

盧世㴶曰：「此詩泣下最多，緣兩公與子美莫逆故也。豪俊人何在，文章掃地無。覊遊萬里闊，凶問一年俱。二十字抵一篇大祭文。結句飄零迷哭處，天地日榛蕪。蒼蒼茫茫，有何地置老夫之意。想詩成時，熱淚一湧而出，不復論行點矣。是以謂之哭也。」

　　子美幾個月在幕府中，雖然他誠厚待人，但并不能贏來同等的待遇。一部份資深的官員和年輕的僚佐，對這位年長的參謀，都意存排拒，而產生敬而遠之的心態此無他，在現實的官場中，他們慣於因循苟且，惟恐子美妨礙他的利益和前途。

　　子美的從弟杜位，歷經滄桑之後亦依嚴武入蜀任官。子美已經從他那裡，了解了一般幕府的情況。

　　有一天，子美看到了一件有關徵用木材的公文，仔細一看，心中大不以為然。為了構築官衙前廣場邊的幾間便房，就要大事

徵木，這分明是苛擾民間的行為。

他於是找到主辦的人，要問一個清楚。

「徵木構築便舍，」子美和平地詢問，「大約要用多少木材呢？」

「數量多少要問木工，」他回答，「不過多徵一些也無妨，多了可存放那裡以備不時之需。」

「我們沒有一個定數，辦起事來恐多不便。」子美委婉地說。

「向來是如此，這是循例辦理。」這位官員理直氣壯地回答。

子美沉吟片刻，然後對他說：「我的意思只是要把事情辦好，請你不要誤會。」

「長官，您言重了。」他立刻修正了自已的態度。

「我有一點顧慮，」子美提出自已的意見，「徵木容易擾民。我們是徵少數木材而下屬辦起來很容易小題大做。我們所得無幾，而所失甚大。等到府尹知道了，事情就不好挽回了。」

「長官說得是。」

「我的意思是，幾間便房的修築，署中自有定費，」子美徵詢他，「如果動用那筆錢，就可免擾民徵木了。」

「讓在下去查一查。」

「費心，費心。」

子美心想，徵木不過是藉機獲得一些利益，而苛擾則為必然的事實。其影響之大 可以想見。

子美雖然「勸退」了他，但他們的利益受到損害。子美得罪了這批人，也就無形中有了一批敵對的人。

秋風蕭瑟，黃葉飄零。子美在幕府中，更明顯地感到一部份人對他的敵意。雖則一無所懼、所悔，但卻是十分灰心。因此退出幕府的決心此時更是加強了。

悶悶不樂，他打起精神寫了

遣悶奉呈嚴公二十韻

白水魚竿客，清秋鶴髮翁。胡爲來幕下，祗合在舟中。
黃卷眞如律，青袍也自公。老妻憂坐痺，幼女問頭風。
平地專欹倒，分曹失異同。禮甘衰力就，義忝上官通。
疇昔論詩早，光輝仗鉞雄。寬容存性拙，剪拂念途窮。
露裛思藤架，煙霏想桂叢。信然龜觸網，直作鳥窺籠。
西嶺紆村北，南江繞舍東。竹皮舊寒翠，椒實雨新紅。
浪簸船應坼，杯乾甕即空。藩籬生野徑，斤斧任樵童。
束縛酬知已，蹉跎效小忠。周防期稍稍，太簡遂匆匆。
曉入朱扉啓，昏歸畫角終。不成尋別業，未敢息微躬。
烏鵲愁銀漢，駑駘怕錦幪。會希全物色，時放倚梧桐。

這首詩從頭到尾是至情至性，實話實說。從「束縛酬知已」到「未敢息微躬」雖幕府辛勞，而感恩未敢稍息，說得悲酸。當嚴武讀到這首詩時，也不禁爲老友嘆息。

「讀到你的詩，我十分感動，」嚴武對子美說，「強把詩人作幕吏，我心何忍。」

「季鷹，我直詞抒感，」子美有點不好意思，「諒不罪我。我的毛病是，詩寫完了，心情也就平復了。」

「其實，我也喜歡你的草堂。一江清流，花樹禽鳥，」嚴武笑著說，「這才是詩人卜居的地方。」

「沒有你，我可住不下去。」

「這樣罷，子美，」嚴武提出建議，「總在年盡爲止，你再『束縛』兩個月，算是過一段落，然後再回浣花溪。」

子美聽見老友願意放歸，心中雖十分高興，卻又覺得愧對人故人，是以無言以對。

「兩個月很快就過去的。」嚴武看子美不作聲，以為嫌時間太長。

「不是的，」子美趕快表白，「你這樣寬待，我還有何話可說，「我倒反覺得有負知己了。」

「別這樣說。子美，我們去飲酒罷。」嚴武說，「今天有青城送來的好酒，想茂琳和杜位已經把酒菜料理好了。」

這頓酒飯，嚴武沒有提起子美將回浣花溪的事。子美心中結解，遇到柏茂琳豪邁，也就放懷一飲，及至散席，已是頗有酒意了。杜位陪著子美送回住處。但他仍能控制，沒有透露剛才和嚴武的一席談話。

八、浣花村的最後歲月

永泰元年（西元七六五年）立春日，子美正式退出幕府回草堂。有如鳥歸故林，十分高興寫下了

正月三日歸溪上有作簡院內諸公

野外堂依竹，籬邊水向城。蟻浮仍臘味，鷗泛已春聲。

藥許鄰人劚，書從稚子擎。白頭趨幕府，深覺負平生。

六個月的幕府生涯，一旦解除束縛回到草堂，身心自在沒有任何的壓力，於是高高興興與孩子們又忙了起來，整理內內外外。首先是除草，有一種葉緣有刺的蕁麻又叫山韭，若被觸到有如蜂螫。他們很小心的割除，以免路邊傷人。其次是堂前的一大片竹林，自上元元年開始建草堂時所種植，六年來已長得陰森高大，以致遮斷了日光，因此也得砍伐不必要的部份，以便整修那年被風吹破的屋子。子美作「營屋」一詩：

營屋

我有陰江竹，能令朱夏寒。陰通積水內，高入浮雲端。

> 甚疑鬼物憑，不顧剪伐殘。東偏若面勢，戶牖永可安。
> 愛惜已六載，茲晨去千竿。度堂匪華麗，養拙異考槃。
> 草芽雖薙茸，衰疾方少寬。洗然順所適，此足代加餐。
> 寂無斧斤響，庶遂憩息歡。

父子三人忙刈惡草，忙修水檻，忙理藥圃，宗文還獨自整修禽舍。他們都忙得興趣盎然。子美精神奕奕，大不如上次同杜穎回來時那樣形神疲累。

「爸爸精神好得出奇。」宗武對楊夫人說。

「他像鬆了綁的雞，」楊夫人笑著說，「再在幕府，他會氣死、悶死的。」

真的，回到草堂是這樣的開心，子美立刻寫了一首詩寄給嚴武，報告春日浣花溪的景色，和期待他得暇重來草堂。

敝廬遣興奉寄嚴公

> 野水平橋路，春沙映竹村。風輕粉蝶喜，花暖蜜蜂喧。
> 把酒宜深酌，題詩仔細論。府中瞻暇日，江上憶詞源。
> 跡忝朝廷舊，情依節制尊。還思長者轍，恐避席為門。

浣花溪的春天如此美好，子美精神抖擻，滿懷歡欣。從「束縛酬知己」中解脫出來，散步江頭乃可長吟，魚蔬味美，享家庭之歡。他作：

長吟

> 江渚翻鷗戲，官橋帶柳陰。花飛競渡日，草見踏青心。
> 已撥形骸累，真為爛熳深。賦詩新句穩，不覺自長吟。

春遠

> 肅肅花絮晚，菲菲紅素輕。日長惟鳥雀，春遠獨柴荊。
> 數有關中亂，何曾劍外清。故鄉歸不得，地入亞夫營。

鄰居知道子美回來了也都很高興。那位年長的田父是子美的

酒友，特別送來了二瓶酒。

「杜老，你回來眞好，」田父說「我可多一位酒友了，」他看正在修屋，便說：「你要修屋，阿丸有空時會來幫忙……他們小兄弟可眞能幹。」

「近來風濕痛，」子美感謝田父，「我該少喝酒了。」

「年紀大了，難免一些病痛，」田父說，「我泡有藥酒，送一瓶給你喝就好了。」

子美謝謝他的好意，問到春耕的事。

「現正開始呢，」田父說，「轉眼元宵節又到了，我來請杜老喝一杯，」出了門又轉身笑著說：「我們那年春間可喝得痛快。」

田父老不忘事，子美倒有點不好意思。那次他是喝醉了由阿丸扶著回家的。

江村春日，溪流水深。子美整理園圃、藥欄之餘，寫了一組題詠的詩。

春日江村五首

務農村村急，春流岸岸深。乾坤萬里眼，時序百年心。
茅屋還堪賦，桃源自可尋。艱難昧生理，飄泊到如今。

二

迢遞來三蜀，蹉跎又六年。客身逢故舊，發興自林泉。
過懶從衣結，頻遊任履零。藩籬頗無限，恣意向江天。

三

種竹交加翠，栽桃爛漫紅。經心石鏡月，到面雪山風。
赤管隨王命，銀章付老翁。豈知牙齒落，名玷薦賢中。

四

扶病垂朱紱，歸休步紫苔。郊扉存晚計，幕府愧群材。
燕外晴絲卷，鷗邊水葉開。鄰家送魚鱉，問我數能來。

五

　　群盜哀王粲，中年召賈生。登樓初有作，前席竟爲榮。

　　宅入先賢傳，才高處士名。異時懷二子，春日復含情。

　　子美自乾元元年冬入蜀，至此已經六年。但住在浣花溪的時間并不太長。這一次歸來，心理上是準備作長住之計，至少在嚴武鎮蜀期間，是不可能離去的。他答允杜穎，從此務農學圃，長吟遣日，現在看到江村風光，農家開始忙於春耕，不免興起了躬耕自給之意。這一組五首詩，樂其江村春色，所憂者在時事。子美於窮愁之中，永遠拋不開感時憂國，亦可說是性格的悲劇了。

　　元宵節前一天，杜位來浣花溪探望子美，帶來嚴武問候的口信，說一得暇便來草堂相晤。兄弟兩人憶談往事，頗有一些感慨，杜位自流放召回之後，變得十分潛沉了。

　　「我隨嚴公入蜀，」杜穎告訴子美，「主要是避免滯留長安，那裡傷心的往事太多了。」

　　是的，子美也憶起旅食京華的那段日子，和在杜位家守歲的情景。那些趨奉的人，如今又到那裡去了。

　　「我擔心季鷹賞賜無度，花費太多的公帑。」子美說。

　　「如今吐蕃的威脅尚未解除，」杜位爲嚴武解釋，「嚴公有時大方的賞賜許是必要的。他沒有自己斂財，就是很難得了。」

　　元宵節，田父自然來請子美去飲酒。看見杜位便要請他一道去，杜位辭以不能飲而懇謝。

　　「你可以吃點菜先回來，」田父堅持著。杜位不忍拂其好意，也就欣然同行。

　　田舍風光，大塊魚肉，談吐眞率，是杜位很少見過的。田父殷勤勸菜、勸酒，飲啖之間，談的多是鄉野趣事，杜位倒覺得十分有趣，一時竟忘了早回草堂的事，同時更鼓起勇氣，和田父對

飲起來。

阿丸又提了酒送來，他問子美：「你的竹根杯子還在嗎？」

「在，在。」子美迅速回答，「我常帶在身邊，一有機會就拿出來給客人觀賞。」阿丸很高興，敬了子美和杜位各人一杯酒。

簷間春燈閃耀，門外樹梢已見一輪春月了。

子美和杜位已頗有酒意了。辭謝了田父兩人踏月而歸。

杜位也喜觀浣花溪的景物。但他知道自己沒有這份福分，只合宦海浮沉。

子美和杜位談到幕府的情形，受他們的排斥，受了一些閒氣。

「他們都是老於作幕，洞達宦情的，」杜位說，「大哥原不是他們中人……雞鶴不同群。」

「我不必與他們同聲一氣，」子美慨嘆，「但在處理公事上，總不能毫無原則。」

「這就要看主官了。」

「難道季鷹處處被蒙蔽不成？」子美有點不解。

「不是這樣說，」杜位解釋，「嚴公長於武略，這些公文雜事，他就大而化之了。就拿上次徵木一事來說，在官署看來不過小事，所徵也有限，祇要他們做得不過份，嚴公是不會過問的。」

「這就是積重難返，再因循下去，將遺禍久遠。」子美嘆息，「我總脫離那個圈子了，不過我并不痛恨他們。」

「你是詩人，」杜位說，「有些事，大哥是弄不清楚的。」

跟杜位一席談話，對幕中同列年輕的一輩的無知只付之一笑。覺得他們也很可憐。有所感喟因而作一詩以托意。

莫相疑行

男兒生無所成頭皓白，牙齒脫落真可惜。

憶獻三賦蓬萊宮，自怪一日聲烜赫。

集賢學士如堵牆，觀我落筆中書堂。

往時文采動人主，此日飢寒趨路旁。

晚將末契託年少，當面輸心背面笑。

寄謝悠悠世上兒，不爭好惡莫相疑。

前段追憶往事，後段慨嘆世情。有人以為子美總是憂君憂國，時言愁飢愁寒，有此二病，未免太迂。但仇兆鰲為之辯曰：「公之憂君國，根於至性，愁飢寒，出於真情。若欲避此而泛言景物，反非本來面目。」

草堂經過一番整修後雖不能煥然一新，但卻覺得又復充滿生氣了。此時春光正濃，江邊垂柳，鶯燕穿梭，晴時日麗風和，雨時煙霧霏微。子美心情大好，精神爽快。緩步而行，先去拜訪退隱的王明府不遇，然後又訪頗有仙氣的北鄰朱山人話舊。

「子翁，久違了。」朱山人帶點詭秘的而善意的微笑，「我料算子翁快回來了。」

「料事如神，佩服，佩服。」子美拱手致意。

「你只合作府尹的上賓，」朱山人忙著料理茶具，「何能作幕客？此地雖無崇山峻嶺，卻有茂林修竹，又有清流激湍，子翁豈肯忘懷」

「我不如有道者遠矣。」子美慨然，「今日再見錦里先生，俗慮頓消。」

山泉烹茶，兩人在水亭臨軒而坐。這二、三年來，浣花溪風光未變，朱山人享受自然之樂，不免令人既羨且妒。談到故人斛斯融的故去，自不無慨嘆。

「子翁曾贈詩婉勸他，不可盡把賣碑文的錢全部買醉，置家不雇。」朱山人說，「但他經常離家不歸，我幾次造訪無一相值。」

「老儒艱難，鬱鬱而終。」子美為之嘆息，「歿後才獲追授

一官，亦云悲矣。」

子美因作

過故斛斯校書二首（原注：老儒艱難，病於庸蜀，嘆其歿
後方授一官）

一

此老已云歿，鄰人嗟未休。竟無宣室召，徒有茂林求。

妻子寄他食，園林非昔遊。空餘總帷在，淅淅野風秋。

二

燕入非傍舍，鷗歸祗故池。斷橋無復板，臥柳自生枝。

遂有山陽作，多慚鮑叔知。素交零落盡，白首淚雙垂。

暮春時節，園圃裡已有多種蔬菜可供採摘以供盤餐。宗文也把禽舍整修得乾乾淨淨，時見一群鵝鴨蹣跚而行，有時驅到江邊嬉水，子美看在眼裡樂不可支。如果宗武釣到一尾江魚，這晚餐桌上便更加歡愉。子美持杯歡酌，有時也勸楊夫人喝一小杯，說是可以活血。

酒助詩興，子美片刻沉吟，寫下了絕句三首：

一

聞道巴山裡，春船正好行。都將百年興，一望九江城。

二

水檻溫江口，茅堂石筍西。移船先主廟，洗藥浣花溪。

三

謾道春來好，狂風太放顛。吹花隨水去，翻卻釣魚船。

不意在這春光未老，江邊景色宜人之際，卻傳來老友高適元月在長安故世的凶訊。他是於廣德二年召還為刑部侍郎，不過一年多時間，死後追贈禮部尚書。

故人凋零，對子美的打擊至大。他與高適自東都初識到蜀中

重逢，二十年來一幕幕往事都在眼前出現，追憶當年梁宋與汶上之遊，與李白在一起，豪情勝慨和今日衰頹，眞不可與同日語矣。

高適是詩人，卻喜歡談兵，但不適合爲官。唐史說他負氣敢言，權貴側目。當至德時陳江東利害，繼又抗疏陳西山三城戍。廣德二年歸朝後，子美曾寫詩寄贈，不料一年之間，他竟作古。生死難明，寧無浩嘆。因作：

聞高常侍亡

歸朝不相見，蜀使忽傳亡，虛歷金華省，何殊地下郎。

致君丹檻折，哭友白雲長。獨步詩名在，祇令故舊傷。

四月天旱，春雨不足。農家正在焦慮之際，這兩天天候轉陰頗有雨意。子美佇望江邊正在沉思，忽然聽到一陣馬蹄聲，眼見一匹快馬奔到門前。

那軍士急速下馬，趨向子美面前肅立。

「杜老爺，有急信。」軍士呈上緘札，是杜位命他送來的。他拆開一看，幾個大字『嚴公得心疾急症不治』，立刻面色大變，蹌踉進入屋內。楊夫人看他面色不對，叫著宗文、宗武一齊過來，把子美扶坐著。

「季鷹死了。」他語音微弱，被這突然的噩耗重重的一擊，毫無抵抗的癱瘓了。楊夫人也被震驚得發呆了。

「怎麼可能呢？怎麼可能呢！」好久、好久，子美才恢復過來，卻是淚流滿面。他堅強地站起來，「我要去官署。」

「現在嗎？」楊夫人問。他知道子美是要趕去見故人最後一面。

子美點點頭。看來又忽然變得衰弱的樣子。

「我陪爸去。」宗文說。

子美趕到官署，見到了棺柩中躺著的摯友。強忍哀痛，泣不

成聲。他有點夢幻似的在心中低喚著嚴武「季鷹，季鷹。」然而他卻平靜地闔上了眼睛，他什麼也聽不見了。這時子美很後悔正月辭離幕府，此刻人天遠隔，一切自責都已毫無用處了。

嚴武的喪禮舉行過後，棺柩決定運回故鄉卜葬。

子美軟弱地回到草堂，心灰意懶。想到嚴武這樣一個堅強的人，卻被無情的疾病奪命而去，而自念自已衰病之軀不知能支持到何時。況且沒有了嚴武，怎麼能在成都再住草堂。……

子美在頹喪憂煩中沉思，今後將作何區處。年初已摒擋就緒出峽下荊楚的，只因嚴武重來鎮蜀，因而決定還成都草堂，此刻這場變化，使子美進退失措。朝廷已經命郭英叉繼任成都尹，此人是一武夫，子美自忖難與跟他周旋，然則蜀中已無一可依傍之人，草堂雖好，但已不能久居了。唯一的辦法是重回到年初的決定，買舟出峽罷。

「我不能再住下去了，」子美對楊夫人說，近日的失眠使他神情更為疲憊，而且左臂的風濕痛又發作了。「我想事有前定，延緩一年出峽，乃上蒼要我與季鷹多處一些時日，此真不知是緣是數」

「當初為他而回，如今為他而去，」楊夫人望著躺在床上臉色蒼黃的丈夫，「是緣在先，是數在後，我看還是檢點行裝，回陸渾莊去罷。」

「其實我捨不得草堂，更捨不得老鄰居」

「要是阿丸知道我們又要走，」楊夫人說，「他們也會很難過。」

於是子美和楊夫人商量怎樣處置草堂的事。

「草堂本沒有什麼東西，」子美說，「我們人一走，只剩下空殼子。」

「把它送給田父罷，」楊夫人建議，「阿丸娶媳婦就可以住進來，也免得荒廢。」

簡單的討論就作成了這樣重要的決定，其實是很無奈的。當把這決定告訴鄰居，告訴田父時，他很難過。

「原以爲你們會長住的，」田父說，「不料還只一年的時間，世事多變，我又能說什麼……」

「我們這樣愉快的相處，抵得上幾十年了。」子美轉而安慰田父。

「阿丸娶媳婦，我們就以草堂爲賀禮。」楊夫人笑吟吟地說。

「多謝你們的好意，」田父說，「阿丸住進去他會好好照顧，說不定朝廷有什麼命令，杜老又回來了。」

這是一份安慰彼此的希望，也可見鄰居交誼之深。

一經決定捨棄草堂出峽，跟四年前在閬等候啓程時的情形完全不同。那時候錦江看不見，園圃看不見、禽舍、雞柵看不見、竹林看不見，如今沒有一件不在眼前，一旦要割棄心中眞有千般的眷戀。宗文和宗武望著江水、望著柳燕望著剛砍伐整齊的竹林，眼中充溢著迷惘的神色。他們怪老天對嚴武不公平，譴責病魔的怨毒，這麼早就奪走他的生命。兄弟兩人沿著江邊，一直走向阿丸村子的那條路，然後才又無精打采的走回來。

「我們把那一對小鵝帶走，」宗武說，「金黃色的絨毛太可愛了。」

「我卻想念那隻狗，」宗文說，「上次我們一回來，牠就奔到我跟前，搖著尾巴，嗅著我的褲管。這回我們走，不讓牠看見送一程是不可能的。」

提到狗，兄弟兩人難過的沉默了。

村子裡的人都知道子美一家人要走了。這回是眞的走了，鄰

人們無不惋惜。田父叫阿丸過來幫忙收拾物件。其實除了一些粗布衣服，字畫書籍外可謂並無長物，。所以行裝的整理并不麻煩，倒是離情的收拾，卻是一件不容易的事。

王明府和朱山人這幾天經常和子美在一起。兩人心胸豁達，修養極佳的。但臨到這一次鄰居好友的遠行卻也有點把持不定，離愁別緒時在談話中流露出來。

前天下了一天一夜的雨，田裡的水已足夠了。農人們個個歡喜。田父特別高興，今天午後雨收雲散，天邊露出一大片陽光。田父親自走來，請子美全家明日去吃酒送行。同時要請王明府和朱山人作陪。說是這樣熱鬧些，大家心情會好過一點。

田父特別請了城裡一位善於廚藝的親戚，來做幾樣可口的菜享客。這般的隆重，屋子裡顯得熱鬧非凡，迥非年節社日的情況可比。

「我是種田的粗人，」田父興沖沖說，「不講究飲食，今天我可請了大廚來，要好好的為杜老送行，也請王明府和朱山人嚐嚐我們農家的食物。」

大家都感謝田父，也為他的盛情所感動。

「杜老，草堂永遠是你的，」田父正色說，「阿丸住進去會好好的照顧，那隻狗也都熟悉了，無論杜老幾時回來，包管住回去風雨不漏。」

「這一帶風水很好，」朱山人說，「將來會因子翁而出名的。」

子美聽了大笑：「大概將來有人會指點，這裡是腐儒村。」

「腐儒有什麼不好，」王明府正色說，「我想做一個腐儒還不能呢！要讀破幾卷書不是容易的，我連一卷左傳還讀不破呢。」

大家談話的興致很濃，沖淡了一點離情。

「我今天準備了好酒，」田父對子美說，然後又轉向王明府

和朱山人，「嚐嚐看如何？」他舉杯敬三位貴賓。

「好酒，好酒。」王明府品飲了一杯稱讚，「這酒後勁一定很強。」

子美找些通俗而有趣的話題，比如一些奇聞逸事以及神怪故事等，目的是要把氣氛弄得輕鬆一點。但是筵席終是要散的，人也總是要分別的，最後還是歸結到餞別的主題上。

「祝杜老一路順風，」田父黯然神傷，「到了東都或長安，總快來封信好讓我們放心，千萬要保重。」

「我懷念大家，懷念村子裡的一切。」子美的眼睛潤濕了。

離筵散了。此後幾天的時間內子美即要離去，看著錦江，看著村舍、看著草堂，他愛得實在太深了，他要拿出非常的勇氣，才能面對離別這一事實。他不願去想寫一首詩來宣洩心中的情感。他希望能淡出一點，能脫灑一點。事實上，他真的想寫，也搜索枯腸找不出適當的詞句，就如嚴武死了，他寫不出悼詞一樣。語言文字此時也有它無能的一面。

諸葛大名垂宇宙，宗臣遺像肅清高。
三分割據紆籌策，萬古雲霄一羽毛。
伯仲之間見伊呂，指揮若定失蕭曹。
運移漢祚終難復，志決身殲軍務勞。

第七章 夔 州

五更鼓角聲悲壯　三峽星河影動搖

一、峽裡雲安縣，終日子規啼

永泰元年（西元七六五年）五月，他終於要離去了，他寫了一首告別的詩。

去蜀

五載客蜀郡，一年居梓州。如何關塞阻，轉作瀟湘遊。

萬事已黃髮，殘生隨白鷗。安危大臣在，不必淚長流。

子美自乾元二年冬抵達成都，到今年首尾共七年。回首往事，真是如煙如雲。

五月上旬的一個清晨，子美一家從萬里橋登舟，循岷江南下嘉州（今樂山），隨身只有簡單的幾箱衣物，幾箱書籍，子美向送行的人揮手道別，在曉風晨霧中，他永別了成都。

兩日的春雨，岷江的水位上漲了。舟行平穩，子美想到七年前（乾元二年）的冬季入蜀，在「初月出不高，眾星尚爭光」的萬家燈火之時，帶著一家妻子兒女，懷著陌生而興奮的心情抵達成都。今日則是在晨霧中依依離去。當初在浣花溪畔既建草堂安頓下來，一年後嚴武為成都尹，好友近在咫尺，心裡更變得十分踏實。想不到一年後（寶應元年）嚴武還朝，他一直送到綿州奉濟驛。在「奉贈嚴公十韻中」子美寫道：「此生那老蜀，不死會

歸秦」。無異是一篇宣告：他是要回長安的。在許多詩篇中，都透露出無限的鄉愁。等待時機出峽。及至嚴武重來時，詩中有「殊方又喜故人來」，子美一直是以作客的身份住在成都的。但是他對苦心經營的草堂，卻又是那樣的喜歡，不忍捨去。今日之別，心中充滿了矛盾，滿懷愁緒。他想，我現在就要出峽漫遊荊楚，返回東都了，為什麼還不快樂呢？人總是為物所牽，要能忘情可真不容易。

子美看著岷江兩岸的風景，心中有很多感慨。

煙雨霏霏中，子美到嘉州（今樂山縣），這裡有行前約定的族中四兄在這裡相候。

四兄一見子美，一把把他抱住：「子美，我們好久不見了。」然後凝視著他，「還是瘦骨嶙峋。」

四兄不修邊幅，但他不是狂狷之士。只是不習慣一般世俗的拘束。

這時全家人都到廳堂裡來了，互相見面問訊。

「我們今天要好好的喫酒。」四兄告訴子美，「我等了三、四天了。」

「看你四哥。」四嫂對楊夫人說，「祇有看見子美才這樣高興。」

楊夫人微笑著：「四哥太愛護他了。」

「你看他們今晚喫酒才有意思呢？」四嫂說，「一定旁若無人，祇有他們兩個。」

可以想見的，子美和四兄這夜酒邊快談，有歡喜，有惆悵，有感慨，有憤激。直至更深，兩人帶著極濃重的醉意才歸寢。

第二天他寫下……了

狂歌行贈四兄

與兄行年校一歲，賢者是兄愚者弟。

兄將富貴等浮雲，弟竊功名好權勢。

長安秋雨十日泥，我曹鞴馬聽晨雞。

公卿朱門未開鎖，我曹已到肩相齊。

吾兄睡穩方舒膝，不襪不巾踏曉日。

男啼女哭莫我知，身上須繒腹中實。

今年思我來嘉州，嘉州酒重花繞樓。

樓頭喫酒樓下臥，長歌短咏迭相酬。

四時八節還拘禮，女拜弟妻男拜弟。

幅巾鞶帶不掛身，頭脂足垢何曾洗。

吾兄吾兄巢許倫，一生喜怒長任眞。

日斜枕肘寢已熟，啾啾唧唧爲何人。

　　名爲兄弟，情如知交好友。與四兄歡聚數日之後子美循江南下到了戎州（今宜賓縣）。刺史楊使君知道子美來了，在東樓設盛筵款待他。除美酒佳肴外，還有新出的荔枝，席間且設歌妓爲樂。漂泊潦倒之時，受到這樣的厚待，頗感意外，酒色重碧，新荔鮮紅，主人安排美麗的歌妓旁坐，子美也就樂而不辭了。他寫下了一詩：

宴戎州楊使君東樓

　　勝絕驚身老，情忘發興奇。座從歌妓密，樂任主人爲。

　　重碧拈春酒，輕紅擘荔枝。樓高欲愁思，橫笛未休吹。

　　這席筵宴是歡愉的，子美因見眼前景色，忘情發興，不免想起許多少年往事。鶯聲勸飲，纖指剝荔嚐新，子美雖有片刻的陶醉，究竟已是衰年，不免有蒼涼之感了。

　　岷江之水從戎州注入長江，水勢奔勝，預爲下峽先壯聲勢。子美順流東行到了渝州（今重慶）。原約好嚴六侍御在此會合同

行，但等了數天不到，子美只好留詩先行。

渝州候嚴六侍御不到先行

聞道乘驄發，沙邊待至今。不知雲雨散，虛實短長吟。

山帶烏蠻闊，江連白帝深。船經一柱觀，留眼共登臨。

到了忠州（現忠縣），刺吏姓杜乃是宗姪。因此在家中設宴招待。杯酒爲歡，稍解旅思。子美作詩紀事：

宴忠州使君姪宅

出守吾家姪，殊方此日歡。自須遊阮舍，不是怕湖灘。

樂助長歌逸，杯饒旅思寬。昔曾如意舞，牽率強爲看。

忠州是很貧陋的地區，州有五縣而戶止六千七百，其蕭條可知。這位宗姪要爲子美覓一個適當的住處，也是心餘力拙，正在爲難。

「不必煩心。」子美對他說，「我發現那座龍興寺頗是寬廣，暫時棲身倒也合適。」

「這怎麼可以。」杜使君覺得對不起遠客。「我再想辦法。」

但由於子美的堅持，他住進了龍興寺。他有一首題壁的詩：

題忠州龍興寺所居院壁

忠州三峽內，井邑聚雲根。小市常爭米，孤城早閉門。

空看過客淚，莫覓主人恩。淹泊仍愁虎，深居賴獨園。

「杜臆」說，忠州使君乃公之姪，其薄情至此。詩題不著其名，而止題院壁，猶見忠厚之意。這說法不是沒有理由，但小市孤城，使君也確有不易張羅之困。看子美的詩，只是頗有感慨，實記其事。想來應無責備之意。我倒同意黃生的說法：「舊嫌五、六語意太露，今覺不然，從三、四讀下，則此州之荒涼已極，安能爲客壯行色乎？故知二語乃苦詞，非怨詞也。」

山間古寺，雖是盛夏，而林木森森倍覺陰涼。晚間聽江水鳴

咽，頓生秋深悲涼氣概。子美所以不即東行者，是在等待嚴武的
靈櫬返京。嚴武的老母隨著遺櫬，所過大邑略作停靠，接受當地
僚屬祭奠。他們略盡禮儀，不過草草而已。

這日午後，嚴武的遺櫬抵達忠州，子美率領妻子兒女到江邊
迎接祭奠。子美登舟拜見嚴母，素幔飄飄，一舟凄然。

「伯母總得節哀。」子美只能這樣說。

「怪我福薄。」嚴母說，「子美，你攜家帶眷也當保重。」

子美衷心感激老人家的關切。想到自己與嚴武的交情，心頭
一酸，熱淚盈眶。子美就在柩前的小桌上找到紙筆，寫下了嚴武
死後的第一首悼詞。

哭嚴僕射歸櫬

素幔隨流水，歸舟返舊京。老親如宿昔，部曲異平生。

風送蛟龍匣，天長驃騎營。一哀三峽暮，遺後見君情。

「保重，伯母。」子美辭別嚴母并告訴她。「我們下荊楚，
一路怕還有不少耽擱，明早我再來相送。」

「子美，你明天不要來。」嚴母注望著他。

子美知道嚴母怕見面徒增傷感，但他不知道該如何答應她。
剎那間，時間似乎是凍結了。

「子美，聽我的話。」嚴母慈祥地說。

子美看到老人白髮衰顏，不能不點頭了。

在忠州子美因身體衰病，逗留了一個多月，然後才放船東行。

自忠州到雲安這一段路，舟行平穩，子美喜歡坐在船頭，縱
觀兩岸風光。這時已是仲秋，晨夕江上風來，不僅涼意已重而且
頗有寒意了。

滔滔江水，兩岸山花，子美回憶前後七年在蜀中的日子，最
引起哀思的無過於高適與嚴武了。這兩個與浣花草堂最有關係的

人物前後去世，現在獨剩自飄蕩，夜裡在離小鎮不遠處泊舟。看天上星月，光湧水面，秋風微微，蘆葦簫簫，一時感觸萬端，子美寫下了那有名的五律：

旅夜書懷

細草微風岸，危檣獨夜舟。星垂平野闊，月湧大江流。

名豈文章著，官因老病休。飄飄何所以，天地一沙鷗。

此身獨夜不寐，恰似江上沙鷗，自傷飄泊，子美情懷之惡劣可以想見。

舟行緩慢，常靠岸停泊，大約在八月下旬抵達雲安。（今四川雲陽縣）子美帶著一身疾病，他病肺咳嗽、患風濕痛、又有腳疾。但是雲安縣令嚴明府待子美甚厚，招待他住在水閣。這一客居之所，面江靠山，風景很好。子美安頓下來得以養病。到了九月重陽節，鄭十七、八兄弟攜酒來訪，一起登臨後山飲黃花酒。子美作詩：

雲安縣九日鄭十八攜酒陪諸公宴

寒花開已盡，菊蕊獨盈枝。舊摘人頻異，輕香酒暫隨。

地偏衣初裕，山擁更登危。萬國皆戎馬，酣歌淚欲垂。

在病中子美仍是傷時憂國，所謂「萬國皆戎馬」者，是永泰元年（西元七六五年）八月，僕固懷恩及吐蕃、回紇入寇，邊境煙塵四布。十月回紇受盟而還，劍南節度使郭英叉，為其兵馬使崔旰所殺，邛州牙將柏茂琳，瀘州牙將楊子琳劍州牙將李昌夔等起兵討之，蜀中大亂。

子美知道了這消息，十分難過。感嘆代宗任用中官依禁軍以平亂，結果縱暴如此。他寫下了三絕句，便是感慨此亂象而作。

三絕句

前年渝州殺刺史，今年開州殺刺史。

群盜相隨劇虎狼，食人更肯留妻子。

二

二十一家同入蜀，惟殘一人出駱谷。

自說二女齧臂時，迴頭卻向秦雲哭。

三

殿前兵馬雖驍雄，縱暴略與羌渾同。

聞道殺人漢水上，婦女多在官軍中。

因傷蜀亂，子美又想起了成都的浣花草堂，懷念那裡的人與事，他作：

懷錦水居止二首

軍旅西征僻，風塵戰伐多。猶聞蜀父老，不忘舜謳歌。

天險終難立，柴門豈重過。朝朝巫峽水，遠逗錦江波。

二

萬里橋西宅，百花潭北莊。層軒皆面水，老樹飽經霜。

雪嶺界天白，錦城曛日黃。惜哉形勝地，回首一茫茫。

這年自秋至冬，子美一家住在雲安水閣。一身衰病，意興闌珊。故人常徵君離雲安入都來辭行，看見子美病態疲憊，彼此都淚眼相望十分傷心。子美寫下了一詩：

別常徵君

兒扶猶杖策，臥病一秋強。白髮少新洗，寒衣寬總長。

故人憂見及，此別淚相望。各逐萍流轉，來書細作行。

子美一秋臥病，經過休息，自己配點草藥服食，總算體力漸漸恢復了。到了臘月，已覺到早春的氣息，子美的情緒也回升了。他於十二月一日寫了一組詩：

十二月一日三首

今朝臘月春意動，雲安縣前江可憐。

一聲何處送書雁，百丈誰家上瀨船。
未將梅蕊驚愁眼，要取椒花媚遠天。
明光起草人所羨，肺病幾時朝日邊。

二

寒輕市上山煙碧，日滿樓前江霧黃。
負鹽出井此溪女，打鼓發船何郡郎。
新亭舉目風景切，茂陵臥書消渴長。
春花不愁不爛漫，楚客惟聽棹相將。

三

即看燕子入山扉，豈有黃鸝歷翠微。
短短桃花臨水岸，輕輕柳絮點人衣。
春來準擬開懷久，老去親知見面稀。
他日一杯難強進，重嗟筋力故山違。

三首詩表達的厭居雲安，思鄉出峽之情甚切。眼前景物溪女船郎，袛聞雁聲不見家書，因而羨慕「百丈誰家上瀨船」。所謂百丈，是以大竹四破為之，用麻繩連貫作為牽船的工具。「演繁露」云：「杜詩多用百丈，問之蜀人，云：水峻，岸石又多廉稜，若用索牽，遇石輒斷。故劈竹為大瓣，用麻繩連貫，以為牽具，是名百丈。」

經過一場雨雪，春天果然來了，水閣朝霽，他寫了一首詩贈嚴明府。

水閣朝霽奉簡嚴明府

東城抱春岑，江閣鄰石面，崔嵬晨雲白，朝旭射芳甸。
雨檻臥花叢，風床展書卷。鉤簾宿鷺起，丸藥流鶯囀。
呼婢取酒壺，續兒誦文選。晚交嚴明府，矧此數相見。

閣外春花流鶯，閣內呼酒課兒，可見身體已經康復，重現生

活的情趣。楊夫人看見丈夫病痛減輕，心情也就好轉，宗文、宗武日誦文選，子美心裡更加高興。

水閣背山，林木森森，終日可聽到子規（杜鵑）的啼聲。子美對杜鵑有一份特別感情，因相傳杜鵑爲古蜀帝之魂所化，啼聲哀切若「不如歸去」，最易觸動鄉思。子美因作：

子規

峽裡雲安縣，江樓翼瓦齊。兩邊山木合，終日子規啼。

眇眇春風見，蕭蕭夜色淒。客愁那聽此，故作傍人低。

從這首詩引出一則故事，相傳宋孝宗時有蜀士新選縣令。帝問以蜀中風景，令對云「兩邊山木合，終日子規啼」。帝大稱賞。次日，宰相召問所對之語何從得來，答云：「夢中所記」宰相云：「子當速去，倘再問恐無以復應。」數日後，「帝果宣召，而令已出國矣。」

大曆元年（西元七六六年）二月，杜鴻漸爲東西川副元帥。時岑參任嘉州刺史，因表爲職方郎中，兼侍御史列於幕府。子美知道了老友出守嘉州，算來不過幾個月的時間，錯過了一次歡晤的機會，於是寫了一首詩寄給他。

寄岑嘉州

不見故人十年餘，不道故人無素書。

願逢顏色關塞遠，豈意出守江城居。

外江三峽且相接，斗酒新詩終自疏。

謝朓每篇堪諷誦，馮唐已老聽吹噓。

泊船秋夜經春草，伏枕青楓限玉除。

眼前所寄選何物，贈子雲安雙鯉魚。

二、白帝城遊蹤　秋興八首

　　子美在雲安住了將近半年，雖有旅思鄉愁，但因飲食有節，得到充分的休息，所有疾病幾乎減輕到最低程度，於是決定於大曆元年的暮春時節，放舟東行前往夔州。

　　嚴明府是待子美最厚的地方官，供給水閣居住半年養病，臨行又設盛筵餞別。在此窮愁潦倒之時，子美感激之深是不言可喻的。他怕嚴明府會到江頭相送，特別婉詞堅謝。并於薄暮時開船，先泊雲安郭外。朝起本欲上岸與王十二判官辭別，但因下雨不得上岸，只好寫了一首詩留別致意。

船下夔州郭宿雨濕不得上岸別王十二判官

　　依沙宿舸船，石瀨月娟娟。風起春燈亂，江鳴夜雨懸。

　　晨鐘雲岸濕，勝地石堂煙。柔艣輕鷗外，含悽覺汝賢。

　　舟中江水激盪，夜色感人，子美未寐，吟成一首七絕。

漫成一首

　　江月去人只數尺，風燈照夜欲三更。

　　沙頭宿鷺聯拳靜，船尾跳魚撥剌鳴。

　　自雲安至夔州只二百四十里，夔州在四川的奉節縣，位於長江北岸，是有名的古城，秦漢至隋在這一帶地區分別設置魚復、永安、人復、陽口等縣，唐初改為奉節。離州以東十里是有名的白帝城。為西漢末年公孫述據蜀時所建。因城中一井常冒白氣，宛如白龍，他便借此自號白帝，并名此城。

　　夔州地處瞿塘峽口，大江東下，梅溪河、草堂河分自北來注入長江。唐代夔州是以白帝城為中心向外擴建，西瀼、東屯、赤岬都在這一地區內。因此夔州與白帝城是相連的，凡此一帶都稱為夔州。

子美總算到了夔州，準備要出峽了。回到長安之路又邁出了一大步。他作：

移居夔州作

伏枕雲安縣，遷居白帝城。春知催柳別，江與放船清。

農事聞人說，山光自鳥情。禹功饒斷石，且就土微平。

夔州山川雄奇，名勝古跡很多，令子美留連不捨，於是他決定暫時住下來再說。

子美得到朋友們的協助，在白帝城的山腰找到一所廢宅，就其簡陋的規模略加修補，便成了可以棲身的客堂。且看他的「客堂」詩。

客堂

憶昨離少城，而今異楚蜀。捨舟復深山，窅窕一林麓。

棲泊雲安縣，消中內相毒。舊疾甘載來，衰年得無足。

（甘一作廿。疾而曰甘衰而曰足，蓋以不死為幸也）

死為殊方鬼，頭白免短促。老馬終望雲，南雁意在北。

別家長兒女，欲起慚筋力。客堂序節改，具物對羈束。

石暄蕨芽紫，渚秀蘆筍綠。巴鶯紛未稀，徼麥早向熟。

悠悠日動江，漠漠春辭木。臺郎選才俊，自顧亦已極。

前輩聲名人，埋沒何所得。居然綰章紱，受性本幽獨。

平生憩息地，必種數竿竹。事業只濁醪，營茸但草屋。

上公有記者，累奏資薄祿。主憂豈濟時，身遠彌曠職。

修文廟算正，獻可天衢直。尚想趨朝廷，毫髮裨社稷。

形骸今若是，進退委行色。

子美雖然帶病在客中安頓，但一顆心仍是熾熱的。他常常想到回到長安能對朝廷作出一些貢獻，但自己一身疾病，形骸衰疲，不免自傷，只好聽其自然發展了。

　　爨俗無井，何況在半山，子美雇用了一名獠奴阿段，他跑到山上去找水源，用竹引山泉以取得食水。家家戶戶都是如此，因此竹筒蟠窟山腹間，有長至數百丈者。子美有「引水」、「示獠奴阿段」二詩，就是記以竹引山泉的。

引水

月峽瞿唐雲作頂，亂石崢嶸俗無井。
雲安沽水奴僕悲，魚復移居心力省。
白帝城西萬竹蟠，接筒引水喉不乾。
人生流滯生理難，斗水何值百憂寬。

示獠奴阿段

山木蒼蒼落日曛，竹竿裊裊細泉分。
郡人入夜爭餘瀝，豎子尋源獨不聞。
病渴三更迴白首，傳聲一注濕青雲。
曾驚陶侃胡奴異，怪汝常穿虎豹群。

　　詩中陶侃應是陶峴。陶峴是子美同時人，與孟顏深、孟雲卿、焦遂共載浮遊江湖，人號水仙。有崑崙奴名摩訶善泅水，陶峴投劍西塞江水，命奴取，久之，奴支體磔裂浮於水上。峴流涕迴棹，賦詩自敘不復遊江湖。子美便是用此入詩。陶奴入水卒死蛟龍，獠奴入山，宜防虎豹事相類同。侃、峴聲相近，因峴事僻，後人可能改作侃。

　　白帝城，西臨大江，東南高二百丈，西北高一千丈。據【水經注】云：「白帝山城，周迴二百八十步，北緣馬嶺，接赤甲山，其間平處，南北相去八十五丈，東西七十發。又東傍瀼溪，即以為隍。西南臨大江，瞰之眩目。唯馬嶺小差逶迤，猶斬山為路，羊腸數轉，然後得上。」

　　依山建城，俯視大江澎湃，景物壯麗。這一地區的古跡有武

侯廟、八陣圖、灩澦堆，對這些勝景特別是有關三國的，子美豈會放過，因此曾數度登臨。他寫了好幾首詩，今錄：

上白帝城二首

江城含變態，一上一回新。天欲今朝雨，山歸萬古春。
英雄餘事業，衰邁久風塵。取醉他鄉客，相逢故國人。
兵戈猶擁蜀，賦斂強輸秦。不是煩形勝，深愁畏損神。

其二

白帝空祠廟，孤雲自往來。江山城宛轉，棟宇客徘徊。
勇略今何在，當年亦壯哉。後人將酒肉，虛殿日塵埃。
谷鳥鳴還過，林花落又開。多慚病無力，騎馬入青苔。

武侯廟在白帝城西郊，八陣圖在奉節西南七里。「荊州圖副」云：「永安宮南一里，渚下平磧上，有孔明八陣圖，聚細石爲之。各高五尺，廣十圍，歷然碁布，縱橫相當，中間相去九尺，正中開南北巷，悉廣五尺，凡六十四聚。或爲人散亂，或爲夏水所浸，冬時水退，復依然如故。」「東坡志林」說：「諸葛造八陣圖於魚復平沙之上，壘石爲八行，相去二丈，桓溫征譙縱見之曰：『此常山蛇勢也。』文武皆莫識。吾常過之，自山上俯視百餘丈，凡八行，爲六十四蕝，蕝正環，不見凹凸處，如日中蓋影，及就視，皆卵石浸漫不可辨，甚可怪也。」劉禹錫「嘉話錄」對八陣圖也覺十分可怪：「夔州西市，俯臨江沙，下有諸葛亮八陣圖聚石分布，宛然猶存。峽水大時，三蜀雪消之際，澒涌滉漾，大木十圍，枯槎百丈，隨波而下。及乎水落平川，萬物皆失故態，諸葛小石之堆，標聚行列依然。於是者逾六百年，迨今不動。」

子美瞻仰武侯廟及巡禮八陣圖後作詩二首。

武侯廟

遺廟丹青落，空山草木長。猶聞辭後主，不復臥南陽。

八陣圖

功蓋三分國，名成八陣圖。江流石不轉，遺恨失吞吳。

這二首絕句說明了武侯一生心事。但遺恨失吞吳一句，後人有不同的解釋；一以不能滅吳爲恨，（最普通的說法）二以先主之征吳爲恨（東坡說法），三以不能制主上之東行而自以爲恨。（杜臆及朱注說法）四以不能用陣法，而致吞吳失師爲恨（劉逴說法）。不論就何種觀點而言，征吳喪師，自是一大恨事。

在白帝城之西，夔門之前，有一個灩澦堆，這是一座險灘。在江之中心，夏水漲時半沒，冬水淺時便高出二十餘丈。世說：「灩澦如象，瞿唐莫上，灩澦如馬，瞿唐莫下。」古時舟行至此，有沉牛祭江的風俗，子美有一首詩描寫其峻險。

灩澦堆

巨石水中央，江寒出水長。沉牛答雲雨，如馬戒舟航。

天意存傾覆，神功接混茫。干戈連解纜，行止憶垂堂。

當時崔旰之亂未平，故有干戈解纜之句。杜臆說：「行則憂險，止則憂亂，皆有垂堂之意。」

夔州地區山水雄奇，令人驚嘆，子美是很喜歡遊覽名勝的，每到一個地方，他總與舊雨新知一同登山臨水，即使人個人，他也可以策杖獨遊，自得其樂。

他既看過了武侯廟、八陣圖，低徊於歷史的回憶中，現在又看到峽中城市的殊風異俗，婦女負薪，男子操舟，過著極艱苦的生活。子美推其理由安在，無非與戰亂有關。喪亂使家庭破碎，也使生活貧困。子美的「負薪行」與「最能行」二首詩，最能道出其眞相。

負薪行

夔州處女髮半華，四十五十無夫家。

更遭喪亂嫁不售，一生抱恨常咨嗟。

土風坐男使女立，男當門戶女出入。

十有八九負薪歸，賣薪得錢應供給。

至老雙鬟只垂頸，野花山葉銀釵並。

筋力登危集市門，死生射利兼鹽井。

面妝首飾雜啼痕，地褊衣寒困石根。

若道巫山女粗醜，何得北有昭君村。

（歸州興山縣有昭君村，昭君即該邑人）

　　子美為這些以苦力撐持家計的婦女鳴不平。四十、五十嫁不售，都是戰亂帶來的後遺症。而終年在淒風苦雨中耕作採薪，使手足皮膚粗糙，容貌醜陋，若是生逢治世，生活優裕，不也能有像昭君一樣的美女嗎？

最能行

峽中丈夫絕輕死，少在公門多在水。

富豪有錢駕大舸，貧窮取給行艓子。

小兒學問止「論語」，大兒結束隨商旅。

欹帆側舵入波濤，撇漩捎濆無險阻。

朝發白帝暮江陵，頃來目擊信有徵。

瞿唐漫天虎鬚怒，歸州長年行最能。

此鄉之人器量狹，誤競南風疏北客。

若道士無英俊才，何得山有屈原宅。

（秭歸縣北一百六十里有屈原故宅）

　　子美二首詩反說，亦是筆墨上為他們解嘲。

　　「夔州賣柴的女人好難看。」宗文兄弟看了父親的詩，宗武對楊夫人說，「頭上梳一個二尺高的髻，我擔心她的髻會掉下來。」

　　「梳高髻的是還沒有出嫁的女人。」楊夫人笑著說，「她們

採薪賣錢，維持一家生活實在很苦，不要笑她們醜陋。」

「這裡水流太急，都沒有魚可釣。」宗文抱怨說，「爸都快要彈長鋏之歌了。」

「所以我們只好多養幾隻雞。」楊夫人說，「特別是烏雞，據說可治風濕。」

於是子美催促宗文在山腰快構雞柵免雞走失。這本是瑣事，子美卻鄭重其事的寫了一首長詩，又講事實，又發議論，衆人都笑他浪費精神、筆墨。

催宗文樹雞柵

吾衰怯行邁，旅次展崩迫。愈風傳烏雞，秋卵方漫喫。
自春生成者，隨母向百翻。驅趁制不禁，喧呼山腰宅。
踏藉盤案翻，終日憎赤幘。課奴殺竹青，塞蹊使之隔。
牆東有隙地，可以樹高柵。織籠曹其內，令入不得擲。
稀間苦突過，觜距還污席。避熱時來歸，問兒所爲跡。
我寬螻蟻遭，彼免狐貉厄。應宜各長幼，自此均勍敵。
籠柵念有修，近身見損益。明明領處分，一一當剖析。
不昧風雨晨，亂離減憂慼。其流則凡鳥，其氣心匪石。
依賴窮歲晏，撥煩及冰釋。未似尸鄉翁，拘留蓋阡陌。

盧元昌曰「雞柵本一小事，杜公說來，便是仁至義盡之意。念其生成，春卵不食，仁也。人禽有別，驅諸柵籠，義也。螻蟻可全，狐免亦免，義中之仁。長幼不混，勍敵亦均，仁中之義。於課柵一事，直抉至理如許，可謂善勗其子矣。」

這年春旱，到六月始止雨。子美頗難忍受峽中初夏的悶熱，一連寫了「雷」、「火」、「熱三首」、「毒熱寄簡崔評事十六弟」等詩篇。及至七月初夏熱初退，稍有涼意，子美心頭煩躁頓消。精神爲之一振。於是寫下了一長篇。

七月三日亭午已後校熱退晚加小涼穩睡有詩因誌壯年樂事戲呈元十二曹長

今茲商用事，餘熱亦已未。衰年旅炎方，生意從此活。
亭午減汗流，比鄰耐人聒。晚風爽鳥匝，筋力蘇摧折。
閉目踰十旬，大江不止渴。退藏恨雨師，健步聞旱魃。
園蔬抱金玉，無以供採掇。密雲雖聚散，互暑終衰歇。
前聖睿焚巫，武王親救暍。陰陽相主客，時序遞回斡。
灑落惟清秋，昏霾一空闊。蕭蕭紫塞雁，南向欲行列。
欻思紅顏日，霜露凍階闥。胡馬挾雕弓，鳴弦不虛發。
長鈚逐狡兔，突羽當滿月。惆悵白頭吟，蕭條遊俠窟。
臨軒望山閣，縹緲安可越。高人鍊丹砂，未念將朽骨。
少壯跡頗疏，歡藥曾焭忽。杖藜風塵際，老醜難剪拂。
吾子得神仙，本是池中物。賤夫美一睡，煩促嬰詞筆。

久旱不雨，一雨成秋。而秋雨復淅瀝不停，子美以雨為題寫了好幾首詩。單以「雨」為題者便有五首，茲錄一首：

雨不絕

鳴雨已過漸細微，映空搖颺如絲飛。
階前短草泥不亂，院裡長條風乍稀。
舞石旋應將乳子，行雲莫自濕仙衣。
眼邊江舸何匆促，未待安流逆浪歸。

可見風狂雨急，江船難行。而石燕隨風而飛，（羅含：湘中記：「石燕在零陵縣，遇風雨則飛舞如燕，止則為石。」又水經注云：「燕山有石，紺色，狀燕，其石或大或小，及雷雨相薄，小者隨大者而飛，如相將乳子之狀。」）舟人在此風浪之中，冒險駕船趨利也。

雨晴之後，新秋涼爽，子美整理夏天隨手寫的二、三首七絕

足爲十首，成爲

夔州歌十絕句

一

中巴之東巴東山，江水開闢流其間。

白帝高爲三峽鎮，瞿唐險過百牢關。

二

白帝夔州各異城，蜀江楚峽混殊名。

英雄割據非天意，霸王（一作主）并吞在物情。

三

群雄競起問前朝，王者無外見今朝。

比訝漁陽結怨恨，元聽舜日舊簫詔。

四

赤甲白鹽俱刺天，閭閻繚繞接山腰。

楓林橘樹丹青合，複道重樓錦繡懸。

五

瀼東瀼西一萬家，江北江南春冬花。

背飛鶴子遺瓊蕊，相趁鳧雛入蔣（蔣，菰名）芽。

六

東屯稻畦一百頃，北有澗水通青苗。

晴浴狎鷗分處處，雨隨神女下朝朝。

七

蜀麻吳鹽自古通，萬斛之舟行若風。

長年三老長歌裡，白晝攤錢高浪中。

八

憶昔咸陽都市合，山水之圖張賣時。

巫峽曾經寶屏見，楚宮猶對碧峰疑。

九

武侯祠堂不可忘，中有松柏參天長。

干戈滿地客愁破，雲日如火炎天涼。

十

閬風玄圃與蓬壺，中有高唐天下無。

借問夔州壓何處，峽門江腹擁城隅。

久旱過去，秋雨既作，子美一家都很高興。

「有雨水了，我們該再種些蔬菜。」子美向楊夫人提議，「別讓野草長沒了。」

「我已準備好了。」宗文應聲回答，「我們來種萵苣。」

於是宗文、宗武兄弟動手鋤土理畦，而子美卻因興起做起詩來：那不是小詩，而是長篇大論借題發揮。且看：

種萵苣　并序

既雨已秋，堂下理小畦，隔種一兩席許萵苣，向二旬矣，而苣不甲拆，獨野莧青青。傷時君子，或晚得微祿，轗軻不進，因作此詩。

陰陽一錯亂，驕蹇不復理。枯旱於其中，炎方慘如毀。
植物半蹉跎，嘉生將已矣。雲雷欻奔命，歸伯集所使。
指揮赤白日，澒洞青光起。雨聲先以風，散足盡西靡。
山泉落滄江，霹靂猶在耳。終朝紆颯沓，信宿罷瀟灑。
堂下可以畦，呼童對經始。苣兮蔬之常，隨事藝其子。
破塊數席間，荷鋤功易止。兩旬不甲拆，空惜埋泥滓。
野莧迷汝來，宗生實於此。此輩豈無秋，亦蒙寒露委。
翻然出地速，滋蔓戶庭毀。因知邪干正，掩抑至沒齒。
賢良雖得祿，守道不封己。擁塞敗芝蘭，眾多盛荊杞。
中園陷蕭艾，老圃永為恥。登於白玉盤，藉以如霞綺。

　　筧也無所施，胡顏入筐篚。

　　子美因夏熱與秋雨所阻，不曾走出客堂。現在秋色宜人，子美在理畦之餘，勝任自己的腳力，他又開始出遊了。他先去遊夔州卓立群峰之表的白鹽山，然後再遊奉節以東六里的先主廟及武侯廟。成都的先主廟附武侯祠堂，夔州則二廟並列。蜀人立廟祀念先主與武侯，而曹魏後世無聞，子美有感及此，因寫了「謁先主廟」及後人熟悉的「古柏行」兩詩。

古柏行

　　孔明廟前有老柏，柯如青銅根如石。
　　霜皮溜雨四十圍，黛色參天二千尺。
　　雲來氣接巫峽長，月出寒通雪山白。
　　君臣已與時際會，樹木猶爲人愛惜。
　　憶昨路繞錦亭東，先主武侯同閟宮。
　　崔嵬枝幹郊原古，窈窕丹青戶牖空。
　　落落盤踞雖得地，冥冥孤高多烈風。
　　扶持自是神明力，正直元因造化功。
　　大廈如傾要樑棟，萬牛迴首丘山重。
　　不露文章世已驚，未辭剪伐誰能送。
　　苦心豈免容螻蟻，香葉終經宿鸞鳳。
　　志士幽人莫怨嗟，古來材大難爲用。

　　除了遊覽之外，子美也有一些私人的交遊活動。這時朝廷的殿中監楊監在夔州，他藏有張旭的草書眞蹟和馮紹正的畫鷹拓本。張旭是「飲中八仙歌」中的草聖。馮紹正開元八年爲戶部侍郎，善畫鷹，極盡其形態。名畫記說：「曾於禁中畫五龍堂，有降雲蓄雨之感。」

　　子美到了他的寓所，楊監拿出珍藏請他品鑑，子美觀畫、觀

書，各寫了一首詩。

殿中楊監見示張旭草書圖

　　斯人已云亡，草聖秘難得。及茲煩見示，滿目一悽惻。
　　悲風生微綃，萬里起古色。鏘鏘鳴玉動，落落群松直。
　　連山蟠其間，溟漲與筆力。有練實先書，臨池眞盡墨。
　　俊拔爲之主，暮年思轉極。未知張王後，誰並百代則。
　　嗚呼東吳精，逸氣感清識。楊公拂篋笥，舒卷忘寢食。
　　念昔揮毫端，不獨觀酒德。

　　張旭是東吳蘇州人，李欣贈張顚詩有「皓首窮草隸，時稱太湖精。」之句，醉後善書，自是酒德可觀。子美有自己的「飲中八仙歌」的「張旭三杯草聖傳」可證。

　　子美愛好書畫，於畫又特別喜歡馬與鷹，看了楊監的十二扇臨摹馮紹正的鷹，他也寫了一首詩，托意才志不展，發興於鷹揚者，自多警策之句。

　　這時候，杜鴻漸正以黃門侍郎平章事帥蜀，楊監要入川見他，子美作詩送別，認爲杜鴻漸定會借重他的才能，使爲國家效勞。

　　到了仲秋，子美發現西閣臨江的山上有一塊平地，十分適合搭建草屋，比「客堂」所在地好多了，於是他決定遷居西閣。

　　「唉，我剛剛種下萵苣。」宗文苦笑著。

　　「我們可以回來收成。」宗武提醒他。

　　「對，我們處處耕種，處處有園圃。」子美高地說。

　　子美一家人多年來已習慣於飄泊生活，因此楊夫人和宗文、宗武都不感到意外。稍事收拾，他們便遷居西閣了。

　　秋後，朝廷任命柏茂琳爲夔州都督，子美自然爲之一喜。柏茂琳來到夔州，老友重逢，爲子美在客中帶來欣喜，他也有爲意府柏都督謝上表。

子美住在臨江高地，雖是草屋山居，但生活似乎過得相當閒適。他有好幾首詩都是以西閣爲題或與西閣有關。最爲後人欣賞的一首是

閣夜（即西閣）

歲暮陰陽催短景，天涯霜雪霽寒宵。
五更鼓角聲悲壯，三峽星河影動搖。
野哭千家聞戰伐，夷歌幾處起漁樵。
臥龍躍馬終黃土，人事音書漫寂寥。

另一首是在西閣詠月的：

月

四更山吐月，殘夜水明樓。塵匣元開鏡，風簾自上鉤。
兔應疑鶴髮，蟾亦戀貂裘。斟酌姮娥寡，天寒奈九秋。

黃生讚此詩「寫景精切，布格整齊，運意又極玲瓏，東坡但以『殘夜水明樓』五字，稱爲絕唱，其比興之深遠，從來未經人道也。」

自居西閣，因有柏茂琳的接濟，生活過得十分平穩。子美似乎恢復了一些壯年的豪情。有一天他參加柏中丞的宴會，在衆賓客之間，觥籌交錯，飲得十分酣暢，子美在微醉中談論壯年與蘇源明一起狩獵的往事，竟要騎馬，衆賓客來不及阻止，他已一躍上馬直馳而去。從白帝城到瞿唐關，高達八千尺，子美揮戟直下平岡，醉而忘險。但因年事已高，精力不濟，終至半途一蹶墜馬而受傷了。當日在場的賓客，多去探望慰問。子美寫了一首詩追述此事，從躍馬、墜馬到受傷，層次分明，其情其景躍然紙上。

醉為墜馬諸公攜酒相看

甫也諸侯老賓客，罷酒酣歌拓金戟。
騎馬忽憶少非時，散蹄迸落瞿唐石。

白帝城門水雲外，低身直下八千尺。
粉蝶電轉紫游韁，東得平岡出天壁。
江村野堂爭入眼，垂鞭嚲鞚凌紫陌。
向來皓首驚萬人，自倚紅顏能騎射。
安知決臆追風足，朱汗駱驔猶噴玉。
不虞一蹶終損傷，人生快意多所辱。
職當憂戚伏衾枕，況乃遲暮加煩促。
朋知來問眄我顏，杖藜強起依僮僕。
語盡還成開口笑，提攜別匭清溪曲。
酒肉如山又一時，初筵哀絲動豪竹。
共指西日不相貸，喧呼且覆杯中淥。
何必走馬來爲問，君不見嵇康養生被殺戮。

　　墜馬雖說只受輕傷，但也得多躺著休息。他不懊惱，反而詩
思如泉湧，每一個回憶的片段，都能寫出一首長詩，如「往在」、
「昔遊」、「壯遊」及「夔府書懷四十韻」等，這些篇章幾乎就
是自傳。另外，又檢點舊作加上新作輯爲一組「八哀詩」，則是
爲李思禮、李光弼、嚴武、汝陽王李璡、李邕、蘇源明、鄭虔、
張九齡立傳。他在「八哀詩」前序云：「傷時盜賊未息，嘆舊懷
賢，終於張相國。八公前後存歿，遂不銓次。」嚴武、蘇源明和
鄭虔，是子美往還密切的好友。茲錄其三首。

贈左僕射鄭國公嚴公武

鄭公瑚璉器，華岳金天晶。昔在童子日，已聞老成名。
巋然大賢後，復見秀骨清。開口取將相，小心事友生。
閱書百氏盡，落筆四座驚。歷職匪父任，嫉邪嘗力爭。
漢儀尚整肅，胡騎忽縱橫。飛傳自河隴，逢人問公卿。
不知萬乘出，雪涕風悲鳴。受辭劍閣道，謁帝蕭關城。

寂寞雲臺仗，飄飄沙塞旌。江山少使者，笳鼓凝皇情。
壯士血相視，忠臣氣不平。密論貞觀體，揮發岐陽征。
感激動四極，聯翩收二京。西郊牛酒再，原廟丹青明。
匡汲俄骸辱，衛霍竟哀榮。四登會府地，三掌華陽兵。
京兆空柳色，尚書無履聲。群烏自朝夕，白馬休橫行。
諸葛蜀人愛，文翁儒化成。公來雪山重，公去雪山輕。
記室得何遜，韜鈐延子荊。四郊失壁壘，虛館開逢迎。
堂上指圖畫，軍中吹玉笙。豈無成都酒，憂國只細傾。
時觀錦水釣，問俗終相并。意待犬戎滅，人藏紅粟盈。
以茲報主願，庶獲裨世程。炯炯一心在，沉沉二豎嬰。
顏回竟短折，賈誼徒忠貞。飛旐出江漢，孤舟轉荊衡。
虛橫馬融笛。恨望龍驤塋。空餘老賓客，身上愧簪纓。

故秘畫少監武功蘇公源明

武功少也孤，徒步客徐兗。讀書東嶽中，十載考墳典。
時下萊蕪郭，忍饑浮雲蠟。負米晚爲身，每食臉必泫。
夜宇照熱薪，垢衣生碧蘚。庶以勤苦志，報茲劬勞願。
學蔚醇儒姿，文包舊史善。灑落辭幽人，歸來潛京輦。
射君東堂策，宗匠集精選。制可題未乾，乙科已大闡。
文章日自負，椽吏亦累踐。晨趨閶闔內，足踏寂昔跣。
一麾出守還，黃屋朔風卷。不暇陪八駿，虜庭悲所遣。
平生滿樽酒，斷此朋知展。憂憤病二秋，有恨石可轉。
肅宗復社稷，得無順逆辨。范曄顧其兒，李斯憶黃犬。
秘書茂松色，再飫祠壇墠。前後百卷文，枕藉皆禁臠。
篆刻揚雄流，溟漲本末淺。青熒芙蓉劍，犀兕豈獨剸。
反爲後輩褻，予實苦懷緬。煌煌齋房芝，事絕萬手搴。
垂之俟來者，正始徵勸勉。不要懸黃金，胡爲投乳竇？

結交三十載，吾與誰游衍？滎陽復冥寞，罪罟已橫胃。

嗚呼子逝日，始泰則終寒。長安米萬錢，凋喪盡餘喘。

戰伐何當解，歸帆阻清沔。尚纏漳水疾，永負蒿里餞。

此詩敘蘇源明之讀書、出仕及以後的屢遭橫逆，他死於長安物價高漲，斗米千文的年代。子美與他三十載的交游，知之深而悼之惜之亦深也。

故著作郎貶台州司戶滎陽鄭公虔

鷄居至魯門，不識鐘鼓響。孔翠望赤宵，愁思雕籠養。

滎陽冠眾儒，早聞名公賞。地崇士大夫，況乃氣精爽。

天然生知質，學立游夏上。神農或闕漏，黃石愧師長。

藥纂西極名，兵流指諸掌。貫穿無遺恨，薈蕞何技癢。

主臬星經奧，蟲篆丹青廣。子雲窺未遍，方朔諧太枉。

神翰顧不一，體變鍾兼兩。文傳天下口，大字猶在牓。

昔獻書畫圖，新詩亦俱往。滄洲動玉陛，寡鶴誤一響。

三絕自御題，四方尤所仰。嗜酒益疏放，彈琴視天壤。

形骸實土木，親近惟几杖。未曾寄官曹，突兀倚書幌。

晚就芸香閣，胡塵昏坱莽。反覆歸聖朝，點染無滌盪。

老蒙台州掾，遲泛浙江槳。履穿四明雪，饑拾楢溪橡。

空聞紫芝歌，不見杏壇丈。天長眺東南，秋色餘魍魎。

別離慘至今，斑白徒懷曩。春深秦山秀，葉墜清渭朗。

劇談王侯門，野稅林下鞅。操紙終夕酣，時勿集遐想。

詞場竟疏闊，平昔濫推獎。百年見存歿，牢落吾安放。

蕭條阮咸在，出處問世網。他日訪江樓，含悽述飄蕩。

子美足居西閣高山，下視峽中江水日夜奔騰。當此秋日，每逢月夜，憂國思鄉之情油然而生。特別是不寐時，孤燈自照，看星輝，聽濤聲，他感觸很多，寫下了「江月」、「月圓」、「夜」、

「吹笛」、「西閣夜」等詩篇，對月傷懷。且看他的：

江月

江月光如水，高樓思殺人。天邊長作客，老去一霑巾。

玉露溥清影，銀河沒半輪。誰家挑錦字，燭滅翠眉顰。

月圓

孤月當樓滿，寒江動夜扉。委波金不定，照席綺逾依。

未缺空山靜，高懸列宿稀。故園松桂發，萬里共清輝。

結草屋於山間，亦當高樓看待，只要身心舒適，何異於高堂華宅。
子美除了必要的應酬之外，他就懶得下山。回憶往事，為自己寫
下了傳記式的「壯遊」與「昔遊」。

壯遊

往者十四五，出遊翰墨場。斯文崔魏（原注：崔鄭州尚，魏
豫州啟心）徒，以我似班揚。

七齡思即壯，開口詠鳳皇。九齡書大字，有作成一囊。

性豪業嗜酒，嫉惡懷剛腸。脫落小時輩，結交皆老蒼。

飲酣視八極，俗物多茫茫。東下姑蘇臺，已具浮海航。

到今有遺恨，不得窮扶桑。王謝風流遠，闔閭丘墓荒。

劍池石壁仄，長洲芰荷香。嵯峨閶門北，清廟映迴塘。

每趨吳太伯，撫事淚浪浪。蒸魚聞匕首，除道哂要章。

枕戈憶勾踐，渡浙想秦皇。越女天下白，鑑潮五月涼。

剡溪蘊秀異，欲罷不能忘。歸帆拂天姥，中歲貢舊鄉。

氣劘屈賈壘，目短曹劉牆。忤下考功第，獨辭京尹堂。

放浪齊趙間，裘馬頗清狂。春歌叢臺上，冬獵青丘旁。

呼鷹皂櫪林，逐獸雲雪岡。射飛曾縱鞚，引臂落鶩鶬。

蘇侯據鞍喜，忽如攜葛彊。快意八九年，西歸到咸陽。

許與必詞伯，賞遊實賢王。曳裾置醴地，奏賦入明光。

天子廢食召，群公會軒裳。脫身無所愛，痛飲信行藏。
黑貂寧免敝，斑鬢兀稱觴。杜曲晚耆舊，四郊多白楊。
坐深鄉黨敬，日覺死生忙。朱門任傾奪，赤族迭罹殃。
國馬竭粟豆，官雞輸稻粱。舉隅見煩費，引古惜興亡。
河朔風塵起，岷山行幸長。兩宮各警蹕，萬里遙相望。
崆峒殺氣黑，少海旌旗黃。禹功亦命子，涿鹿親戎行。
翠華擁吳岳，貔虎瞰豺狼。爪牙一不中，胡兵更陸梁。
大軍載草草，凋瘵滿膏肓。備員竊補袞，憂憤心飛揚。
上感九廟焚，下憫萬民瘡。斯時伏青蒲，廷諍守御床。
君辱敢愛死，赫怒幸無傷。聖哲體仁恕，宇縣復小康。
哭廟灰燼中，鼻酸朝未央。小臣議論絕，老病客殊方。
鬱鬱苦不展，羽翮困低昂。秋風動哀壑，碧蕙捐微芳。
之推避賞從，漁父濯滄浪。榮華敵勳業，歲暮有嚴霜。
吾觀鴟夷子，才格出尋常。群兇逆未定，側佇英俊翔。

「壯遊」一詩先敘少年之事，繼述吳越、齊趙之遊，然後回到長安，旅食京華。後有天寶之亂，敘奔赴鳳翔行在扈從還京，因上疏救房琯被貶，棄官入蜀。最後老客殊方，鬱鬱無所展布。傷已慨世，全詩押五十六韻，跌宕豪放。王嗣奭「杜臆」說：「此乃公自為傳，其行徑大都似李太白。然李一味豪放，公卻豪中有細。又云：觀其吳越齊趙之遊，壯歲文遺逸多矣，豈晚歲詩律轉細。自寨前魚耶？」

昔遊

昔者與高李，晚登單父臺。寒蕪際碣石，萬里風雲來。
桑柘葉如雨，飛藿去徘徊。清霜大澤凍，禽獸有餘哀。
是時倉廩實，洞達寰區開。猛士思滅胡，將帥望三台。
君王無所惜，駕馭英雄材。幽燕盛用武，供給亦勞哉。

吳門轉粟帛，泛海陵蓬萊。肉食三十萬，獵射起黃埃。

隔河憶長眺，青戲已摧頹。不及少年日，無復故人杯。

賦詩獨流涕，亂世想賢才。有能市駿骨，莫恨少龍媒。

商山議得失，蜀主脫嫌猜。呂尚封國邑，傳說已鹽梅。

景晏楚山深，水鶴去低回。龐公任本性，攜子臥蒼苔。

　　此詩敘昔日與高李東遊之事，今日舊交零落，勝遊已不能再，而世亂且未能平。援古人以寄慨，有無限淒涼之意。

　　「往在」一詩亦是憶往之作，歷敘三朝治亂，一是玄宗出奔，二是肅宗收京，三是代宗還宮。從起句「往在西京日，胡來滿彤宮。」到結句「歸號故松柏，老去苦飄蓬。」喪亂不已，終至遠長安，飄蓬蜀地，心中自無限悲酸。

　　九月某日是宗武的生日，他於天寶十二載，在戰亂中長大，今年已十四歲了。楊夫人難得今天做一些菜，為宗武慶生。

　　「弟弟生日，我們也打牙祭。」宗文說「可惜我釣不到魚。」

　　「哥，我們去林子裡。」宗武說，「看能不能獵到一隻山雞或野兔」兄弟兩人去了半天，卻是空手而回，而子美卻做了一首詩：

宗武生日

小子何時見，高秋今日生。自從都邑語，已伴老夫名。

詩是吾家事，人傳世上情。熟精文選理，休覓彩衣輕。

凋瘵筵初秋，欹斜坐不成。流霞分片片，涓滴就徐傾。

　　到了九日，子美與幾個朋友有登高之約。前一日他寫了一首詩：

九日諸人集於林

九日明朝是，相要舊俗非。老翁難早出，賢客幸知歸。

舊采黃花賸，新梳白髮微。漫看年少樂，忍淚已沾衣。

　　因爲登高，子美感慨至深，胸中累積的感情都欲一瀉爲快，於是他寫下了在夔州最重要的一組詩「秋興八首」。子美自永泰元年秋至雲安，大曆元年秋住夔州西閣，下臨江峽，因秋而起興，羈旅懷鄉之情十分沉重。王嗣奭說：「以第一起興，而後章俱發隱衷，或起下，或承上，或互發，或遙應，總是一篇文字。又云：首章發興四句，便影時事，見喪亂凋殘景象。後四句，乃悲秋心事。此一首便包括後七首。而故園心，乃畫龍點睛處。至四章故國思，讀者當另著眼，易家爲國，其意甚達。後面四章，又包括於其中。如人主之荒淫，盛衰倚伏，景物之繁華，人情之佚豫皆能召亂。平居思之，已非一日，今飄泊於此，袛有頭白低垂而已。此中情事，不忍明言，不能盡言，人當得於言外也。」

　　黃生曰：「杜公七律，當以「秋興」爲裘領，乃公一生心神之所作也。八首之中，長安一章，乃文章之過渡。」

　　王黃兩家之說，已把「秋興」作了最確切的解釋。

秋興八首

玉露凋傷楓樹林，巫山巫峽氣蕭森。
江間波浪兼天湧，塞上風雲接地陰。
叢菊兩開他日淚，孤舟一繫故園心。
寒衣處處催刀尺，白帝城高急暮砧。

　　其二

夔府孤城落日斜，每依北斗望京華。
聽猿實下三聲淚，奉使虛隨八月槎。
畫省香爐違伏枕，山樓粉堞隱悲笳。
請看石上藤蘿月，已映洲前蘆荻花。

　　其三

千家山郭靜朝暉，日日江樓坐翠微。
信宿漁人還汎汎，清秋燕子故飛飛。
匡衡抗疏功名薄，劉向傳經心事違。
同學少年多不賤，五陵衣馬自輕肥。

其四

聞道長安似奕棋，百年世事不勝悲。
王侯第宅皆新主，文武衣冠異昔時。
直北關山金鼓震，征西車馬羽書馳。
魚龍寂寞秋江冷，故國平居有所思。

其五

蓬萊高闕對南山，承露金莖宵漢間。
西望瑤池降王母，東來紫氣滿函關。
雲移雉尾開宮扇，日繞龍鱗識聖顏。
一臥滄江驚歲晚，幾回青瑣點朝班。

其六

瞿唐峽口曲江頭，萬里風煙接素秋。
花萼夾城通御氣，芙蓉小苑入邊愁。
珠簾繡柱圍黃鵠，錦纜牙檣起白鷗。
回首可憐歌舞地，秦中自古帝王州。

其七

昆明池水漢時功，武帝旌旗在眼中。
織女機絲虛夜月，石鯨鱗甲動秋風。
波漂菰米沉雲黑，露冷蓮房墜粉紅。
關塞極天唯鳥道，江湖滿地一漁翁。

其八

昆吾御宿自逶迤，紫閣峰陰入渼陂。

香稻啄餘鸚鵡粒，碧梧棲老鳳凰枝。

佳人拾翠春相問，仙侶同舟晚更移。

綵筆昔曾干氣象，白頭今望苦低垂。

「秋興八首」沉雄富麗，意境高邁。佈格與句法在七律詩上呈現了一大突破。實在到了登峰造極的地步。

在西閣這一時期的作品還有「諸將五首」，是議論政治與時事。「詠懷古蹟五首」，是借古蹟以抒己懷，并非專詠古蹟。這三組七律，成爲子美在夔州時代最重要的詩篇。

詠懷古蹟五首

支離東北風塵際，漂泊西南天地間。

三峽樓臺淹日月，五溪衣服共雲山。

羯胡事主終無賴，詞客哀時且未還。

庾信生平最蕭瑟，暮年詩賦動江關。

其二

搖落深知宋玉悲，風流儒雅亦吾師。

悵望千秋一灑淚，蕭條異代不同時。

江山故宅空文藻，雲雨荒臺豈夢思。

最是楚宮俱泯滅，舟人指點到今疑。

其三

群山萬壑赴荊門，生長明妃尚有村。

一去紫臺連朔漠，獨留青塚向黃昏。

畫圖省識春風面，環珮空歸月下魂。

千載琵琶作胡語，分明怨恨曲中論。

其四

蜀主窺吳幸三峽，崩年亦在永安宮。

翠華想像空山裡，玉殿虛無野寺中。

古廟杉松巢水鶴，歲時伏臘走村翁。

武侯祠屋長鄰近，一體君臣祭祀同。

其五

諸葛大名垂宇宙，宗臣遺像肅清高。

三分割據紆籌策，萬古雲宵一羽毛。

伯仲之間見伊呂，指揮若定失蕭曹。

運移漢祚終難復，志決身殲軍務勞。

「杜臆」云：「懷庾信、宋玉以斯文為已任也。懷先主、武侯嘆君臣際會之難逢也。中間昭君一章，蓋入宮見妒，與入朝見妒者，千古有同感焉。」

這年秋季，子美心情特佳，除了一些應酬宴飲之外，其餘時間都在賦詩。他有「解悶十二首」，那是興之所至，發為短吟，是一組輕鬆明快的七絕。

解悶十二首

草閣柴扉星散居，浪翻江黑雨飛初。

山禽引子哺紅果，溪女得錢留白魚。

其二

商胡離別下揚州，憶上西陵故驛樓。

爲問淮南米貴賤，老夫乘興欲東遊。

其三

一辭故國十經秋，每見秋瓜憶故丘。

今日南湖採薇蕨，何人爲覓鄭瓜州。

其四

沈范早知何水部，曹劉不待薛郎中。

獨當省署開文苑，兼泛滄浪學釣翁。

其五

李陵蘇武是吾師，孟子論文更不疑。
一飯未曾留俗客，數篇今見古人詩。
　　其六
復憶襄陽孟浩然，清詩句句盡堪傳。
即今耆舊無新語，漫釣槎頭縮頸鯿。
　　其七
陶冶性靈存底物，新詩改罷自長吟。
熟知二謝將能事，頗學陰何苦用心。
　　其八
不見高人王右丞，藍田丘壑蔓寒藤。
最傳秀句寰區滿，未絕風流相國能。
　　其九
先帝貴妃今寂寞，荔枝還復入長安。
炎方每續朱櫻獻，玉座應悲白露團。
　　其十
憶過瀘戎摘荔枝，青楓隱映石逶迤。
京華應見無顏色，紅顆酸甜只自知。
　　其十一
翠瓜碧李沈玉甃，赤梨蒲萄寒露成。
可憐先不異枝蔓，此物娟娟長遠生。
　　其十二
側生野岸及江蒲，不熟丹宮滿玉壺。
雲壑布衣鮐背死，勞人害馬翠眉須。

　　「解悶十二首」雖說是解悶，卻有深意存焉。談到沈范、談到曹劉，談到蘇武、李陵，又憶孟浩然，又憶王右丞，這都與子美詩的創作的理念有關。更可注意的是，後面四首都說到荔枝，

其意至為明顯。當年這些貢物遠輸長安，勞人害馬，以致召禍。此處正見子美對國事之用心。

此外，子美又以「鸚鵡」、「孤雁」、「鷗」、「猿」、「麂」、「雞」、「黃魚」、及「白小」為題，作了八首詠物的詩，托意憐物，可見詩人之心。茲錄二首：

黃魚

日出巴東峽，黃魚出浪新。脂膏兼飼犬，長大不容身。
筒桶相沿久，風雷肯為伸。泥沙卷涎沫，回首怪龍鱗。

雞

紀德名標五，初鳴度必三。殊方聽有異，失次曉無慚。
間俗人情似，充庖爾輩堪。氣交亭育際，巫峽漏司南。

仇注：詠雞，嘆其當鳴而不鳴也。上六敘事是案，下二歸結是斷。德常標五（韓詩外傳：頭載冠，文也。足傳距武也。遇敵而鬥勇也。得食相呼義也。鳴不失時信也。）鳴必度三（史。曆書：雞三鳴，卒明。）此雞之職也。今在殊方，聽之則異，夜鳴失次矣。比曉寧無慚乎？乃問之習俗，人情皆云如是，彼既不能司晨，亦但堪充庖已耳。當子半亭育之時，而巫峽漏聲早有司南之報，雞鳴果安在哉？

雞、魚不似子美所喜歡的馬與鷹，但祗要被子美作為詩材，入手便能成為一首好詩。像「雞」、「黃魚」一類的情形很多。在這裡，我們可以看他稍後所作的一首「縛雞行」，是一首很富哲理的七古。

縛雞行

小奴縛雞向市賣，雞被縛急相喧爭。
家中厭雞食蟲蟻，不知雞賣還遭烹。
雞蟲於人何厚薄，吾叱奴人解其縛。

　　雞蟲得失無了時，注目寒江倚山閣。

　　雞蟲得失原是一個不成問題的問題，但要齊物則計無所出，子美的結句「注目寒江倚山閣」，把答案懸著，真是妙不可言。

　　天地萬物，人間萬事，都是子美的詩材，一經入手便運用自如。但子美并非恃其才氣，而是下過一番苦功的。一如他自己所宣示的「語不驚人死不休。」「讀書破萬卷，下筆如有神」、「新詩改罷自長吟」等可知。他嚴謹的創作態度，煉字鑄句，真是千錘百鍊，到了爐火純青的地步了。子美在這一時期的作品「偶題」一詩中，作了最好的說明：「文章千古事，得失寸心知」。「杜臆」認為這是杜詩的一篇總序。

偶題

文章千古事，得失寸心知。作者皆殊列，名聲豈浪垂。
騷人嗟不見，漢道盛於斯。前輩飛騰入，餘波綺麗為。
後賢兼舊制，歷代各清規。法自儒家有，心從弱歲疲。
永懷江左逸，多病鄴中奇。騄驥皆良馬，騏驎帶好兒。
車輪徒已斲，堂構惜仍虧。漫作潛夫論，虛傳幼婦碑。
緣情慰漂蕩，抱疾屢遷移，經濟慚長策，飛棲假一枝。
塵沙傍蜂蠆，江峽繞蛟螭。蕭瑟唐虞遠，聯翩楚漢危。
聖朝兼盜賊，異俗更喧卑。鬱鬱星辰劍，蒼蒼雲雨池。
兩都開幕府，萬宇插軍麾。南海殘銅柱，東風避月支。
音書恨烏鵲，號怒怪熊羆。稼穡分詩興，柴荊學士宜。
故山迷白閣，秋水憶黃陂。不敢要佳句，愁來賦別離。

　　這一段時期，子美與之常有來往的是柏中丞、王兵馬使、李功曹以及王十六判官等人。王兵馬使是荊南節度使派來治兵的。他有二隻頭上長著角毛的勇猛的獵鷹。子美一向喜歡馬與鷹，因此帶了宗文、宗武兄弟去看角鷹。

王兵馬使很誇讚兩位小兄弟。帶了他們到後院去看角鷹，跟他們講出獵時放鷹的情形。

「我發現這山上有黑白二鷹。」兵馬使說，「我一看便知道牠的毛骨與別的鷹不同。但一直沒有法子捉到牠。」

「漠北的白鷹身體是很壯大的。」子美說。

「內地白鷹不多。」兵馬使說，「這時候取鷹已經遲了些，牠們都想遠遊了。」兵馬使停了一會，轉對子美說，「看來難以羅網了，很想請子翁賦詩記下。」

「好的。」子美一口答應。

於是王兵馬使為子美描述白黑二鷹的形狀和神態。子美二記在心裡。

隔天子美便寫成了兩首詩篇。

王兵馬使二角鷹

悲臺蕭瑟石巃嵷，哀壑杈枒浩呼洶。
中有萬里之長江，迴風滔日孤光動。
角鷹倒翻壯士臂，將軍玉帳軒翠氣。
二鷹猛腦條徐墜，目如愁胡視天地。
杉雞竹兔不自惜，溪虎野羊俱辟易。
鞴上鋒稜十二翮，將軍勇銳與之敵。
將軍樹勳起安西，崑崙虞泉入馬蹄。
白羽曾肉三俊倪，敢決豈不與之齊。
荊南芮公得將軍，亦如角鷹下朔雲。
惡鳥飛飛啄金屋，安得汝輩開其群。
驅出六合梟鸞分。

見王監兵馬使說近山有白黑二鷹羅者久取竟未能得王以為毛骨有異他鷹恐臘後春生騫飛避暖勁翮思秋之甚眇不可見請余賦詩

二首。

其一

雪飛玉立盡清秋，不惜奇毛恣遠遊。

在野只教心力破，于人何事網羅求。

一生自獵知無敵，百中怎能恥下鞴。

鵬礙九天須卻避，兔藏三窟莫深憂。

其二

黑鷹不省人間有，渡海疑從北極來。

正翮搏風超紫塞，玄冬幾夜宿陽臺。

虞羅自覺虛施巧，春雁同歸必見猜。

萬里寒空祇一日，金眸玉爪不凡材。

秋盡冬來，江邊梅花綻放，子美眼見李功曹將去荊州。王十六判官亦將出峽，內弟崔滉也要去湖南任幕職，更是撩動鄉愁。他想起在成都時同在嚴武幕中任職的從弟杜位，此時正在江陵任荊南節度使行軍司馬，因以詩代簡，寫了一首詩給他：

寄杜位

寒日經簷短，窮猿失木悲。峽中為客久，江上憶君時。

天地身何在，風塵病敢辭。封書兩行淚，霑灑裹新詩。

眼見柳舒梅放，一年將盡，在這樣飄泊的歲月，詩人對於節序的轉換是特別敏感的。冬至這天，楊夫人準備了一點食物，子美想起了旅食京華的往昔，朝廷和民間，都很重視這個令節。因冬至一陽初生，另一個春天便即開始，一年新計應從此際著手。子美感觸良多，因作「小至」一詩：

小至

天時人事日相催，冬至陽生春又來。

刺繡五紋添弱線，吹葭六琯動飛灰。

> *岸容待臘將舒柳，山意衝寒欲放梅。*
>
> *雲物不殊鄉國異，教兒且覆掌中杯。*

轉瞬到了立春日，楊夫人也做春餅韭菜，子美看見了便說：「羈旅漂泊，難忘習俗，洛陽和長安的立春日的春盤是很講究的。」

「我們在客中，不過是一點意思罷了。」楊夫人說。

「有一年我在杜位家，內堂熱鬧得很，都是杜位娘子在督促婢輩堆春盤。」子美憶往日對楊夫人說，「如今杜位在江陵做行軍司馬，可沒有像以前那樣享福了。」停了一會，子美又說：「看見春盤我就很高興了，讓孩子們也知道些規矩。」

不過，子美心頭的一點旅愁總是難以抹去的。他作一首「立春」以爲迎春，卻是滿含悲意。

立 春

> 春日春盤細生菜，忽憶兩京全盛時。
>
> 盤出高門行白玉，菜傳纖手送青絲。
>
> 巫峽寒江那對眼，杜陵遠客不勝悲。
>
> 此身未知歸定處，呼兒覓紙一題詩。

揮不去的旅愁，一夜春雨飄灑，子美怯於路濕難行，不敢出門拜客飲酒，心中頗是悶悶，乃作：

遣悶戲呈路十九曹長

> 江浦雷聲喧昨夜，春城雨色動微寒。
>
> 黃鸝並坐交愁濕，白鷺群飛太劇乾。
>
> 晚節漸於詩律細，誰家數去酒杯寬。
>
> 唯君最愛清狂客，百遍相過意未闌。

此詩仇注以爲：「公嘗言『老去詩篇渾漫與』，此言『晚節漸於詩律細』何也？」律細，言用心精密，漫與，言出手純熟。熟從精處得來，兩意未嘗不合。但朱瀚以爲此詩從起句到結句都

是俗鄙，皆非少陵本色。但值得注意的是「晚節漸於詩律細」一句，是子美自敘其晚年詩歌創作的心路歷程。

三、瀼西果園　東屯稻田

　　春天來了，子美到處走動，他在赤甲地方發現一處很適於住家種植的地方，因而又決定遷居。雖然他時時傷感羈旅漂泊，但於居處，不論時間長短，總是喜歡擇其勝處，絲毫不覺得搬家的麻煩。王嗣奭說得好：「避亂奔走，無日不思故鄉，造次遷居，必擇勝地，且加修茸點綴，如此襟懷，自不可及。郭林宗逆旅經過必灑掃，王子猷借居必種竹，意正相同。」

　　子美是在大曆二年春，自西閣移居赤甲的。他作「卜居」、「赤甲」、「入宅三首」的詩，以記其事。

卜居

歸羨遼東鶴，吟同楚執珪。未成遊碧海，著處覓丹梯。
雲嶂寬江北，春耕破瀼西。桃紅客若至，定似昔人迷。

赤甲

卜居赤甲遷居新，兩見巫山楚水春。
炙背可以獻天子，美芹由來知野人。
荊州鄭薛寄詩近，蜀客郗岑非我鄰。
笑接郎中評事飲，病從深酌道吾真。

入宅三首

奔峭背赤甲，斷崖當白鹽。客居愧遷次，春色漸多添。
花亞欲移竹，鳥窺新捲簾。衰年不敢恨，勝概欲相兼。

二

亂後居難定，春歸客未還。水生魚復浦，雲暖麝香山。
半頂梳頭白，過眉拄杖斑。相看多使者，一一問函關。

三

　　宋玉歸州宅，雲通白帝城。吾人淹老病，旅食豈才名。

　　峽口風常急，江流氣不平。只應與兒子，飄轉任浮生。

　　遷居赤甲，一、二日的忙碌，很快又恢復正常了。有一天子美參加柏中丞的宴會，他談到遷居赤甲，柏茂琳卻說：「其實瀼西地平，那裡的土質很適於種植果樹，子翁若遷那裡，比赤甲好多了，何妨再去看看」。

　　子美聽到良於種植，立刻提高了興趣。事實上，他早知道離赤甲不遠處有這麼一處地方，去年冬天他作過一首詩「瀼西寒望」，結句是：「瞿唐春欲至，定卜瀼西居。」那時候他已經萌生了卜居瀼西之意。經柏茂琳一提起，更是興致勃勃，於是宴會散後，他便去瀼東找到友人鄭典設和從孫崇簡，一同到瀼西去勘察。

　　子美回家與楊夫人商量，楊夫人笑笑說「幸好我們還沒有開始種植。」

　　「爸，又要搬家了？」宗武問。

　　「那邊有一大片柑橘園。」子美說，「我想把它買過來自己管理。不是很有意思嗎？」

　　「好。」宗文說，「伐木養蜂我很在行。」

　　子美一家，先在山邊人家暫時租賃了三間草屋於三月遷居瀼西了。土人謂「瀼」是山間之流通江者，可見這是河之西的一大片較平坦的溪谷地。

　　子美對新的環境，一方面充滿了好奇與喜悅，一方面又感傷亂世，羈旅孤棲。這種複雜的情感，無時無刻不在他的詩中表現出來。但在任何環境下，他不僅不廢詩，而且苦心的經營。正如他在「宗武生日」一詩中所說：「詩是吾家事」，同時也是他藝術創作的一貫態度。

進住瀼西草堂後，子美立刻寫了五首詩。

暮春題瀼西新賃草屋五首

久嗟三峽客，再與暮春期。百舌欲無語，繁花能幾時。
谷虛雲氣薄，波亂日華遲。戰伐何由定，哀傷不在茲。

其二

此邦千樹橘，不見比封君。養拙干戈際，全生麋鹿群。
畏人江北草，旅食瀼西雲。萬里巴渝曲，三年實飽聞。

其三

絲雲陰復白，錦樹曉來青。身世雙蓬鬢，乾坤一草亭。
哀歌時自惜，醉舞為誰醒。細雨荷鋤立，江猿吟翠屏。

其四

壯年學書劍，他日委泥沙。事主非無祿，浮生即有涯。
高齋依藥餌，絕域改春華。喪亂丹心破，王臣未一家。

其五

欲陳濟世策，已老尚書郎。不息豺狼鬥，空慚鴛鷺行。
時危人事急，風逆羽毛傷。落日悲江漢，中宵淚滿床。

　　遷居不久，清明節便到了。子美感傷流寓，不能歸鄉展墓。
因而作詩示宗文、宗武。

熟食日示宗文宗武

消渴遊江漢，羈棲尚甲兵。幾年逢熟食，萬里逼清明。
松柏邙山路，風花白帝城。汝曹催我老，回首淚縱橫。

又示兩兒

令節成吾老，他時見汝心。淨生看物變，為恨與年深。
長葛書難得，江州涕不禁。團圓思弟妹，行坐白頭吟。

　　老年不得歸鄉，弟妹遠隔不能相見，他是很篤於親情的，此
心之悲，不是兒輩所能了解。正於此時得到二弟觀的來信，他自

中都來到江陵，很快就會到夔州來。這給子美帶來一點歡喜。他
有詩：

得舍弟觀書自中都已達江陵今茲暮春月末行李合到夔州悲喜相兼團圓可待賦詩即事情見乎詞

爾過江陵府，何時到峽州。亂離生有別，聚集病應瘳。
颯颯開啼眼，朝朝上水樓。老身須付托，白骨更何憂。

喜觀即到復題短篇二首

巫峽千山暗，終南萬里春。病中見吾弟，書到汝爲人。
意答兒童問，來經戰伐新。泊船悲喜後，款款話歸秦。

其二

待汝嗔烏鵲，拋書示鶺鴒。枝間喜不去，原上急曾經。
江閣嫌津柳，風帆數驛亭。應論十年事，愁絕始惺惺。

子美於弟妹親情之深，屢見於詩篇，同時也篤於友情，特別
是同輩的詩友。自從李白、蘇源明、鄭虔諸人謝世後，另一些朋
友散居各地，但他無時不懷念著，每有入蜀的人經過夔州，他總
會探問消息。這一天他聽到在荊州的薛璩將北歸京師，念自己尚
在羈旅，一時悲喜交集，寫了一詩寄贈。

薛璩是於天寶六年風雅古調科及第，曾爲尚書郎中。子美在
「解悶」十二首的第四首曾比爲何水部，此時又稱爲蓋代手，但
他的詩并無傳世者。可知唐詩尚多遺逸。

寄薛三郎中璩

人生無賢愚，飄颻若埃塵。自非得神仙，誰克免其身。
與子俱白頭，役役常苦辛。雖爲尚書郎，不及村野人。
憶昔村野人，其樂難具陳。藹藹桑麻交，公侯爲等倫。
天未厭戎馬，我輩本常貧。子尚客荊州，我亦滯江濱。
峽中一臥病，瘧癘終冬春。春復加肺氣，此病蓋有因。

> 早歲與蘇鄭，痛飲情相親。二公化爲土，嗜酒不失眞。
> 余今委修短，豈得恨命屯。聞子心甚壯，所過信席珍。
> 上馬不用扶，每扶必怒嗔。賦詩賓客間，揮灑動八垠。
> 乃知蓋代手，才力老益神。青草洞庭湖，東浮滄海漘。
> 君山可避暑，況足采白蘋。子豈無扁舟，往復江漢津。
> 我未下瞿唐，空念禹功勤。聽說松門峽，吐藥攬衣巾。
> 高秋卻束帶，鼓枻視青旻。鳳池日澄碧，濟濟多士新。
> 余病不能起，健者勿逡巡。上有明哲君，下有行化臣。

　　這是一篇詩簡，欣喜老友健康如昔，敘說自己則因衰病滯留
夔州。但北歸之志無時或忘也。

　　住進瀼西草屋，子美在柏都督和朋友們的協助下，很快的買
下了四十畝果園。隔溪另有小園建了一間茅屋，他是詩人，竟過
起農莊主人的生活來了。

　　但他是閒不住的人。理畦、種植、伐木築籬，無不事事操心。
這時莊園內，除了宗文、宗武外，阿段也來了，另外還雇用了男
女工人伯夷（杜臆說：「伯當作柏，隸人不當名伯夷」）辛秀、
信行等，整個莊園好不熱鬧。

　　「爸，你可以多休息了。」宗文說，「不要太操心了。」

　　「爸，你專管做詩好了。」宗武說。

　　「我老病漂泊。」子美聽了兒子的話笑笑說，「今天在夔州
卻有這樣一個局面，想想也眞是好笑。」

　　楊夫人一直在料理草屋的物件，聽見他們父子的談話就說：
「不論怎樣，我們好好的管理果園罷，等時局太平了還鄉才有意
思。」

　　這時候消息傳來，河北亂平，諸道節度分別入朝。子美雖高
興卻也頗有隱憂，深怕朝廷不能振作，將來難免還有後患。但一

時歡喜，作了口號絕句十二首。

承聞河北諸道節度入朝歡喜口號絕句十二首

祿山作逆降天誅，更有思明亦已無。

洶洶人寰猶不定，時時戰鬥欲可須。

其二

社稷蒼生計必安，蠻夷雜種錯相干。

周宣漢武今王是，孝子忠臣後代看。

其三

喧喧道路好童謠，河北將軍盡入朝。

自是乾坤王室正，卻教江漢客魂銷。

其四

不道諸公無表來，茫茫庶事遣人猜。

擁兵相學干戈銳，使者徒勞萬里迴。

其五

鳴玉鏘金盡正臣，修文偃武不無人。

興王會靜妖氛氣，聖壽宜過一萬春。

其六

英雄見事若通神，聖哲為心小一身。

燕趙休矜出佳麗，宮闈不擬選才人。

其七

抱病江天白首郎，空山樓閣暮春光。

衣冠是日朝天子，草奏何時入帝鄉。

其八

灃漫山東一百州，削成如案抱青丘。

包茅重入歸關內，王祭還供盡海頭。

其九

東逾遼水北滹沱，星象風雲喜共和。
紫氣關臨天地闊，黃金臺貯俊賢多。
　　其十
漁陽突騎邯鄲兒，酒酣並轡金鞭垂。
意氣即歸雙闕舞，雄豪復遣五陵知。
　　其十一
李相將軍擁薊門，白頭惟有赤心存。
竟能盡說諸侯入，知有從來天子尊。
　　其十二
十二年來多戰場，天威已息陣堂堂。
神靈漢代中興主，功業汾陽異姓王。

　　有了果園有了菜圃，子美一家的生活過得很熱鬧。他好像忘記了一直折磨他的病痛……風濕和肺疾。

　　阿段是最好的一個管園人，他來時帶著初出的查梨、柰子和梅杏嘗新。阿段是少數民族獠人，中等身材，面黝黑，看來是一個忠實的漢子。初顧用他時以為他體力不夠，誰知他的手腳靈活，做事俐落，因此子美一家人都喜歡他。雖則有些語言差異，溝通時比較吃力，但要他做的不過是果園裡的事，他善體人意，閃動著黑亮的眼珠子，注意人說話的神態，立刻便領會了。

　　現在草屋四週畦圍的菜蔬足供盤飱。楊夫人以槐葉淘帶和麵為冷淘，色香味俱佳。子美作詩稱：

槐葉冷淘

青青高槐葉，采掇付中廚。新麵來近市，汁滓宛相俱。
入鼎資過熟，加餐愁欲無。碧鮮俱照筯，香飯兼苞蘆。
經齒冷如雪，勸人投比珠。願隨金騕褭，走置錦屠蘇。
路遠思恐泥，興深終不渝。獻芹則小小，薦藻明區區。

萬里露寒殿，開冰清玉壺。君王納涼晚，此味亦時須。

從槐葉冷淘而想到獻芹，子美每食不忘君，一片愛國之心，雖窮愁老病始終不渝。

子美現在過著安定的農家生活。雖然住在郊外，但路過三峽的舊交，總會來探望熱愛朋友的子美。他熱情迎客，有的是果蔬，有時宗文、宗武鈞到溪魚，則盤殽享客之美，便勝於初到成都的時侯了。子美作有「過客相尋」一詩。

過客相尋

窮老真無事，江山已定居。地幽忘盥櫛，客至罷琴書。

掛壁移筐果，呼兒間煮魚。時聞繫舟楫，及此問吾廬。

山崖附近的茅屋自然不甚牢固。此時夔州治安良好，已經無盜，倒是夜間要防虎狼。夔州人多在屋子的周圍築籬。子美現在已把原來租賃的草屋買下來了，因此決心伐竹木以補牆，弄得牢固一些，晚上便可睡得安穩了。

課伐木

長夏無所為，客居課童僕。清晨飯其腹，持斧入白谷。

青冥曾巔後，十里斬陰木。人肩四根已，亭午下山麓。

尚聞丁丁聲，功課日各足。蒼皮成委積，素節相照燭。

藉汝跨小籬，當仗苦盧竹。空荒咆熊羆，乳獸待人肉。

不示知禁情，豈惟干戈哭。城中賢府主，處貴如白屋。

蕭蕭理體淨，蜂蠆不敢毒。虎穴連里閭，提防舊風俗。

泊舟滄江岸，久客愼所觸。舍西崖嶠壯，雷雨蔚含蓄。

牆宇資屢修，衰年怯幽獨。爾曹輕執熱，為我忍煩促。

秋光近青岑，季月當泛菊。報之以微寒，共給酒一斛。

大曆二年（西元七六七年）夏，河東、河南、江浙、淮南及福建諸道五十五州，都在鬧水災，蜀郡雖不在諸道內，但長江水

漲則可想而知。子美看三峽江天風雨，浪濤洶湧，乃作「灩澦」一詩，戒舟人不可因利冒險。此詩中有一聯「江天漠漠鳥雙去，風雨時時龍一吟。」後人極爲讚賞，認爲可與「無邊落木蕭蕭下，不盡長江滾滾來。」比美。

　　七月一日立秋日，子美到城中終明府水樓作客，縣令宴會自有一番熱鬧，子美看舊識賓客飲酒彈棋，心中不免有悲涼之感。他有詩二首：

七月一日題終明府水樓二首

　　高楝曾軒己自涼，秋風此日灑衣裳。

　　脩然欲下陰山雪，不去非無漢署香。

　　絕壁過雲開錦繡，疏松夾水奏笙簧。

　　看君宜著王喬履，眞賜還疑出尚方。

其二

　　虞子彈琴邑宰日，終軍棄繻英妙時。

　　承家節操尚不泯，爲政風流今在茲。

　　可憐賓客盡傾蓋，何處老翁來賦詩。

　　楚江巫峽半雲雨，清簟疏簾看奕棋。

第二天秋雨時至，雨勢而且不小。子美被阻不能回瀼西，想回距離較近的甘林也難成行。到第三天才回到甘林，與田家長老相見，聽他訴苦，說供斂賦之難，頗有感慨，因作

甘林

　　捨舟越西岡，入林解我衣。青芻適馬性，好鳥知人歸。

　　晨光映遠岫，夕露見日稀。遲暮少寢食，清曠喜荊扉。

　　經過倦俗態，在野無所遺。試問甘藜藿，未肯羨輕肥。

　　喧靜不同科，出處各天機。勿矜朱門是，陋此白屋非。

　　明朝步鄉里，長老可以依。時危賦斂數，脫粟爲汝揮。

相攜行豆田，秋花靄菲菲。子實不得喫，貨市送王畿。

盡添軍旅用，迫此軍家威。主人長跪問，戎馬何時稀。

我衰易悲傷，屈指數賊圍。勸其死王命，慎莫遠奮飛。

秋雨不止，瀼西園圃中的菜蔬都被雨淋壞了，以至每日供應已感不足，子美於是命阿段他們去山林中摘蒼耳（即卷耳，藥用可療寒痛、風濕）等到稍稍放晴，園中開始播種秋天的蔬菜，以接續來春。子美趁閒到園中散病，他作詩以記其事

暇日小園散病將種秋菜督勒耕牛兼書觸目

不愛入州府，畏人嫌我眞。及乎歸茅宇，旁舍未曾嗔。

老病忌拘束，應接喪精神。江村意自放，林木心所欣。

秋耕屬地濕，山雨近甚勻。冬菁飯之半，牛力晚來新。

深耕種數畝，未甚後四鄰。嘉蔬既不一，名數頗具陳。

荊巫非苦寒，採擷接青春。飛來雙白鶴，暮啄泥中芹。

雄者左翮垂，損傷已露筋。一步再流血，尚驚繒繳勤。

三步六號叫，志屈悲哀頻。鸞鳳不相待，側頸訴高旻。

杖藜俯沙渚，爲汝鼻酸辛。

黃生曰：古人作詩有一題展作數詩者，如「秦州雜詠」，有數題合作一詩者，「暇日散病」是屬於數題一詩者。

第三段觸目所見，隱以自況。子美的旅愁何時才了？

他在作喜聞河北諸道節度入朝十二絕句時，以爲國家憂患將了，承平可期。誰知此時吐蕃又復作亂，入寇邠州、靈州，以致京師震動，實施戒嚴。子美乃有「復愁」之作，此所謂前愁未已，後愁復至之意。詩中五首，議論時事，總以朝廷政策著眼，代宗姑息，又寵任宦官置郭子儀於閒散，而借回紇兵是要付出代價的。子美嘆國家兵仗之精，而收功反在花門。朱注引唐史：「收京時郭子儀戰不利，回紇於黃埃中發十餘矢賊驚曰：回紇至矣，遂潰。」

也就是詩中所指的「花門小箭好」。

復愁十二首

人煙生處僻，虎跡過新蹄。野鶻翻窺草，村船逆上溪。

其二

釣艇收緡盡，昏鴉接翅稀。月生初學扇，雲細不成衣。

其三

萬國尚戎馬，故園今若何。昔歸相識少，早已戰場多。

其四

身覺省郎在，家須農事歸。年深荒草徑，老恐失柴扉。

其五

金絲鏤箭鏃，皂尾製旗竿。一自風塵起，猶嗟行路難。

其六

胡虜何曾盛，干戈不肯休。閭閻聽小子，談笑覓封侯。

其七

貞觀銅牙弩，開元錦獸張。花門小箭好，此物棄沙場。

其八

今日翔麟馬，先宜駕鼓車。無勞問河北，諸將角榮華。

其九

任轉江淮粟，休添苑囿兵。由來貔虎士，不滿鳳凰城。

其十

江上亦秋色，火雲終不移。巫山猶錦樹，南國且黃鸝。

其十一

每恨陶彭澤，無錢對菊花。如今九日至，自覺酒須賒。

其十二

病減詩仍拙，吟多意有餘。莫看江總老，猶被賞時魚。

子美藉詩寫愁，的確有很好的效果，一經發洩，心情為之一

寬。

這幾天，右臂風濕痛又發作了，兼以肺疾、失眠，他於是決心飲幾天。本想到果園、菜圃去走走散病，而一時興起，卻向山間走去，登上高臺，看落葉飄墜，江水奔流，聽風聲、猿嘯，一時感觸萬端，老來疾病纏身，自己嗟嘆何時才能出峽？回到甘林的茅屋，他寫下了「登高」一詩：

登高

風急天高猿嘯哀，渚清沙白鳥飛迴。

無邊落木蕭蕭下，不盡長江滾滾來。

萬里悲秋常作客，百年多病獨登臺。

艱難苦恨繁霜鬢，潦倒新亭濁酒杯。

這在夔州詩作中是很重要的一首。胡應麟推崇曰：「此章五十六字，如海底珊瑚，瘦勁難移，通章章法、句法、字法，前無昔人，後無來學，此當為古今七言律第一，不必為唐人七言律第一也。」

子美因為病痛，所以心裡有點煩，想到自雲安到此原期早日出峽，不道一再為病瘳留，雖說只好聽其自然，但心中多少感觸，總希望找到一個對象來傾吐，他想到在峽州築有湖亭的老友鄭審和在京師的太子賓客李之芳，一時思潮如湧，決定寫一百詠秋日詠懷寄贈。

子美就是這樣一個人，精神一集中時，百病辟易，他終於完成了第一首百詠的創作。

秋日夔府詠懷率寄鄭監審李賓客之芳一百詠

絕塞鳥蠻北，孤城白帝邊。飄零仍百里，消渴已三年。

雄劍鳴開匣，群書滿繫船。亂離心不展，衰謝日蕭然。

筋力妻孥問，菁華歲月遷。登臨多物色，陶冶賴詩篇。

峽東滄江起，巖排古樹圓。拂雲霾楚氣，朝海蹴吳天。
煮井爲鹽速，燒畬度地偏。有時驚疊嶂，何處覓平川。
灘鶩雙雙舞，獼猴壘壘懸。碧蘿長似帶，錦石小如錢。
春草何曾歇，寒花亦可憐。獵人吹戍火，野店引山泉。
喚起搔頭急，扶行幾屐穿。兩京猶薄產，四海絕隨肩。
幕府初交辟，郎官幸備員。瓜時猶旅寓，萍泛苦夤緣。
藥餌虛狼藉，秋風灑靜便。開襟驅瘴癘，明目掃雲煙。
高宴諸侯禮，佳人上客前。哀箏傷老大，華屋艷神仙。
南內開元曲，當時弟子傳。法歌聲轉變，滿座淚潸潸。
弔影夔州僻，回腸杜曲煎。即今龍廄水，莫帶太戎羶。
耿賈扶王室，蕭曹拱御筵。乘威滅蜂蠆，戮力效鷹鸇。
舊物森猶在，凶徒惡未悛。國須行戰伐，人憶止戈鋋。
奴僕何知禮，恩榮錯與權。胡星一慧孛，黔首遂拘攣。
哀痛絲綸切，煩苛法令蠲，業成陳始王，兆喜出於畋。
京禁經綸密，台階翊戴全。熊羆載呂望，鴻雁美周宣。
側聽中興主，長吟不世賢。音徽一柱數，道里下牢千。
鄭李光時論，文章並我先。陰何尚清省，沈宋欻聯翩。
律比崑崙竹，音知燥濕絃。風流俱善價，愜當久忘筌。
置驛常如此，登龍蓋有焉。雖云隔禮數，不敢墜周旋。
高視收人表，虛心味道玄。馬來皆汗血，鶴唳必青田。
羽翼商山起，蓬萊漢閣連。管寧紗帽淨，江令錦袍鮮。
東郡時題壁，南湖日扣舷。遠遊凌絕境，佳句染華箋。
每欲孤飛去，徒爲百慮牽。生涯已寥落，國步尚屯邅。
衾枕成蕪沒，池塘作棄捐。別離憂怛怛，伏臘涕漣漣。
露菊斑豐鎬，秋蔬影澗瀍。共誰論昔事，幾處明新阡。
富貴空回首，喧爭懶著鞭。兵戈塵漠漠，江漢月娟娟。

局促看秋燕，蕭疏聰晚蟬。雕蟲蒙記憶，烹鯉問沉綿。
卜羨君平杖，偷存子敬氈。囊虛把釵釧，米盡拆花鈿。
甘子陰涼葉，茅齋八九椽。陣圖沙北岸，市暨瀼西嶺。
羈絆心常折，樓遲病即痊。紫收岷嶺芋，白種陸池蓮。
色好梨勝頰，穰多栗過拳。敕廚惟一味，求飽或三鱣。
俗異鄰鮫室，朋來坐馬韉。縛柴門窄窄，通竹溜涓涓。
墊抵公畦稜，村依野廟壖。缺籬將棘拒，倒石賴藤纏。
借問頻朝謁，何如穩醉眠。誰云行不逮，自覺坐能堅。
霧雨銀章澀，馨香分署研。紫鷺無近遠，黃雀任翩翾。
困學違從眾，明公各勉旃。聲華夾宸極，早晚到星躔。
懇諫留匡鼎，諸儒引服虔。不過輸魏直，會是正陶甄。
宵旰憂虞軸，黎元疾苦騈。雲臺終日畫，青簡爲誰編。
行路何難有，招尋興已專。由來具飛檄，暫擬控鳴弦。
身許雙峰寺，門求七祖禪。落帆追宿昔，衣竭向眞詮。
安石名高晉，昭王客赴燕。途中非阮籍，查上似張騫。
披拂雲寧在，淹留景不延。風期終破浪，水怪莫飛涎。
他日辭神女，傷春怯杜鵑，淡交隨聚散，澤國遶迴旋。
本自依迦葉，何曾藉偓佺。爐峰生轉眄，橘井尚高褰。
東走窮歸鶴，南征盡跕鳶。晚聞多妙教，卒踐塞前愆。
顧愷丹青列，頭陀琬琰鐫。眾香深黯黯，幾地肅芊芊。
勇猛爲心極，清羸任體屏。金篦空刮眼，鏡象未離銓。

此詩百詠，凡二百句一千字。沉雄頓挫，氣象森嚴。子美晚
年精神體力衰老之年，猶能揮灑自如，直如大將用兵，戰陣堂堂，
可見他的創作精神，眞有老驥伏櫪，烈士暮年之概。

王嗣奭曰「題屬『詠懷』，故篇中詳於自敘，而轉換穿插，
妙合自然。唐人百詠詩，杜公首倡，句句精緻，字字峭拔，眞千

古獨擅之長。」

盧世㴶曰：「此是集中第一首長詩，其中起伏轉折，頓挫承遞，若斷若續，乍離乍合，波瀾層疊，竟無絲痕，眞絕作也。」

仇注以爲：「詩題詠懷寄友，是賓主兩意。此詩或分或合，極開闔變化，錯綜恣肆之奇，而按以紀律，卻又結構完整。」指此詩應分十段，每段各有起止，各有承轉，不容毫髮混淆。第一段敘詠懷之故，第二段詠夔州的風景，第三段敘在夔情事，第四段回憶長安時事，第五段稱頌鄭、李兩公詩才，第六段承前啓後作通篇過求禪，與兩公在江陵相會，第十段申上段求禪以終詠艱之意。

在此前不久的仲夏，柏茂琳和子美談起離白帝城不過五、七里的東屯百頃稻田，那一大片土地，前帶清溪，後枕崇岡，林木深秀。原先是東漢時，公孫述在瀼西東屯田積穀養兵者，所以稱爲東屯。相沿至今，稻米爲蜀中第一。

柏茂琳的意思委由子美管理這百頃稻田，子美了解這是他的好意，但他心裡問自己能做嗎？

「我這衰病老人行嗎？」子美苦笑問柏茂琳。

「子翁，你不過掛個名。」柏茂琳說，「有我在，你放心罷。行官張望會做一切的事，你只要監督著就行了，有什麼事要到府署，你叫宗文、宗武小兄弟去辦。」

這就樣，子美開始管理這百頃（數當愈萬畝）稻田。宗文、宗武也常到稻田去，他們跟行官張望已變得很熟悉了。張望教他們在稻田裡抓泥鰍、捉螃蟹，在夏秋時候往往日有所穫，成爲晚餐桌上子美下酒的佳肴。

夏間禾苗秀發，最注重灌溉，以利成長。這段時期張望最忙，有時必須回來向子美報告。子美有詩記其事。

行官張望補稻畦水歸

東屯大江北，百頃平若案。六月青稻多，千畦碧泉亂。
插秧適云已，引溜加灌溉。更僕往方塘，決渠當斷岸。
公私各地著，浸潤無天旱。主守問家臣，分明見溪畔。
芊芊炯翠羽，剝剝生銀漢。鷗鳥鏡裡來，關山雪邊看。
秋菰成黑米，精鑿傳白粲。玉粒足晨炊，紅鮮任霞散。
終然添旅食，作苦期壯觀。遺穗及眾多，我倉戒滋漫。

秋行官張望督促東渚耗稻向畢清晨遣女奴阿稽豎子阿段往問

東渚雨今足，佇聞粳稻香。上天無偏頗，蒲稗各自長。
人情見非類，田家戒其荒。功夫競揞揞，除草置岸旁。
穀者命之本，客居安可忘。青春具所務，勤墾免亂常。
吳牛力容易，並驅紛遊場。豐苗亦已概，雲水照方塘。
有生固蔓延，靜一資隄防。督領不無人，提攜頗在綱。
荊揚風土暖，蕭蕭候微霜。尚恐主守疏，用心未甚臧。
清朝遣婢僕，寄語踰崇岡。西成聚必散，不獨陵我倉。
豈要仁里譽，感此亂世忙。北風吹蒹葭，蟋蟀近中堂。
荏苒百工休，鬱紆遲暮傷。

子美在，襄西有果園四十畝生產各種果物，果園內又有小園
節是蔬圃。東屯今又有所管理的千頃稻田。聞一多的「少陵先生
年譜會箋」中說：「柑橘梨栗，蔬圃所產，及東屯之稻，則公生
之裕，蓋無逾於此際矣。」

　　子美感謝柏茂琳的好意，也了解他付託的責任之重，所以做
起來一絲不苟，免負主人盛意。雖然他健康不好，老年衰病，但
他仍然積極樂觀。在這一段時間裡，他多半住在果園的茅屋中，
要阿段他們整理果林枝蔓，把茅舍收拾得乾淨一點。子美有三首
詩記其事。

課小豎鋤斫舍北果林枝蔓荒穢淨訖移床三首

（一作秋日閒居三首）

病枕依茅棟，荒鉏淨果林。背堂資僻遠，在野興清深。
山雉防求敵，江猿應獨吟。洩雲高不去，隱几亦無心。

　　其二

眾壑生寒早，長林卷霧齊。青蟲懸就日，朱果落封泥。
薄俗防人面，全身學馬蹄。吟詩重回首，隨意葛巾低。

　　其三

籬弱門何向，沙虛岸只摧。日斜魚更食，客散鳥還來。
寒水光難定，秋山響易哀。天涯稍曛黑，倚杖獨徘徊。

　　鑒於管理稻田責任的重大，子美深恐張望他們疏失，因而有遷居東屯的想法。在張望而言，他管理東屯稻田已經七、八年了，現在突然來了一位頂頭上司，心裡難免有點不自在。

　　「我張望對這百頃稻田一清二楚。」他對自己說，「還要人來監督嗎？」雖然子美是一個老好人，張望也知道他是都督的貴賓，對他吩咐的話唯謹唯諾的，只不過心裡總覺得多了一個人，隨時在看著他，在隨監視他。

　　子美當然也很看重張望，對待他是很客氣的。秋收將到，農事很忙，子美覺得與其兩地奔跑，還不如搬到東屯去便於照顧。且看子美的移居詩。

自瀼西荊扉且移居東屯茅屋四首

白鹽危嶠北，赤甲古城東。平地一川穩，高山四面同。
煙霜淒野日，秔稻熟天風。人事傷蓬轉，吾將守桂叢。

　　其二

東屯復瀼西，一種住清溪。來往皆茅屋，淹留為稻畦。
市喧宜近利，林僻此無蹊。若訪衰翁語，須令剩客迷。

其三

道北馮都使，高齋見一川。子能渠細石，吾亦沼清泉。
枕帶還相似，柴荊即有焉。斫畬應費日，解纜不知年。

其四

牢落西江外，參差北戶間。久遊巴子國，臥病楚人山。
幽獨移佳境，清深隔遠關。寒空見駕鵝，迴首憶朝班。

　　子美雖然遷居東屯，但還保留瀼西的茅屋，有時候兩邊來往，
以免荒置。生活閒適精神也就愉快了。現在秋收在望，他很有興
致的邀了張望參加村中的社日，有兩首詩記其事。

社日兩篇

九農成德業，百祀發光輝。報效神如在，馨香舊不違。
南翁巴曲醉，北雁塞聲微。尚想東方朔，詼諧割肉歸。

其二

陳平亦分肉，太史竟論功。今日江南老，他時渭北童。
歡娛看絕塞，涕淚落秋風。駕鵝迴金闕，誰憐病峽中。

在中秋時節，他一連三天飲酒賞月，同一題材每日一詩。

八月十五夜月二首

滿目飛明鏡，歸心折大力。轉蓬行地遠，攀桂仰天高。
水路疑霜雪，林棲見羽毛。此時瞻白兔，直欲數秋毫。

其二

稍下巫山峽，猶銜白帝城。氣沉全浦暗，輪仄半樓明。
刁斗皆催曉，蟾蜍且自傾。張弓倚殘魄，不獨漢家營。

十六夜玩月

舊把金波爽，皆傳玉露秋。關山隨地闊，河漢近人流。
谷口樵歸唱，孤城笛起愁。巴童渾不寐，半夜有行舟。

十七夜對月

秋月仍圓夜，江村獨老身。捲簾還照客，倚杖更隨人。

光射潛虬動，明翻宿鳥頻。茅齋依橘柚，清切露華新。

寫月色，寫秋景，而處處流露老來作客思鄉之情。

住在離東屯草屋不遠地方，有孟十二倉曹、十四主簿兄弟，子美跟他們常有來往。這對兄弟很尊重子美，孟倉曹曾親提攜新做的酒醬送給老人。子美除了感激之外更讚美其風味佳美。**豉醬**可佐飯添香，酒則可與好友共醉。特別要楊夫人學著自己試做。

子美和他們兄弟年齡相差一大半，但因為住得近也還談得來，所以成了忘年交。子美有時會去訪晤他們，九月的第一天，他去造訪孟家，作了一首詩。

九月一日過孟十二倉曹十四主簿兄弟

藜杖侵寒露，蓬門起曙煙。力稀經樹歇，老困撥書眠。

秋覺追隨盡，來因孝友偏。清談見滋味，爾輩可忘年。

後來孟十二要去洛陽赴選，子美便修書請他去探望偃師舊莊，看看自己離開十年後變成什麼樣子了。

移居東屯不久，子美的姻親任司法參軍的吳郎，自忠州乘船抵達夔州，於是遣騎到江濱去迎接，把他們一家安置在瀼西草屋。又以詩代簡寄吳郎：

簡吳郎司法

有客乘舸自忠州，遣騎安置瀼西頭。

古堂本買藉疏豁，借汝遷居停宴遊。

雲石熒熒高葉曙，風江颯颯亂帆秋。

卻爲姻婭過逢地，許坐曾軒數散愁。

過了二天，吳郎在了自忠州帶來的土產到東屯探望子美，彼此相見甚歡。

「你來得正好，」子美笑得很開心說，「瀼西草屋本是租賃

的，後來連果園一併買下。我搬去東屯，把那裡當作『行宮』」。

「眞是感激不盡。」吳郎說，「那裡風景太好了。」

「雖是草屋，卻也頗爲疏豁，你們一家人住著正合適。這屋子有人照顧也就不會荒廢了。」

「西邊一家住著一位老婦人。」吳郎問楊夫人，「她沒有兒女嗎？」

「唉，都是因爲戰亂才如此的。」子美告訴他。

「她有點怪怪的。」吳郎說，「她打棗時，眼睛老望著我門前。於是我插了疏籬，以免她驚怕。」

「這倒不必了，她初看你是遠客所以怯生。」子美告訴她，「她認眞，你可不必認眞。處熟了就好了。」

以後子美便寫了一詩：

又呈吳郎

門前撲棗任西鄰，無食無兒一婦人。

不爲困窮寧有此，祗緣恐懼轉須親。

即防遠客雖多事，便插疏籬卻任眞。

已訴徵求貧到骨，正思戎馬淚盈巾。

盧世㴶極稱譽此詩，認爲「極煦育鄰婦，欲開示吳郎，又迴護吳郎。八句中百種千層，莫非仁者，所謂仁義之人，其言藹如也。」

重陽前一日，吳郎又來東屯，原約好明日重陽共飲黃花酒。但第二天吳郎爽約，子美頗是失望，祗好一人獨飲了。登臺佇望，憶起弟妹遠隔，好友凋零，感從中來，寫下了「九日五首」一組詩。

九日五首

重陽獨酌杯中酒，抱病起登江上臺。

竹葉於人既無分，菊花從此不須開。

殊方日落玄猿哭，舊國霜前白雁來。

弟妹蕭條各何在，干戈衰謝兩相催。

其二

舊日重陽日，傳杯不放杯。即今蓬鬢改，但愧菊花開。

北闕心長戀，西江首獨迴。茱萸賜朝士，難得一枝來。

其三

舊與蘇司業，兼隨鄭廣文。采花香泛泛，坐客醉紛紛。

野樹敧還倚，秋砧醒卻聞。歡娛兩冥漠，西北有孤雲。

其四

故里樊川菊，登高素滻源。他時一笑後，今日幾人存。

巫峽蟠江路，終南對國門。繫舟身萬里，伏枕淚雙痕。

為客裁烏帽，從兒具綠樽。佳辰對群盜，愁絕更堪論。

題為五首尚缺一首，趙次公以前此的「登高」算在裡頭是為五首。

東屯稻田，一望無際。累累金黃色的稻穗微微低垂。子美率同宗文、宗武和張望一行，巡行於阡陌間，聞到微風吹來的稻香，不禁念出陶靖節的二句詩：「平疇交遠風，良苗亦懷新。」

「這一片稻田太好了。」子美說，「使我感到大自然的可愛，使人感到滿足。」

「今年雨水好，稻也長得好。」張望說。

「這都是你的功勞」子美對他說，「倒是我做了一個現成的老農。」

「這是托老爺的福。」

子美很高興。收成在即立刻要忙個十天、八天的。

「我都準備好了。」張望說，「這幾天天氣好，我看明天就

開始刈稻罷。」

「好的。」子美回頭對宗文、宗武說，「你們得來幫張叔的忙。」

第二天，張望雇的工人都來了，開始刈稻。在風車中打穀，用馬車一車車載到晒場去，在子美看來都是很新鮮的事，深深使他感動。

忙了差外多十天，秋收完成。子美作有三首詩詠其事。

暫住白帝復還東屯

復作歸田去，猶殘穫稻功。築場憐穴蟻，拾穗許村童。
落杵光輝白，除芒子粒紅。加餐可扶老，倉廩慰飄蓬。

茅堂檢校收稻二首

香稻三秋末，平田百頃間。喜無多屋宇，幸不礙雲山。
御裌侵寒氣，嘗新破旅顏。紅鮮終日有，玉粒未吾慳。

其二

稻米炊能白，秋葵煮復新。誰云滑易飽，老藉軟俱勻。
種幸房州熟，苗同伊闕春。無勞映渠碗，自有色如銀。

漁稻了詠懷

稻穫空雲水，川平對石門。寒風疏草木，旭日散雞豚。
野哭初聞戰，樵歌稍出村。無家問消息，作客信乾坤。

秋收完畢，除按規定交付公糧外，子美自己還剩下不少稻穀。這為居留之資或出峽之資添上一筆寬裕的數目。但子美心頭有點不高興的是，這幾天去府署時，與碰見的人打招呼或交談，看他們的神色，都不似以前那樣親切而且有點勉強。這也難怪，子美因柏茂琳的關係，平白做了東屯監管，多了一份不少的收入，難免有人既羨且妒。新交如此，舊識也難免。使他感慨人情澆薄，竟是為了一些稻穀，真是很不值得，也就更堅定了他出峽的決心。

因此在「戲作俳諧體遣悶二首」中，吐露了「舊識能爲態，新知已暗疏。」的感嘆。

四、秋日江村　觀劍器舞

秋日江村風景宜人，而小園果實累累，更是一種安慰。子美作詩抒懷。

季秋江村

喬木村墟古，疏籬野蔓懸。素琴將暇日，白首望霜天。

登俎黃甘重，支床錦石圓。遠遊雖寂寞，難見此山川。

子美又作了一首七言排律。

寒雨朝行視園樹

柴門擁樹向千株，丹橘黃甘此地無。

江上今朝寒雨歇，籬中秀色畫屏舒。

桃蹊李徑年雖古，梔子紅椒艷復殊。

鎖石藤梢元自落，倚天松骨見來枯。

林香出實垂將盡，葉蒂辭枝不重蘇。

愛日恩光蒙借貸，清霜殺氣得憂虞。

衰顏勳覓藜床坐，緩步仍須竹杖扶。

散騎未知雲閣處，猿啼㘝在楚山偶。

農事已了，子美也想出去散散心稍事應酬。這時表弟蘇纓在江樓設宴款待崔評事及韋少府，來邀請他與會，他本想不去，但是蘇纓說：

「你不能飲酒，我給你弄好茶，有你來，我們會更盡興。」

子美不忍拂其意，於是去參加江樓的夜宴，還寫了一首詩：

季秋蘇五弟纓江樓夜宴崔十三評事韋少府姪三首

峽險江驚急，樓高月迴明。一時今夕會，萬里故鄉情。

星落黃姑渚，秋辭白帝城。老人困酒病，堅坐看君傾。
　　其二
對月那無酒，登樓況有江。聽歌驚白鬢，笑舞拓秋窗。
樽蟻添相續，沙鷗並一雙。盡憐君醉倒，更覺片心降。
　　其三
明月生長好，浮雲薄漸遮。悠悠照遠塞，悄悄憶京華。
清動杯中物，高隨海上槎。不眠瞻白兔，百過落烏鴉。

　　這年深秋，子美覺得目力日退，重聽愈甚，村居傷秋，因有
「傷秋」、「即事」、「耳聾」及「獨坐二首」等詩作。茲錄其
後者兩章。

耳聾
生年鶡冠子，歎世鹿皮翁。眼復幾時暗，耳從前月聾。
猿鳴秋淚缺，雀噪晚愁空。黃落驚山樹，呼兒問朔風。

獨坐二首
竟日雨冥冥，雙崖洗更清。水花寒落岸，山鳥暮過庭。
暖老思燕玉，充饑憶楚萍。胡笳在樓上，哀怨不堪聽。
　　其二
白狗斜臨北，黃牛更在東。峽雲常照夜，江日會兼風。
曬藥安垂老，應門試小童。亦知行不逮，苦恨耳多聾。

　　老年衰病自是不免，但五十餘歲即耳目不靈，上蒼之不公有
如此者，語意中含有感憤。
　　到了九月三十日，三秋已盡，冬日於焉開始。子美作有繫年、
月、日的詩二首。詩人對節序的轉換特別敏感，凡是繫日的詩均
有其特定的意義。

大曆二年九月三十日
為客無時了，悲秋向夕終。瘴餘夔子國，霜薄楚王宮。

草敵虛嵐翠，花禁冷葉紅。年年小搖落，不與故園同。

十月一日

有瘴非全歇，為冬亦不難。夜郎溪日暖，白帝峽風寒。

蒸裹如千室，焦糖幸一样。茲辰南國重，舊俗自相歡。

送走了悲涼的秋日，子美情緒穩定，心情轉佳，在這十月小陽春的氣候中，他有一些遊覽和訪友的活動。如上大覺寺、眞諦寺以及諸葛廟。他看見武侯遺像缺落無首，很不以為然。那時他堂舅崔卿正代理夔州州事，他乃立刻進府署，請求他修理遺像，還寫了一首詩

上卿翁請修武侯廟遺像缺落時崔卿權夔州

大賢為政即多聞，刺史眞符不必分。

尚有西郊諸葛廟，臥龍無首對江濆。

子美初到夔州時，曾登白帝城西郊的武侯廟，賦詩「遺廟丹青落，空山草木長。猶聞辭後主，不復臥南陽。」現在這首詩中「尙有諸葛廟」應是同屬一處。那時只是丹青剝落，現在則連像首也沒有了，因此他不能不管。

據王十朋的「祠堂紀略」曰：「武侯故祠，在州之南門，沿城而西三十六步，無斷碑遺刻，以考其歲月之始，見於圖經者略焉。隋唐時，治白帝，史載少陵詩曰「西郊諸葛廟」者，其地於茲乎？門之東，去祠一百八十五步，城有臺，下臨八陣圖，登臺而望，則常山之蛇，四頭八尾之勢，宛然在目。北直郡倉，倉故永安宮也。據爽塏，狀如屏。宮之北，有水曰清瀼，瀉出乎兩山之間，東入於江。又東過灩澦，入於峽，峽口有山，卓然立乎群峰之外者，白鹽也。可謂江山之勝矣。侯昔經營天下，於平沙之上，輸忠盡誠，受遺立孤，於是宮之中。江流沟而石如故，宮闕廢而地猶存。陵谷雖變，而精神不亡，宜於兩者之間祠之，亦侯

之志也。」

書史傳於壁之左，而削其不公之論。書少陵詩於壁之右以諸作者詩文次之。詞曰：「白鹽崚天兮，灩澦屹江。風雲慘淡兮，翶翔臥龍。龍千秋兮何之，新廟貌兮江之湄。前八陣兮後故宮，龍兮龍兮神其中。望昭烈兮隔清瀼，遺廟存兮交精神於惚恍。駕虛空兮雲爲馭，臣東朝兮主西顧。魚得水而相忘兮，事無今古。儼關張於左右兮，一龍二虎。祠有新故兮侯無重輕。舍其故而新是卜兮，邦人之情。祠合於圖兮自今始，祀事不絕兮有如此水。」

這年的九、十月間，吐蕃犯靈州、邠州，京師戒嚴，時崔旰入朝，杜鴻漸便薦用他，而王將軍者在蜀卻不被起用以平亂，因此子美有「久雨期王將軍不至」一詩，以爲諷喻。

久雨期王將軍不至

天雨蕭蕭滯茅屋，空山無以慰幽獨。
銳頭將軍來何遲，令我心口苦不足。
數看黃霧亂玄雲，時聽嚴風折喬木。
泉源泠泠雜猿狄，泥濘漠漠飢鴻鵠。
歲暮窮陰耿未已，人生會面難再得。
憶爾腰下鐵絲箭，射殺林中雪色鹿。
前者坐皮因問毛，知子歷險人馬勞。
異獸如飛星宿落，應弦不礙蒼山高。
安得突騎只五千，崒然眉骨皆爾曹。
走平亂世相催促，一嗀明主正鬱陶。
恨昔范增碎玉斗，未使吳兵著白袍。
昏昏門閤閉氣侵，十月荆南雷怒號。

王將軍不至，鄭典設卻從施州回來了。鄭原住在東瀼，曾陪子美同往瀼西勘察。這次從夔州以北三百餘里的施州回來，子美

訪晤他，談到那裡獠夷雜處的殊風異俗，以及受到施州刺史裴使君的禮遇等，子美聽得很感興趣，表示如有可能，亦願一遊。

十月十九日，子美在夔州別駕元持宅觀賞李十二娘舞劍器，寫了一篇有名的「觀公孫大娘弟子舞劍器行」的詩：

觀公孫大娘弟子舞劍器行（并序）

大曆二年十月十九日，夔州別駕元持宅，見臨頴李十二娘舞劍器，壯其蔚跂。問其所師，曰：「余公孫大娘弟子也。」開元三載余尚童稚，記於郾城，觀公孫氏舞劍器渾脫，瀏灕頓挫，獨出冠時。自高頭宜春、梨園二伎坊內人，泊外供奉舞女曉是舞者，聖文神武皇帝初，公孫一人而已。玉貌錦衣，況余白首，今茲弟子，亦非盛顏。既辨其由來，知波瀾莫二。撫事慷慨，聊爲「劍器行」。昔者吳人張旭，善草書畫帖，數嘗於鄴縣見公孫大娘舞西河劍器，自此草書長進，豪蕩感激，即公孫可知矣。

（按錢箋「三載一作五載，時公年六歲，七齡思即壯，六歲觀劍似無不可。詩云：五十年間似反掌，自開元五年至大曆二年凡五十一年。」）

昔有佳人公孫氏，一舞劍器動四方。
觀者如山色沮喪，天地爲之久低昂。
㸌如羿射九日落，矯如群帝驂龍翔。
來如雷霆收震怒，罷如江海凝清光。
絳脣珠袖兩寂寞，晚有弟子傳芬芳。
臨頴美人在白帝，妙舞此曲神揚揚。
與余問答既有以，感時撫事增惋傷。
先帝侍女八千人，公孫劍器初第一。
五十年間似反掌，風塵澒洞昏王室。
梨園弟子散如煙，女樂餘姿映寒日。

> 金粟堆南木已拱，瞿唐石城草蕭瑟。
>
> 玳筵急管曲復終，樂極哀來月東出。
>
> 老夫不知其所往，足繭荒山轉愁疾。

詩中的所謂劍器并非刀劍，而是一種舞曲名。「明皇雜錄」云：「上素曉音律，安祿山獻白玉簫管數百事，陳於梨園，自是音響不類人間，諸公主及虢國以下，競爲貴妃弟子。每授曲之終，皆廣有進奉，時公孫大娘能爲鄰里曲、裴將軍滿堂勢、西河劍器渾脫舞，妍妙皆冠於時。」

子美從舊時記憶中，描述公孫之善舞，形容盡至。主要的實是從「五十年間似反掌」一句脫出，撫事傷懷，治亂興衰皆在其中矣。

這首詩悲壯激昂。王嗣奭曰：「此詩見劍器而傷往事，所謂撫事慷慨也。故詠李氏，卻思公孫，詠公孫，卻思先帝，全是爲開元天寶五十年間治亂興衰而發，不然，一舞女耳，何足搖其筆端哉。」

這一時期，子美的應酬來往不少，有柳司馬從京師來三峽，子美便去訪晤他，談到兩京的情況。有詩一章：

柳司馬至

> 有客歸三峽，相過問兩京。函關猶出將，渭水更屯兵。
>
> 設備邯鄲道，和親邐沙城。幽燕唯鳥去，商洛少人行。
>
> 衰謝身何補，蕭條病轉嬰。霜天到宮闕，戀主寸心明。

此時少年李義到夔州，將入蜀有所干謁。李義是宗室之賢者李鍊之子，道國嗣孫，而子美是舒國後嗣的外孫，有中表之誼。子美作詩相送，在詩中敘世系親誼，他以長一輩的口吻，提醒他、告誡他，怕他涉世尚淺，不知世道艱險也。

別李義

神堯十八子，十七王其門。道國洎舒國，實維親弟昆。
中外貴賤殊，余亦忝諸孫。丈人嗣三葉，之子白玉溫。
道國繼德業，請從丈人論。丈人領宗卿，肅睦古制敦。
先朝納諫諍，直氣橫乾坤。子建文章壯，河間經術存。
爾克富詩禮，骨清慮不喧。洗然遇知己，談論淮湖奔。
憶昔初見時，小襦繡芳蓀。長成忽會面，慰我久疾魂。
三峽春冬交，江山雲霧昏。正宜且聚集，恨此當離樽。
莫怪執杯遲，我衰涕唾煩。重問子何之，西上岷江源。
願子少干謁，蜀都足戎軒。誤失將帥意，不知親故恩。
少年早歸來，梅花已飛翻。努力慎風水，豈惟數盤餐。
猛虎臥在岸，蛟螭出無痕。王子自愛惜，老夫困石根。
生別古所嗟，發聲爲爾吞。

　　忽忽冬至已到，屈指一算，自永泰元年到雲安至大曆二年爲
三歲矣。因有「冬至」與「寫懷二首」之作。

冬至

年年至日長爲客，忽忽窮愁泥殺人。
江上形容吾獨老，天涯風俗自相親。
杖藜雪後臨丹壑，鳴玉朝來散紫宸。
心折此時無一寸，路迷何處是三秦。

寫懷二首

勞生共乾坤，何處異風俗。舟舟自趨競，行行見羈束。
無貴賤不悲，無富貧亦足。鄙夫到三峽，三歲如轉燭。
全命甘留滯，忘情任榮辱。朝班及暮齒，日給還脫粟。
編蓬石城東，采藥山北谷。用心霜雪間，不必條蔓綠。
非關故安排，曾是順幽獨。達士如弦直，小人似鉤曲。
曲直吾不知，負喧候樵牧。

其二

夜深坐南軒，明月照我膝。驚風翻河漢，梁棟日已出。

群生各一宿，飛動自儔匹。吾亦驅其兒，營營爲私實。

天寒行旅稀，歲暮日月疾。榮名忽中人，世亂如蟣蝨。

古者三皇前，滿腹志願畢。胡爲有結繩，陷此膠與漆。

禍首燧人氏，屬階董狐筆。君看燈燭張，轉使飛蛾密。

放神八極外，俛仰俱蕭瑟。終然契眞如，得匪金仙術。

世事如蓬轉，而趨競名利者處處拘束。詩人自不能如此，子美自己安慰自己，何必自苦呢？因而他萌生了老莊思想，眞希望能做到神遊物外，俯仰皆空。但是子美能嗎？他那入世的態度，憂國憂民之心何嘗放得下。「寫懷」詩中所謂「負暄候樵牧」、「放神八極外」，不過是一時感慨而已。

從這樣的情懷中有所省悟，他想起了在山間結茅而居的柏學士及柏大兄弟，他們山居讀書，棄絕功名利祿，立品之高，令人感佩。前時曾寄詩致意，現在他決定去訪晤他們。

到了山居，看見屋內盡是書籍，頗有感慨因作詩二首致贈。

題柏學士茅屋

碧山學士焚銀魚，白馬卻走身巖居。

古人已用三冬足，年少今開萬卷餘。

晴雲滿户團傾蓋，秋水淨階溜決渠。

富貴必從勤苦得，男兒須讀五車書。

題柏大兄弟山居屋壁二首

叔父朱門貴，郎君玉樹高。山居精典籍，文雅涉風騷。

江漢終吾老，雲林得爾曹。哀絃繞白雪，未與俗人操。

其二

野屋流寒水，山籬帶薄雲。靜應連虎穴，喧已去人群。

筆架霑窗雨，書籤映隙曛。蕭蕭千里足，個個五花文。

這年季冬夔州大雪，滿山滿地一片皚皚。風雪苦寒，峽水生冰，一般百姓生活淒慘，子美作「前苦寒行」及「後苦寒行」各二首。

前苦寒行二首

漢時長安雪一丈，牛馬毛寒縮如蝟。
楚江巫峽永入懷，虎豹哀號又堪記。
秦城老翁荊揚客，慣習炎蒸歲絺綌。
玄冥祝融氣或交，手持白羽未敢釋。

其二

去年白帝雪在山，今年白帝雪在地。
凍埋蛟龍南浦縮，寒刮肌膚北風利。
楚人四時皆麻衣，楚天萬里無晶輝。
三尺之烏足恐斷，羲和送之將安歸。

後苦寒行二首

南紀巫廬瘴不絕，太古以來無尺雪。
蠻夷長老畏苦寒，崑崙天關凍應折。
玄猿口噤不能嘯，白鵠翅垂眼流血。
安得春泥補地裂？

其二

晚來江門失大木，猛風中夜吹白屋。天兵斬斷青海戎，殺氣南行動坤軸，不爾苦寒何太酷。巴東之水生凌澌，彼蒼迴軒人得知。

宗文、宗武兄弟，看到門外積雪已相當厚，正是堆雪人的好時候，但是穿的寒衣不厚，不敢出去。兩人只好呆在家中檢讀「文選」，抽出一篇來聯句，宗武讀得較熟，宗文提到上句，他立

刻能接上，宗武有時卻要想得很久。然後他們又下棋，這倒是宗文小勝小弟一籌了。楊夫人看在眼裡，又望望外面的大雪，不免去弄些熱食給他們暖暖身子。

　　天寒地凍，子美閉門不出。欣喜得到訊息觀弟已自藍田接妻子到達江陵。頻年作客，今喜夔州到江陵，不過一日水程，想到兄弟行將歡聚，喜而賦詩三首：

舍弟觀赴藍田取妻子到江陵喜寄三首

汝迎妻子達荊州，消息真傳解我憂。

鴻雁影來連峽內，鶺鴒飛急到沙頭。

堯關險路今虛遠，禹鑿寒江正穩流。

朱紱即當隨綵鷁，青春不假報黃牛。

其二

馬度秦山雪正深，北來肌骨苦寒侵。

他鄉就我生春色，故國移居見客心。

歡劇堤攜如意舞，喜多行坐白頭吟。

巡簷索共梅花笑，冷蕊疏枝半不禁。

其三

庾信羅含俱有宅，春來秋去作誰家。

短牆若在從殘草，喬木如存可假花。

卜築應同蔣詡宅，為園須似邵平瓜。

比年病酒開涓滴，弟勸兄酬何怨嗟。

　　轉眼冬盡春來，過了年便是大曆三年（西元七六八年）了。

　　吃年夜飯時，子美高興地接受了宗文、宗武的敬酒，同時他也舉杯向楊夫人致意：「你又辛苦一年了。」

　　「祗要你身體健康。」楊夫人微笑著，「孩子們長大我就快樂。」

除夕守歲，子美談起了十八年前在長安，在杜位家守歲的情景。

「我看不慣他們趨奉的樣子。」子美對楊夫人說。

「他們看杜位的顏色。」楊夫人說，「何在乎你。」

「所以。」子美飲了一口酒，「我提議飲酒，讓他們輕鬆一點。」

「你不會使杜位為難罷。」

「不會，不會。」子美說，「杜位不是一個很嚴肅的人，而且他也相當了解我，他處順境時對我如此，處逆境時對待我還是如此。」

「爸，你喝點魚湯看看。」宗文打斷他對舊日的回憶。

「這不是黃魚。」宗武提醒他。「今天市上黃魚多得不得了，便宜得很，這是鱸魚，我和哥找了半天才買到的。」

「好，好鮮。」子美喝了一口湯安慰地讚美。

正月元日，子美五十七歲初度，宗武已經十五歲了。元旦開筆，子美作詩示宗武。

元日示宗武

汝啼吾手戰，吾笑汝身長。處處逢正月，迢迢滯遠方。
飄零還柏酒，衰病只藜床。訓諭青衿子，名慚白首郎。
賦詩猶落筆，獻壽更稱觴。不見江東弟，高歌淚數行。

又示宗武

覓句新知律，攤書解滿床。試吟青玉案，莫羨紫羅囊。
暇日從時飲，明年共我長。應須飽經術，已似愛文章。
十五男兒志，三千弟子行。曾參與游夏，達者得升堂。

子美詩中屢言宗武，是宗武的性情興趣較近於詩書，所以對他的期勉也較大。然宗文也并非不知詩者，否則就不會因樹雞柵

一小事，而要寫詩給他了。

「雲仙雜記」云：「甫子宗武，以詩示阮兵曹，阮答以石斧一具，併詩還之。」宗武曰：「斧，父斤也，欲使我呈父加斤削耶。」阮聞之曰：「欲令自斷其手，不爾，天下詩名，又在杜家矣。」胡應麟曰：「此事甚新，然史傳不載宗武詩，詩亦竟不傳，豈三世爲將，道家所忌哉。」

子美緬懷諸弟，不禁想起昔年元日，兄弟相聚其樂融融，爲鄉黨所羨，今日則散居一方。於是又作：

遠懷舍弟穎觀等

陽翟空知處，荆南近得書。積年仍遠別，多難不安居。

江漢春風起，冰霜昨夜除。雲天猶錯莫，花萼尚蕭疏。

對酒都疑夢，吟詩正憶渠。舊時元日會，鄉黨羨吾廬。

第八章　出　峽

如何關塞阻　轉作瀟湘遊

　　新正這幾天天氣不好，子美只好杜門不出，在家與楊夫人談出峽的計劃。也和宗文、宗武談文章詩藝。

　　「目前雖有瀼東稻田的收益。」子美對楊夫人說，「又有自己的果園四十畝。然終非久居之地。」

　　「你是不論久居暫留，總要做得很像樣子。」楊夫人善意地批評。「但要離開時，就有許多牽掛了。」

　　「我實在喜歡果園，所以當初買了。」子美說。

　　「那麼出峽時，我們怎樣處置？」楊夫子問。

　　「我想。」子美沉吟了一會，其實他已有腹案，「送給好朋友罷。」

　　「呵。」楊夫人應了一聲，沒有反對也沒有贊成。

　　「爸，送給誰？」宗文、宗武齊聲問。

　　「你們反對我贈送嗎？」

　　「呵，不。」宗文、宗武表示，「讓好的人去管理，才是愛物、惜物。」

　　「對了。我就是這個意思。」子美大為安慰「我想把果園送給南卿兄。」

　　「好，好。」宗武說，「他一定會好好珍惜的。」

　　楊夫人也點了頭，事情就這樣決定了。

　　過兩天又得到觀弟來書，說在荊州的當陽縣已有所安置，則老哥即刻東下。子美心中歡喜，決定正月中旬出峽。因作：

續得觀書迎就當陽居止正月中旬定出三峽

自汝到荊府，書來數喚吾。頌椒添諷詠，禁火卜歡娛。

舟楫因人動，形骸用杖扶。天旋夒子峽，春近岳陽湖。

發日排南喜，傷神散北吁。飛鳴還接翅，行序密銜蘆。

俗薄江山好，時危草木蘇。馮唐雖晚達，終覬在皇都。

　　正月初七俗稱人日，天氣陰寒，子美觸景傷懷，因作「人日二首」

人日二首

元日到人日，未有不陰時。永雪鶯難至，春寒花較遲。

雲隨白水落，風振紫山悲。蓬鬢稀疏久，無勞比素絲。

其二

此日此時人共得，一談一笑俗相看。

樽前柏葉休隨酒，勝裡金花巧耐寒。

佩劍衝星聊暫拔，匣琴流水自須彈。

早春重引江湖興，直道無憂行路難。

　　現在行止已定，子美不免有許多告別應酬。每一次播遷，子美都是很傷感的。這次卻是興奮多於離愁。他已經告訴南卿贈果園的事，此時因行期在爾，因即寫詩致贈，亦有鄭重其事之意。

將別巫峽贈南卿兄瀼西果園四十畝

苔竹素所好，萍蓬無定居。遠遊長兒子，幾地別林廬。

雜蕊紅相對，他時錦不如。具舟將出峽，巡圃念攜鋤。

正月喧鶯末，茲辰放鷁初。雪籬梅可折，風榭柳微舒。

託贈君家有，因歌野興疏。殘生逗江漢，何處狎樵漁。

　　四十畝的果園，不可謂外多，子美舉以贈送好友，并沒有提

到任何條件，的確是很難的事。趙次公說：「果園四十畝，公直舉以贈人，此一段美事，而古今未嘗揄揚其事，可嘆也。」

子美唯一的牽掛是果園，現在贈送好友便了卻一件心事。於是他到府署，把經管東屯稻田的事移交清楚。幾個月來，他與張望相處融洽。起初弨望因為突然多了一個頂頭上司，心裡還有點不自在，此時知道子美就要出峽了，反而有點惆悵。他一直在心裡對自己說：「杜公是個好人，極好相與的長者。」

「杜公，我一定要請你吃一頓飯。」張望說，「此去江陵，我們不知道何時再見。」

「謝謝你。」子美從心裡高興，「只怕時間不夠了。」

「不。」張望堅決地說，「我們約好後三天，你不要答應別人，我要弄一頓全是野味的菜，好好的請杜公品嚐一下。」

「好。一言為定。」子美不能拒絕了。

子美去向柏茂琳辭行致謝。

「子翁，我不能留你。」柏茂琳了解子美的行意堅決。「但夔州卻少了一位長者。」接著表示：「我要為你舉行一個盛大的餞宴。」

子美誠懇的婉謝。

「我知道這幾天中丞很忙，而我的行期也迫，這樣驚動大家，我實在當不起。」

柏茂琳還想堅持，但子美無論如何不肯。

「但盼台駕奉詔入朝之時，我會在長安迎接。」子美衷心的祝福。

柏茂琳只好同意了。最後他說：「你定下行期，我會為子翁安排舟楫。」

子美稱謝不已。

　　子美攜家於上元燈節前後離夔，順流而下，舟行甚速，到七
南里的巫山縣而止。前汾州刺史唐使君十八，時貶施州，正好也
在巫山縣。他是子美的老友，因而殷殷設宴餞別。地方上士紳且
攜酒樂相送。在悄悄離開夔州後不久，得到這樣盛情的款待，心
中自是感觸萬端。因作：

巫山縣汾州唐使君十八弟宴別兼諸公攜酒樂相送率題小詩留於屋壁

　　臥病巴東久，今年強作歸。故人猶遠謫，茲日倍多違。

　　接宴身兼杖，聽歌淚滿衣。諸公不相棄，擁別借光輝。

　　離開巫山後夜泊峽州。田侍御長史堅留在津亭餞宴，飲酒賦
詩，極是旅途歡快之事。且看：

春夜峽州田侍御長史津亭留宴（得筵字）

　　北斗三更席，西江萬里船。杖藜登水榭，揮翰宿春天。

　　白髮煩多酒，明星惜此筵。始知雲雨峽，忽盡下牢邊。

　　舟行到宜都而止，子美得休息而作長詩：

大曆三年春白帝城放船出瞿唐峽久居夔府將適江陵漂泊有詩凡四十韻

　　老向巴人裡，今辭楚塞隅。入舟翻不樂，解纜獨長吁。

　　窄轉深啼狄，虛隨亂浴鳧。石苔凌几杖，空翠撲肌膚。

　　疊壁排霜劍，奔泉濺水珠。杳冥藤上下，濃淡樹榮枯。

　　神女峰娟妙，昭君宅有無。曲留明怨惜，夢盡失歡娛。

　　擺闔盤渦沸，攲斜激浪輸。風雷纏地脈，冰雪曜天衢。

　　鹿角真走險，狼頭如跋胡。惡灘寧變色，高臥負微軀。

　　書史全傾撓，裝囊半壓濡。生涯臨臬兀，死地脫斯須。

　　不有平川決，焉知眾壑趨。乾坤霾漲海，雨露洗春蕪。

　　鷗鳥牽絲颺，驪龍濯錦紆。落霞沉綠綺。殘月壞金樞。

泥筍苞初荻，沙茸出小蒲。雇兒爭水馬，燕子逐檣烏。
絕島容煙霧，環洲納曉晡。前聞辨陶牧，轉盼拂宜都。
縣郭南畿好，（原注：路入松滋縣）津亭北望孤。
勞心依憩息，郎詠劃昭蘇。意遣樂還笑，衰迷賢與愚。
飄蕭將素髮，汩沒聽洪鑪。丘壑曾忘返，文章敢自誣。
此生遭聖代，誰分哭窮途。臥疾淹為客，蒙恩早廁儒。
廷爭酬造化，樸直乞江湖。灩澦險相迫，滄浪深可逾。
浮名尋已已。懶計卻區區。喜近天皇寺，先披古畫圖。
應經帝子渚，同泣舜蒼梧。朝士兼戎服，君王按湛盧。
旄頭初俶擾，鶉首麗泥塗。甲卒身雖貴，書生道固殊。
出塵皆野鶴，歷塊匪轅駒。伊呂終難降，韓彭不易呼。
五雲高太甲，六月曠摶扶。迴首黎元病，爭權將帥誅。
山林托疲苶，未必免崎嶇。

　　詩末「五雲高太甲」一句，注家各有說法，或謂太甲、太乙
皆天神，隱喻賢人，希望天神佑護，代宗亦能一奮乾斷，使賢人
執政，致天下安寧，這樣的解釋是可通的。

　　舟次古城店，離江陵已經不遠。時封陽城郡王的衛伯玉任荊
南節度使。子美覺得有必要與幕府諸公打個招呼。於是作：

行次古城店泛江作不揆鄙拙奉呈江陵幕府諸公

老年常道路，遲日復山川。白屋花開裡，孤城麥秀邊。
濟江元自闊，下水不勞牽。風蝶勤依幾乎又是一篇告別之
王門高德業，幕府盛才賢。行色兼多病，蒼茫泛愛前。

　　舟過松滋縣，泊舟松滋江亭，以已離夔州，迫近朝思暮想的
江陵。頗有感懷。因作……

泊松滋江亭

紗帽隨鷗鳥，扁舟繫此亭。江湖深更白，松竹遠微青。

　　一柱全應近，高唐莫再經。今宵南極外，甘作老人星。

　　黃生注：「前詩言『言涯臨枲兀，死地脫斯須』幾有性命之憂，今幸而獲免，則雖老人星，亦甘爲之矣。」

　　子美一家於三月初抵江陵。時杜位任節度行軍司馬。船一靠岸，他就直奔杜位住宅。

乘雨入行軍六弟宅

　　曙角凌雲亂，春城帶雨長。水花分塹弱，巢燕得泥忙。

　　令弟雄軍佐，凡才污省郎。萍漂忍流涕，衰颯近中堂。

　　兄弟相見自然高興，在亂世祇有親人在一起，心裡才比較踏實。子美望著杜位說：「我們兄弟實在有緣。」在長安時子美是旅食京華，在成都時同在嚴武幕中，此刻杜位調到江陵任荊州節度行軍司馬，子美復從夔州出峽，來到江陵，這就是子美所說的緣。

第九章　南　征

江漢思歸客　乾坤一腐儒

一、從江陵到公安

回首一年九個月的夔州居留，一個半月江上舟行，現在江陵到了。子美在這已被封爲南都的大城市，全家生活要展開新的一頁了。

在江陵的老朋友很多，特別是鄭審和新近獲得尙書銜的李之芳都在這裡，尤其使子美感到興奮。

三月三日上巳日，子美參加了徐司錄的修禊雅集園林宴會。第一次會見了不少舊雨新知。因作詩：

上巳日徐司錄園林宴集

鬢毛垂領白，花蕊亞枝紅。欹倒衰年廢，招尋令節同。

薄衣臨積水，吹面受和風。有喜留攀桂，無勞問轉蓬。

從三月三日上巳日參加修禊雅集開始，子美在江陵展開了他的一連串交遊活動。來往最頻的當然是老友鄭審和李之芳了。過不了兩天，在胡侍御書堂宴飲，鄭審和李之芳都在座，分韻賦詩，極其歡快。子美作詩

宴胡侍御書堂（原注；李尙書之芳、鄭秘監審同席得歸字韻）

江湖春欲暮，牆宇日猶微。闇闇書籍滿，輕輕花絮飛。

翰林名有素，墨客興無違。今夜文星動，吾儕醉不歸。

筵席散後，酒興未闌，子美又拉著李之芳下馬步月，要作通

宵達旦之飲。子美的豪情直追長安時代。可見他遇見故人，連年老體衰都不顧了。看他寫的這首絕句，特具風味。

書堂飲既夜復邀李尚書下馬月下賦絕句

湖月林風相與清，殘樽下馬復同傾。

已拼野鶴如雙鬢，遮莫鄰雞下五更。

暮春三月，是最好的宴遊時節。子美與李之芳、李中丞以及宇文晃、崔彧，曾前後到鄭審那裡遊湖。

暮春陪李尚書李中丞過鄭監湖亭泛舟

海內文章伯，湖邊意緒多。玉樽移晚興，桂楫帶酣歌。

春日繁魚鳥，江天足芰荷。鄭莊賓客地，衰白遠來過。

湖亭之遊的宴席上，子美不免憶往，談起壯年的齊趙之遊，得與結識李之芳，長安時代獨與鄭虔交從最密。

「那年長安米珠薪桂。」子美回憶往事說，「然而我賣米得錢，即去找鄭廣文。」

「我記得子翁的詩。」鄭審說，「得錢即相覓，沽酒不復疑。」

「不錯，不錯。」子美說，「我們苦中作樂，也是忘憂之樂，酒酣舌結，竟至忘形到汝爾。」

子美從回憶中回到現實，不免感嘆故舊凋零。

在這段期間，子美作過兩首送別詩，一是送李長史之任蘇州，一是送馬卿入朝。茲錄後者。

暮春江陵送馬大卿公恩命追赴闕下

自古求忠孝，名家信有之。吾賢富才術，此道未磷緇。

玉府標孤映，霜蹄去不疑。激揚音韻徹，籍甚眾多推。

潘陸應同調，孫吳亦異時。北辰徵事業，南紀赴恩私。

卿月昇金掌，王春度玉墀。薰風行應律，湛露即歌詩。

天意高難問，人情老易悲。樽前江漢闊，後會且深期。

　　另外一首「短歌行贈王郎司直」起頭兩句爲十一言，風格特異，豪邁磊落，爲後人激賞。

短歌行贈王郎司直

王郎酒酣拔劍斫地歌莫哀，我能拔爾抑塞磊落之奇才。

豫章翻風白日動，鯨魚跋浪滄溟開。

且脫劍佩休徘徊。西得諸侯棹錦水，

欲向何門趿珠履。仲宣樓頭春色深，

青眼高歌望吾子。眼中之人吾老矣。

　　子美在南都江陵雖然朋友很多，應酬不少，但要安家作計，卻不是一件容易的事。乃弟杜觀來江陵，奔走了一陣子亦無所展布。因此他向子美建議，把家先移當陽，一個人在江陵以減後顧之憂。子美接受了這個建議，於是楊夫人率宗文、宗武，隨杜觀去當陽了。

　　暮春去後，初夏已來。子美已經覺得生計之迫了。於是暫離江陵到荊南的武陵（即今常德）訪舊，希望能得到一點資助。舟行途中忽然擱淺，因而寫了一首詩奉呈幕府諸公，敘其此行之意，字字眞實，句句辛酸，具見幾個月來在江陵的不得意。

水宿遣興奉呈群公

魯鈍仍多病，逢迎遠復迷。耳聾須畫字，髮短不勝篦。

澤國雖勤雨，炎天竟淺泥。小江還積浪，弱纜且長堤。

歸路非關北，行舟卻向西。暮年漂泊恨，今夕亂離啼。

童稚頻書札，盤飧詎糝藜。我行何到此，物理直難齊。

高枕翻星月，嚴城疊鼓鼙。風號聞虎豹，水宿伴鳧鷖。

異縣驚虛往，同人惜解攜。蹉跎長泛鷁，展轉屢鳴雞。

嶷嶷瑚璉器，陰陰桃李蹊。餘波期救涸，費日苦輕齎。

杖策門闌邃，肩輿羽翮低。自傷甘賤役，誰愍強幽棲。

　　巨海能無釣，浮雲亦有梯。勵庸思樹立，語默可端倪。
　　贈粟困應指，登橋柱必題。丹心老未折，時訪武陵溪。

　　在來往武陵的舟行中，子美還作有「遣悶」、「江邊星月二首」、「舟中對驛近寺」及「舟中」等詩作。詠舟中水邊景色，感事傷時，流露著壯心未已卻不能用於時的無奈。以「遣悶」爲代表作。

遣悶

地闊平沙岸，舟虛小洞房。使塵來驛道，城日避烏檣。
暑雨留蒸濕，江風借夕涼。行雲星隱見，疊浪月光芝。
螢鑒緣帷徹，蛛絲胃鬢長。哀箏猶憑几，鳴笛竟霑裳。
倚著如秦贅，過逢類楚狂，氣衝看劍匣，穎脫撫錐囊。
妖孽關東臭，兵戈隴右瘡。時清疑武略，世亂跼文場。
餘力浮於海，端憂問彼蒼。百年從萬事，故國耿難忘。

　　子美武陵之行看來并沒有多少收穫。夏末回到江陵，正值衛伯玉所築新樓落成，他自然參加了盛典，故有詩二首。第一首詩題「江陵節度使陽城郡王新樓成王請嚴侍御判官賦七字句同作」「杜臆」認爲：「題云賦七字句，知當時無律詩之名，王特請賦，亦以七言爲難也。」其詩云：

樓上炎天冰雪生，高飛燕雀賀新成。
碧窗宿霧濛濛濕，朱栱浮雲細細輕。
仗鉞褰帷瞻具美，投壺散帙有餘清。
自公多暇延參佐，江漢風流萬古情。

又作此奉衛王

西北樓成雄楚都，遠開山岳散江湖。
二儀清濁還高下，三伏炎蒸定有無。
推轂幾年惟鎮靜，曳裾終日盛文儒。

白頭授簡焉能賦，愧似相如為大夫。

在江陵幾個月，子美生活過得并不安定。客況蕭條，自傷遲暮。在他「秋日荊南述懷三十韻」一詩有詳盡的敘述，幾乎又是一篇告別之作。

秋日荊南述懷三十韻

昔承推獎分，愧匪挺生材。遲暮宮臣忝，艱危衰職陪。
揚鑣隨日馭，折檻出雲臺。罪戾寬猶活，干戈塞未開。
星霜玄鳥變，身世白駒催。伏枕因超忽，扁舟任往來。
九鑽巴噀火，三蟄楚祠雷。望帝傳應實，昭王問不迴。
蛟螭深作橫，豺虎亂雄猜。素業行已矣，浮名安在哉。
琴烏曲怨憤，庭鶴舞摧頹。秋水漫湘竹，陰風過嶺梅。
苦搖求食尾，常曝報恩鰓。結舌防讒柄，探腸有禍胎。
蒼茫步兵哭，展轉仲宣哀。飢籍家家米，愁徵處處杯。
休為貧士嘆，任受眾人咍。得喪初難識，榮枯劃易該。
差池分組冕，合沓起蒿萊。不必伊周地，皆登屈宋才。
漢庭和異域，晉史折中台。霸業尋常體，宗臣忌諱災。
群公紛戮力，聖慮窅徘徊。數見銘鐘鼎，真宜法斗魁。
願聞鋒鏑鑄，莫使棟梁摧。盤石圭多剪，凶門轂少推。
垂旒資穆穆，祝網但恢恢。赤雀翻然至，黃龍詎假媒。
賢非夢傅野，隱類鑿顏坏。自古江湖客，冥心若死灰。

另外一首三十韻的排律是「秋日荊南送石首薛明府辭滿告別奉寄薛尚書頌德敘懷斐然之作三十韻」明府是薛尚書景仙之弟，因其還京寄詩。全詩頌德敘懷。據朱鶴齡注：「新舊唐書均不立薛景仙傳，而代宗討史朝義時，薛景仙曾立大功，故嘆史家缺失甚多，而杜詩足以補之。」這更說明了世稱少陵為詩史，迴非一般推崇的用語。

　　述懷詩中敘述流寓江陵的窘迫景況，令人不平和鼻酸。「苦搖求食尾，常曝報恩鰓。……蒼茫步兵哭，展轉仲宣哀。飢藉家家米，愁徵處處杯。休為貧士嘆，任受眾人咍。」想當初子美離夔出峽，慷慨贈好友四十畝果園，那想到今日在江陵生計之困一至於此。

　　自武陵之行回來，子美心裡一直不歡，在水宿遣興詩中有「我行何到此，物理直難齊。」更悲憤的是「策杖門闌邃，肩輿羽翮低。」持杖走到公門，司閽竟不通報，人情如此，夫復何言！因作「久客」一詩。

久客

　　　羈旅知交態，淹留見俗情。衰顏聊自哂，小吏最相輕。

　　　去國哀王粲，傷時哭賈生。狐狸何足道，豺虎正縱橫。

　　因此子美是不能再在江陵住下去了。杜觀也無能為力，他在當陽不過謀得了一份僅堪糊口的工作，是無法供應大哥一家大小的。如今子美只好打算另一段漂泊的旅程，他決定南下到公安去。

　　杜位經歷了多變的世事，對於世態炎涼自然看得比子美平常，但是愁懷相對，他也無法用言語以安慰他。再說子美的詩人脾氣，要勸他不要太率直、太峻拔，那是不可能的。

　　「走罷。」他對杜位說，「有山有水也有路，路是走不完的。」

　　楊夫人帶著宗文、宗武從當陽回來了。在一個蕭瑟的深秋，子美率領家小，放舟出江陵南浦駛向公安（今湖北公安縣）。送行的一些朋友，在南浦揮別，正是江淹的別賦：「送君南浦，傷如之何！」

　　子美行前作一詩寄當時為江陵少尹的鄭審。

舟出江陵南浦奉寄鄭少尹審

　　　更欲投何處，飄然去此都。形骸元土木，舟楫復江湖。

　　社稷纏妖氣，干戈送老儒。百年同棄物，萬國盡窮途。
　　雨洗平沙淨，天銜闊岸紆。鳴螿隨泛梗，別燕起秋菰。
　　棲託難高臥，饑寒迫向隅。寂寥相呴沫，浩蕩報恩珠。
　　冥漲鯨波動，衡陽雁影徂。南征問懸榻，東逝想乘桴。
　　濫竊商歌聽，時憂卞泣誅。經過憶鄭驛，斟酌旅情孤。

　　詩的起句來得突兀，顯見其悲涼之情。自嘆同棄物、盡窮途。
雖然客途多恨，但能有一、二知己借酒共澆胸中塊壘，也就很難
得了。

　　舟行七十里，子美投宿於公安山館。他作詩：

移居公安山館

　　南國畫多霧，北風天正寒。路危行木杪，身迥宿雲端。
　　山鬼吹燈滅，廚人語夜闌。雞鳴問前館，世亂敢求安。

　　到了公安，縣尉顏十、衛大郎鈞以及老友顧戒奢均熱情接待。
子美又展開了一頁新的生活。

　　在顏十少府的宴府上，子美酒酣耳熱，意興風發，寫了一首
詩要請善於八分書的顧八題在壁上。

醉歌行贈公安顏十少府請顧八題壁

　　神仙中人不易得，顏氏之子才孤標。
　　天馬長鳴待駕取，秋鷹整翮當雲宵。
　　君不見東吳顧文學，君不見西漢杜陵老？
　　詩家筆勢君不嫌，詞翰升堂為君掃。
　　是日霜偶凍七潭，烏蠻落照銜赤壁。
　　酒酣耳熱忘頭白，感君意氣無所惜，一為歌行歌主客。

　　子美與顧戒奢是二十年的舊交，後來顧入江西，子美作詩相
送。歷敘交誼、時事及彼此經歷。王嗣奭認為「全篇無一虛飾，
可以知其相與之情。至末，而愛民之真懇，規友之直諒，又兩見

之矣。」

送顧八分文學適洪吉州

中郎石經後，分分蓋憔悴。顧侯運鑪錘，筆力破餘地。
昔在開元中，韓蔡同贔屭。玄宗妙其書，是以數子至。
御札早流傳，揄揚非造次。三人並入直，恩澤各不二。
顧於韓蔡內，辯眼工小字。分日侍諸王，鉤深法更秘。
文學與我遊，蕭疏外聲利。追隨二十載，浩蕩長安醉。
高歌卿相宅，文翰飛省寺。視我揚馬間，白首不相棄。
驊騮入窮巷，必脫異金鑾。一論朋友難，遲暮敢失墜。
古來事反覆，相見橫涕泗。嚮者玉珂人，誰是青雲器。
才盡傷形骸，病渴污官位。故舊獨依然，時危話顛躓。
我甘多病老，子負憂世志。胡為因衣食，顏色少稱遂。
遠作辛苦行，順從眾多意。舟楫無根蔕，蛟鼉好為祟。
況兼水賊繁，特戒風颶駛。崩騰戎馬際，往往殺長吏。
子干東諸侯，勸勉防縱恣。邦以民為本，魚饑費香餌。
請哀瘡痍深，告訴皇華使。使臣精所擇，進德知歷試。
惻隱誅求情，固應賢愚異。烈士惡苟得，俊傑思自致。
贈子「猛虎行」，出郊載酸鼻。

　　另一個年輕後生衛鈞，喜文詞，有涵養，很敬重子美，不比
時下一般青年淺薄、浮躁。子美有詩贈他。

移居公安敬贈衛大郎鈞

衛侯不易得，余病汝知之。雅量涵高遠，清襟照等夷。
平生感意氣，少小愛文詞。江海由來合，風雲若有期。
形容勞宇宙，質樸謝軒墀。自古幽人泣，流年壯士悲。
水煙通徑草，秋露接園葵。入邑豺狼鬥，傷弓鳥雀飢。
白頭供宴語，烏几伴棲遲。交態遭輕薄，今朝豁所思。

　　兩詩起句都用「不易得」，可見子美的慨嘆。在飽嚐人情冷暖之後，對這蕭瑟中的溫情，多麼值得珍視，自然是不易得了。

　　公安是三國時的名城，據「荆州記」：「吳大帝推劉備爲左將軍荆州牧鎭油口即居此城，時人號爲左公，故名其城公安也。」劉備得公安使關羽守之，及羽討城，呂蒙乘虛襲之，蜀吳之戰始自公安，漢業之不振，亦撓於公安。子美到此弔古有慨，故作詩：

公安縣懷古

野曠呂蒙營，江深劉備城。寒天催日短，風浪與雲平。

灑落君臣契，飛騰戰伐名。維舟倚前浦，長嘯一含情。

　　子美到公安不久，得到李之芳病死的消息，在孤舟漂泊的旅程中倍感傷懷。在江陵時老朋友只有鄭審、李之芳兩人，如今李之芳遽逝，老朋友又折損一個。李之芳是唐宗室，乃蔣王惲之孫。李最初爲齊州司馬，子美遊齊州時曾陪他同登歷下新亭賦詩。天寶十三載安祿山奏爲范陽司馬。及祿山反，李奔回京師。廣德二年兼御史大夫，出使吐蕃被留置二年方始得歸，拜禮部尚書，改太子賓客。

　　子美老懷悲傷，寫下「哭李尚書」與「重題」二詩：

哭李尚書

漳濱與蒿里，逝水竟同年。欲挂留徐劍，猶迴憶戴船。

相知成白首，此別間黃泉。風雨嗟何及，江湖涕泫然。

修文將管輅，奉使失張騫。史閣行人在，詩家秀句傳。

客亭鞍馬絕，旅櫬網蟲懸。復魄昭丘遠，歸魂素滻偏。

椒蘇封葬地，喉舌罷朝天。秋色凋春草。王孫若個邊。

重題

涕泗不能收，哭君餘白頭。兒童相識盡，宇宙此生浮。

江雨銘旌濕，湖風井徑秋。還瞻魏太子，賓客減應劉。

　　子美在公安住了二個多月，正要到江州的柴桑轉往鍾離探望他的妹妹，這時李晉肅（廿二年後生詩人李賀）卻要入蜀，子美作詩送他。稱呼他爲弟，是因爲子美與李姓有疏遠的親戚關係。唐人極重中表，敍輩份相同，故稱兄弟。

公安送李二十九弟晉肅入蜀余下沔鄂

　　正解柴桑纜，仍看蜀道行。檣烏相背發，塞雁一行鳴。

　　南紀連銅柱，西江接錦城。憑將百錢卜，漂泊問君平。

　　經秋至冬，子美經過近三個月的憩息後，是1是江縣紅梅放春之時離開公安，原先是想到江州，此時改變路線，卻向岳州進發。

曉發公安（原注：數月憩息此縣）

　　北城擊柝復欲罷，東方明星亦不遲。

　　鄰雞野哭如昨日，物色生態能幾時。

　　舟楫眇然自此去，江湖遠適無前期。

　　出門轉眼已陳跡，藥餌扶吾隨所之。

　　王嗣奭曰：「七律之變，至此而極妙，亦至此而極眞。此山谷所謂不煩繩削而自合者，蓋夔州以後詩也。」約計子美在夔州所作詩達四百三十多首，幾占全集一千四百多首的三分之一弱。而名篇「秋興八首」、長篇「夔府述懷」秋日夔府詠懷「一百韻」是成於夔州。大多數人認爲夔州以後的詩，達到藝術的最高峰。

　　舟出石首縣劉郎浦（石首縣是當年劉備納吳女處），歲晚疾風，空村人少，子美有一詩紀實。

發劉郎浦

　　掛帆早發劉郎浦，疾風颯颯昏亭午。

　　舟中無日不沙塵，岸上空村盡豺虎。

　　十日北風風未迴，客行歲晚晚相催。

白頭厭伴漁人宿，黃帽青鞋歸去來。

在舟行途中，江面遼闊，寒風淒淒，舟中一燈閃爍，聞鄰舟觱篥之聲（本是龜茲國樂，亦名悲篥，有類於笳，又稱笳管）以急管而歌塞曲，傾吐干戈流離之苦，但卻使一舟漂泊的子美，更感嘆江湖行路之難。

到了岳州（即今岳陽）已是冬深，作「歲晏行」一首：

歲晏行

歲云暮矣多北風，瀟湘洞庭白雪中。

漁父天寒網罟凍，莫徭射雁鳴桑弓。

去年米貴闕軍食，今年米賤太傷農。

高馬達官厭酒肉，此輩杼柚茅茨空。

楚人重魚不重鳥，汝休枉殺南飛鴻。

況聞處處鬻男女，割慈忍愛還租庸。

往日用錢捉私鑄，今許鉛鐵和青銅。

刻泥爲之最易得，好惡不合長相蒙。

萬國城頭吹畫角，此曲哀怨何時終。

去年米貴闕軍食，當是指大歷二年十月，減京官職田三分之一充軍糧，率百官京城士庶出錢以助軍。高馬達官厭酒肉，則是感嘆民間空乏，而高官奢侈浪費。戰亂、窮困、流離，所以有結句「萬國城頭吹畫角，此曲哀怨何時終。」的悲嘆。

岳陽在天岳山之陽，洞庭湖之畔。湖廣五百里，碧波浩渺，氣象萬千。子美泊舟城下，嘆其雄偉，作詩：

泊岳陽城下

江國踰千里，山城近百層。岸風翻夕浪，舟雪灑寒燈。

留滯才難盡，艱危氣益增。圖南未可料，變化有鯤鵬。

二、登岳陽樓　吳楚東南坼，乾坤日夜浮

　　岳陽城西門樓爲岳陽樓，可俯瞰寬廣的洞庭湖景色。古今詩人墨客登岳陽樓，無不有題詠的。子美登樓凝望，寫下了他的名篇「登岳陽樓」。

登岳陽樓

　　昔聞洞庭水，今上岳陽樓。吳楚東南坼，乾坤日夜浮。

　　親朋無一字，老病有孤舟。戎馬關山北，憑軒涕泗流。

　　子美雖然身體衰弱，而表現於上面兩首詩的，卻是雄偉老健。「登岳陽樓」一詩，後人視爲絕唱。祇有孟浩然的臨湖所賦堪以相較。孟詩爲「八月湖水平，含虛混太清。氣蒸雲夢澤，波撼岳陽城。欲濟無舟楫，端居恥聖明。坐看垂釣者，徒有羨魚情。」「金玉詩話」認爲「氣蒸雲夢澤，波撼岳陽城」，洞庭空曠無際，雄壯如在目前，至讀杜子美詩則又不然。「吳楚東南坼，乾坤日夜浮。」不知少陵胸中吞幾雲夢也。」黃鶴曰：「雖不到洞庭者讀之，可使胸次豁達。」

　　大歷四年（西元七六九年）正月，子美自岳陽放舟南行，此所謂南征。子美一路都有詩紀行。

南征

　　春岸桃花水，雲帆楓樹林。偸生常避世，適遠更霑襟。

　　老病南征日，君恩北望時。百年歌自苦，未見有知音。

　　洞庭春色爲人所愛，自岳陽南岳而入洞庭，作詩：

過南嶽入洞庭湖

　　洪波忽爭道，岸轉異江湖。鄂渚分雲樹，衡山引舳艫。

　　翠牙穿裛蔣，碧節吐寒蒲。病渴身何去，春生力更無。

　　壞童犁雨雪，漁屋架泥塗。欹側風帆滿，微冥水驛孤。

悠悠回赤壁，浩浩略蒼梧。帝子留遺恨，曹公屈壯圖。

聖朝光御極，殘孽駐艱虞。才淑隨廝養，名賢隱鍛鑪。

邵平元入漢，張翰後歸吳。莫怪啼痕數，危檣逐夜烏。

　　這一行的路線是宿青草湖，經白沙驛，過湘陰謁湘夫人祠，都有詩紀事。然後沂流而上，於二月初抵湘潭縣西鑿石浦，過津口行一百六十里次空靈岸宿花石戌，經晚州抵湘潭（今長沙）。

　　一路水上漂泊，老病侵尋，旅況益艱。自秦州入蜀有故人供祿米，有好友高適、嚴武，不論生計維艱，總維持一個差不多的局面。及高、嚴謝世，故舊凋零。到夔州後，也還有柏茂琳等許多親故，而現在親朋極少，老懷抑鬱，自是十分傷感。

　　從岳陽到潭州，衡州爲上水，子美作詩：

上水遣懷

我衰太平時，身病戎馬後。蹭蹬多拙爲，安得不皓首。

驅馳四海內，童稚日飢口。但遇新少年，少逢舊親友。

低頭下邑地，故人知善誘。後生血氣豪，舉動見老醜。

窮迫挫裹懷，常如中風走。一紀出西蜀，於今向南斗。

孤舟亂春華，暮齒依蒲柳。冥冥九疑葬，聖者骨已朽。

蹉跎陶唐人，鞭撻日月久。中間屈賈輩，讒毀竟自取。

鬱悒二悲魂，蕭條猶在否。嶕峣清湘石，逆行雜林藪。

篙工密逞巧，氣若酣杯酒。歌謳互激越，回幹明受授。

善知應觸類，各藉穎脫手。古來經濟才，何事獨罕有。

蒼蒼眾色晚，熊挂玄蛇吼，黃羆在樹顚，正爲群虎守。

贏骸將何適，履險顏益厚。庶與達者論，吞聲混瑕垢。

　　初到潭州正值清明時節，孤舟老病，他想得很多也想得很雜，有多少無可奈何之意，他作「清明二首」。

清明二首

朝來新火起新煙，湖色春光淨客船。
繡羽銜花他自得，紅顏騎竹我無緣。
胡童結束還難有，楚女腰肢亦可憐。
不見定王城舊處，長懷賈傅井依然。
虛霑周舉爲寒食，實藉君平賣卜錢。
鐘鼎山林各天性，濁醪粗飯任吾年。

其二

此身飄泊苦西東，右臂偏枯半耳聾。
寂寂繫舟雙下淚，悠悠伏枕左書空。
十年蹴踘將雛遠，萬里鞦韆習俗同。
旅雁上雲歸紫塞，家人鑽火用青楓。
秦城樓閣煙花裡，漢主山河錦繡中。
春水春來洞庭闊，白蘋愁殺白頭翁。

這二首詩的確寫得很悽苦，要皆寫實抒懷，但注家朱瀚批評它字句庸軟，無一字近少陵風骨。

春光宜人，子美情懷一寬，他強起上岸去遊嶽麓山。嶽麓山在長沙湘江西岸。南岳周圍八百里，以回雁爲首，岳麓爲足。子美登道林二寺，觀宋之問題壁。宋之問是在睿宗年間被流放嶺南欽州。道過長沙故有詩題寺壁。（其詩到宋代已不復存）

嶽麓山道林二寺行

玉泉之南麓山殊，道林林壑爭盤紆。
寺門高開洞庭野，殿腳插入赤沙湖。
五月寒風冷佛骨，六時天樂朝香爐。
地靈步步雪山草，僧寶人人滄海珠。
塔劫宮牆壯麗敵，香廚松道清涼俱。
蓮花交響共命鳥，金榜雙迴三足烏。

　　　　　方丈涉海費時節，玄圃尋河知有無。
　　　　　暮年且喜經行近，春日兼蒙喧暖扶。
　　　　　飄然斑白身奚適，傍此煙霞芽可誅。
　　　　　桃源人家易制度，橘洲田土仍膏腴。
　　　　　潭府邑中甚淳古，太守庭內不喧呼。
　　　　　昔遭衰世皆晦跡，今幸樂國養微軀。
　　　　　依止老宿亦未晚，富貴功名焉足圖。
　　　　　久為謝客尋幽慣，細學周顒免興孤。
　　　　　一重一掩吾肺腑，山鳥山花共友于。
　　　　　宋公放逐曾題壁，物色分留待老夫。

　　又岳麓山山腰有麓山寺，建於晉泰始四年，為長沙最早的一座佛寺。開元十八年（西元七三〇年）名書法家李邕撰麓山寺碑并書，碑文行書，全文一千四百多字。額題「麓山寺碑」四子，方篆陽文。子美詩中沒有提到碑文，想來必是直趨山上錯過了。

　　子美出來走走，看山、看水、看寺，心情平和多了。王嗣奭讚譽此詩：「全篇一氣抒寫，如珠走盤，此徘律化境。」

　　遊罷岳麓山已是春晚，子美溯江而上要去衡州。其路線是經白馬潭入喬口、銅官渚、雙浦、衡山而達衡州。

　　不斷的舟行，子美看見楊夫人有點疲倦，心中大有歉意。

　　「長時間乘船，你不習慣。」子美對楊夫人說，「真苦了你。」

　　「我不要緊。」楊夫人努力擠出一點笑意。「我倒擔心你受不了。」

　　「唉。」子美嘆了一口氣，「我們原要北上到襄陽、洛陽，此時卻背道而行，終日浮家泛宅，變成了水上人家。」說著自己也乾笑了一聲。

　　在新江江口一宿，風向轉為北風，這是舟行的順風，一家人

都喜歡。子美故作詩：

北風（原注：新康江口，信宿方行。）

春生南國瘴，氣待北風蘇。向晚霾殘日，初宵鼓大鑪。

爽攜卑濕地，聲拔洞庭湖。萬里魚龍伏，三更鳥獸呼。

滌除貪破浪，愁絕付摧枯。執熱沉沉在，凌寒往往須。

且知寬病肺，不敢恨危途。再宿煩舟子，衰容問僕夫。

今晨非盛怒，便道卻長驅。隱几看帆席，雲山湧坐隅。

順風行船，很決就過了青楓浦。（即雙楓浦）船入衡山縣境，已經可以望見南嶽了。他的身體無法登南嶽，祗好在舟中仰望，因作「望嶽」一詩。

望嶽

南嶽配朱鳥，秩禮自百王。歘吸領地靈，鴻洞半炎方。

邦家用祀典，在德非馨香。巡狩何寂寥，有虞今則亡。

洎吾隘世網，行邁越瀟湘。渴日絕壁出，漾舟清光旁。

祝融五峰尊，峰峰次低昂。紫蓋獨不朝，爭長嶪相望。

恭聞魏夫人，群仙夾翱翔。有時五峰氣，散風如飛霜。

牽迫限修途，未暇杖崇岡。歸來凱命駕，沐浴休玉堂。

三嘆問府主，曷以贊我皇。牲璧忍衰俗，神其思降祥。

子美於泰山、華山衡山，皆有望嶽的詩篇。黃生曰：「岱以小天下立意，華以問真源立意，衡以修祀典立意，旨趣各別。而此作尤見本領。」

子美到衡州，多少有欲依當時為湖南都團練觀察使、衡州刺史韋之晉之意，韋之晉是子美少年時，第一次出遠門在郇瑕結識的朋友，後來在京師亦有過從。但是到了衡州，韋之晉卻奉調為潭州刺史，因徙湖南軍於潭州，子美正好趕上送行。「少年朋友。」子美不免有點失望，他對韋之晉說，「我來衡州，台駕卻要遷潭

州了。」

「閣下在衡州附近看看名勝就到潭州來。」韋之晉很高興自己的新職，因而盼子美返回潭州，「那時我對新職也摸熟了，我們好好飲酒賦詩。」

子美很欣賞他的爽快，對自己這樣潦倒的老友，仍然像以往時那般的對待。

「我要寫一首詩爲老友送行。」子美因作：

奉送韋中丞之晉赴湖南

寵渥徵黃漸，權宜借寇頻。湖南安背水，峽內憶行春。

王室仍多故，蒼生依大臣。還將徐孺榻，處處待高人。

想不到的是，韋之晉到潭州才二個月，卻因病去世。這對子美又是是一種極大的打擊。此時意外來了一個少年相交的朋友，而對窮潦倒的故交，仍極誠懇的相待，因而心頭升起難得的溫暖，也就不必再說什麼「窮途愧知己」了。因作詩哭之。

哭韋大夫之晉

悽愴郇瑕邑，差池弱冠年。丈人叨禮數，文律早周旋。

臺閣黃圖裡，簪裾紫蓋邊。尊榮眞不忝，端雅獨倏然。

貢喜音容間，馮招疾病纏。南過駭倉卒，北思悄聯綿。

鵩鳥長沙諱，犀牛蜀郡憐。素車猶慟哭，寶劍欲高懸。

漢道中興成，韋經亞相傳。冲融標世業，磊落映時賢。

城府深朱夏，江湖渺霽天。綺樓關樹頂，飛旐泛堂前。

帝幕旋風燕，笳簫咽暮蟬。興殘虛白室，跡斷孝廉船。

童孺交遊盡，喧卑俗事牽。老來多涕淚，情在強詩篇。

誰繼方隅理，朝難將帥權。春秋褒貶例，名器重雙全。

子美覺得衡州無復可留，因之又返回潭州。

到了潭州，子美在舊雨新知間展開了一些交遊活動。從他許

多篇送別詩中，可知有裴虬、韋迢、盧居、劉判官、敬超先、張建封及蘇渙等人。裴虬於大曆四年自潭州赴西南湘江上流的道州，接任已故的崔渙爲道州刺史。子美參加了友好們爲他舉行的餞宴，子美作詩相送。

湘江宴餞裴二端公赴道州

> 白日照舟師，朱旗散廣川。群公餞南伯，肅肅秩初筵。
> 鄙人奉末眷，佩服自早年。義均骨肉地，懷抱罄所宣。
> 盛名富事業，無取愧高賢。不以喪亂嬰，保愛金石堅。
> 計拙百寮下，氣蘇君子前。會合苦不久，哀樂本相纏。
> 交遊颯向盡，宿昔浩茫然。促觴激百慮，掩抑淚潺湲。
> 熱雲初集黑，缺月未生天。白圍爲我破，華燭蟠長煙。
> 鶷鶡催明星，解袂從此旋。上請減兵甲，下請安井田。
> 永念病渴老，附書遠山顛。

張建封是張玠之子屬晚輩，子美於開元廿四年遊兗州時結識富有俠氣的張玠，那時建封才六、七歲。想不到廿多年後建封已頗有成就。舊唐書說：「大曆初，道州刺史裴虬薦建封於湖南觀察使韋之晉，辟署參謀，授左清道兵曹參軍，不就，輒去，後爲徐泗濠節度使。」

子美在孤舟漂泊的潭州，看見故人之子十分欣喜。

「不意這裡相見。」子美很高興，「使我想起從前。」

「那時我還是個孩子。」

「不然，玠公是一奇人，必有其後。」

「丈人過獎了。」

「那時我在玠公席上賦詩。」子美回憶往事，「酒酣耳熱，己得有一聯是『杜酒偏勞勸，張梨不外求』使得玠公呵呵大笑。」

「先君在世時曾談到與丈人的交遊，認爲是一大快事。」張

建封說。

這時張建封要離潭州入京另有所謀，子美作詩勉其好自爲之。後來建封果有成就。他在徐州節度使任所，爲愛妾關盼盼築燕子樓。建封死後，關盼盼十五年不下樓。白居易有詩紀之，後世傳爲佳話。

別張十三建封

嘗讀唐實錄，國家草昧初。劉裴首建議，龍見尚躊躇。
秦王撥亂姿，一劍總兵符。汾晉爲豐沛，暴隋竟滌除。
宗臣則廟食，後祀何疏蕪。彭城英雄種，宜膺將相圖。
爾惟外曾孫，倜儻汗血駒。眼中萬少年，用意盡崎嶇。
相逢長沙亭，乍問緒業餘。乃吾故人子，童卯聯居諸。
揮手灑衰淚，仰看八尺軀。內外名家流，風神蕩江湖。
范雲堪結友，嵇紹自不孤。揮材征南幕，潮落回鯨魚。
戴感賈生慟，復聞樂毅書。主憂急盜賊，師老荒京都。
舊丘豈稅駕，大廈傾宜扶。君臣各有分，管葛本時須。
雖當霜雪嚴，未覺栝柏枯。高議在雲臺，嘶鳴望天衢。
羽人掃碧海，功業竟何如。

潭州是湖南重鎮，南來北往的官員很多。在子美的社交活動中，特別值得注意的是，他結識了一位新的朋友，而他卻是一個有爭議的人物，他就是蘇渙。據新唐書的記載：「渙少喜剽盜，善用白弩，巴蜀商人苦之，號稱『白跖』，以比莊蹻。後折節讀書，進士及第。湖南崔瓘辟從事，繼走交廣，與歌舒晃反，伏誅。」蘇渙在廣州時作變律詩十九首上廣帥。其一曰：「養蠶爲素絲，葉盡蠶亦老。傾匡對空床，此意向誰道。一女不得織，萬夫受其寒。一夫不得意，四海行路難。禍亦不在太，福亦不在先。世路險孟門，吾儕當勉旃。」其二曰：「毒蜂一成窠，高掛惡木枝。

行人百步外，目斷魂爲飛。長安大道邊，挾彈誰家兒。手持黃金
丸，引滿無所疑。一中紛下來，勢若風雨隨。身如萬箭攢，宛轉
迷所之。徒有疾惡心，奈何不知幾。」容齋隨筆曰：「讀此二詩
可以知其人矣。杜贈渙詩，名爲記異，語意不與他等，厥有旨哉。」

有一天，蘇渙突然乘轎到子美泊舟的水邊登舟相訪。子美款
以茶酒，相對敘談。

「冒昧拜訪，請子翁恕罪。」蘇渙長揖。

「不敢，不敢。」子美聽完了他敘述來意，「非常之時，必
有非常之人，其惟侍御乎？」

「子翁交遊遍公卿大夫。」蘇渙說，「但亦不吝與田夫野老
交接，憂國傷時，發乎詩篇，在下佩服之至。」

「老病孤舟，只不過以詩敘懷而已。」子美慨嘆，「能拜聽
一、二首近作嗎？」

「固所願也。」蘇渙於是念了上面的那二首詩。

子美對其人其事既甚感興趣，聽他的詩，辭句不俗另出一格，
深覺異數，第二天便寫了一首有序的詩記異。

蘇大侍御訪江浦賦八韻記異

蘇大侍御渙，靜者也，旅於水側，不交州府之客，人事都絕
久矣。肩輿江浦，忽訪老夫舟楫，已而茶酒內，余請誦近詩，肯
吟數首，才力素壯，辭句動人。接對明日，憶其湧思雷出，書篋
几杖之外殷殷留金石聲，賦八韻記異，亦見老夫傾倒於蘇至矣。
龐公不浪出，蘇氏今有之。再聞誦新作，突過黃初詩。
乾坤幾反覆，揚馬宜同時。今晨清鏡中，白閒生黑絲。
余髮喜卻變，勝食齋房芝。昨夜舟火滅，湘娥簾外悲。
百靈未敢散，風破寒江遲。

各家注詩都強調「記異」兩字，盧世㴭曰：「杜先請蘇誦詩，

眞傾倒於蘇至矣。及考蘇之爲人，起手結局，幾於龍蛇起陸，又慨然作變律詩，想見其無聊無忌，子美旣目爲靜者，又目爲白起，繩尺原自井井然。其不交州府，而獨肩輿訪杜，其人固卓詭而具心眼者，子美所以記異也。」

寫完「記異」詩之後，子美腦子裡一直有蘇渙的影子，覺得這樣一個有才氣也有霸氣的人，如果眞的走上了偏鋒，其後果實有不堪想像者。原先推重他，也無非肯定他的才識，希望他循正途以報效國家。如今四方環境如此惡劣、複雜，則蘇渙若被引誘，恐怕朝廷又會多了一個一方之雄了。

正好在這暮秋時分，裴虬有手札白道州寄來，子美把握這一機會以詩答覆并示蘇，中間敍到蘇渙情事，末句云：「附書與裴因示蘇，此生已愧須人扶。致君堯舜付君等，早據要路思捐軀。」

暮秋接裴道州手札率爾遣興寄遞呈蘇渙侍御

久客多枉友朋書，素書一月凡一束。

虛名但蒙寒喧問，泛愛不救溝壑辱。

齒落未是無心人，舌存恥作窮途哭。

道州手札適復至，紙長要自三過讀。

盈把那須倉海珠，入懷本倚崑山玉。

撥棄潭州百斛酒，蕪沒瀟岸千株菊。

使我晝立煩兒孫，令我夜坐費燈燭。

憶子初尉永嘉去，紅顏白面花映肉。

軍符侯印取豈遲，紫燕騄耳行其速。

聖朝尚飛戰鬥塵，濟世宜用英俊人。

黎元愁痛會蘇息，戎狄跋扈徒逡巡。

授鉞築壇聞意旨，頹綱漏網期彌綸。

郭欽上書見大計，劉毅答詔驚群臣。

他日更僕語不淺，明公論兵氣益振。

傾壺簫管動白髮，舞劍霜雪吹青春。

宴筵曾語蘇季子，後來傑出雲孫比。

茅齋定王城郭門，藥物楚老漁商市。

市北肩輿每聯袂，郭南抱甕亦隱几。

無數將軍西第成，早作丞相東山起。

鳥雀苦肥秋粟菽，蛟龍欲蟄寒沙水。

天下鼓角何時休，陣前部曲終日死。

附書與裴因示蘇，此生已愧須人扶，

致君堯舜付君等，早據要路思捐軀。

子美用心良苦，所期望於蘇渙者可謂至矣。但蘇渙最後辜負了這一片好意。

子美牽舟而居，當此秋冬季節，北風龍來倍增寒意，對他的身體總是不適合的。雖以老儒自居，然亦壯心未已。他在江邊徘徊了一陣子，頗有所感，因有「江漢」、「地隅」二詩之作。

江漢

江漢思歸客，乾坤一腐儒。片雲天共遠，永夜月同孤。

落日心猶壯，秋風病欲蘇。古來存老馬，不必取長途。

地隅

江漢山重阻，風雲地一隅。年年非故物，處處是窮途。

喪亂秦公子，悲京楚大夫。平生心已折，行路日荒蕪。

宗文陪楊夫人登岸到街上去買點食物和酒，宗武陪子美在舟中閒談，話題轉到蘇渙身上。

「靜者也。」子美說，「靜則能思，為自己、為君國好好想一想，若是自恃文才武略，一旦把持不定便會闖禍的。」

「我少壯時。」子美接著又想起往事。「日子多麼美好。十

年戰亂把一切都摧毀了。如今想過承平歲月，連夢也難求了。」

　　幾年來戰亂頻仍，遠的不說，近者如去年商州兵馬使劉洽反，幽州丘馬使朱希彩反，現在桂州人朱濟時也靠不住了。連年吐蕃入寇，民不聊生。子美對討賊一事已十分失望，而渴望太平日子如此強烈，能夠男耕女織，家家溫飽，老百姓便無復他求了。

　　「宗武，我要寫一首詩。」子美吩咐，「我念你寫。」

　　於是宗武找到筆墨記錄下來，這便是「蠶穀行」。

蠶穀行

　　天下郡國向萬城，無有一城無甲兵。

　　焉得鑄甲作農器，一寸荒田牛得耕。

　　牛盡耕，蠶亦成。不勞烈士淚滂沱。

　　男穀女絲行復歌。

荊楚南方之地，子以為最冷也不能與北方相比，沒有想到北風一起，大地暮雲低垂，下起雪來了。天地茫茫，一片皚皚，船篷上的雪漸積漸厚。子美獨坐舟中，多麼渴望有朋友不期而來，與他對雪共飲。但這等於是幻想，何曾有朋友來呢？因作下面二詩：

對雪

　　北雪犯長沙，胡雲冷萬家。隨風且閒（一作開）葉，帶雨不成花。

　　金錯囊垂罄，銀壺酒易賒。無人竭浮蟻，有待至昏鴉。

舟中夜雪有懷盧十四侍御弟

　　朔風吹桂水，大雪夜紛紛。暗度南樓月，寒深北渚雲。

　　燭斜初近見，舟重竟無聞。不識山陰道，聽雞更憶君。

　　這二首詩對雪、詠雪，向為注家所譽。後來子美又寫了「白鳧行」及「朱鳳行」，自傷孤棲遲暮，而一年又過去了。

三、漂泊潭州　又逢兵亂

　　大曆五年（西元七七〇年）子美仍船居潭州，漂泊又是一年。正月二十日他檢點文件，發現初到成都的第二年，上元二年人日高適寄來的詩，手跡猶在而人已杳矣，傷故交凋零，自己老病懷舊，因作：

追酬故高蜀州人日見寄　幷序

開文書帙中，檢所遺忘，因得故高常侍適往居在成都時高任蜀州刺史人日見寄詩，淚灑行間，讀終篇末，自枉詩已十餘年，莫記存沒又六七年矣。老病懷舊，生意可知。今海內忘形故人，獨漢語王璵與昭州敬使君超先在，愛而不見，情見乎詞。大曆五年正月二十一日卻追酬高此作，因寄王及敬弟。

自蒙蜀州人日作，不意清詩久零落。
今晨散帙眼忽開，迸淚幽吟事如昨。
嗚呼壯士多慷慨，合沓高名動寥廓。
歎我悽悽求友篇，感君鬱鬱匡時略。
錦里春光空爛熳，瑤墀侍臣已冥寞。
瀟湘水國傍黿鼉，鄠杜秋天失鵰鶚。
東西南北更誰論，白首獨舟病獨存。
遙拱北辰纏寇盜，欲傾東海洗乾坤。
邊塞西羌最充斥，衣冠南渡多崩奔。
鼓瑟至今悲帝子，曳裾何處覓王門。
文章曹植波瀾闊，服食劉安德業尊。
長笛鄰家亂愁思，昭州詞翰與招魂。

　　子美的重表姪王砅，這時要從潭州南行，出任嶺南節度使李

勉的評事。回憶天寶十四載安祿山反叛，十五載在洛陽稱帝，京
師危殆。子美避難自奉先移家白水，到了白水發覺也并不安全，
又匆匆從白水夜行到鄜州。一路上都是王砅同行，要不是有他，
可眞不容易在周家窪找到孫宰的住處。這一段戰亂中共同逃難的
往事，子美印象深刻，也更加強了表親間的情誼。子美作詩相送。

送重表姪王砅評事使南海

我之曾老姑，爾之高祖母。爾祖未顯時，歸爲尚書婦。
隨朝大業末，房杜俱交友。長者來在門，荒年自糊口。
家貧無供給，客位但箕帚。俄頃羞頗珍，寂寥人散後。
入怪鬢髮空，吁嗟爲之久。自陳剪髻鬟，市鬻充杯酒。
上云天下亂，宜與英俊厚。向竊窺數公，經綸亦俱有。
次問最少年，虬髯十八九。子等成大名，皆因此人手。
下云風雲合，龍虎一吟吼。願展丈夫雄，得辭兒女醜。
秦王時在座，眞氣驚戶牖。及乎貞觀初，尚書踐台斗。
夫人常肩輿，上殿稱萬壽。六宮師柔順，法則化妃后。
至尊均嫂叔，盛事垂不朽。鳳雛無凡毛，五色非爾曹。
往者胡作逆，乾坤沸嗷嗷。吾客左馮翊，爾家同遁逃。
爭奪至徒步，塊獨委蓬蒿。逗留熱爾腸，十里卻呼號。
自下所騎馬，右持腰間刀。左牽紫遊韁，飛走使我高。
苟活到今日，寸心銘佩牢。亂離又聚散，宿昔恨滔滔。
水花笑白首，春草隨青袍。廷評近要津，節制收英髦。
北驅漢陽傳，南汎上瀧舠。家聲肯墜地，利器當秋毫。
番禺親賢領，籌運神功操。大夫出盧宋，寶貝休脂膏。
洞主降接武，海胡舶千艘。我欲就丹砂，跋涉覺身勞。
安能陷糞土，有志乘鯨鼇。或驂鸞騰天，聊作鶴鳴皋。

這首似傳似記的長詩中所指的尚書是王珪。曾老姑實爲王珪

之妻。這詩中引出一段故事。據唐書載：「珪母李嘗語珪曰：『而必貴，但不知所與遊何如人，而試與偕來。』會玄齡、如晦過其家，李窺之大驚，敕具酒食，歡盡日，喜曰：『二客公輔才，汝貴不疑。』」其實「珪母李」實是杜，且非母而是妻。唐書及列女傳均有誤。黃生曰：「以一婦人而具如許眼力，塵埃中辨出天子宰相，古今所罕，特借此詩傳之。」這說法是不無道理的。

三月天正是春天駘蕩之時，子美船居清寂，不禁想起以往在曲江、在渼陂以及成都浣花溪時的泛舟之樂，撫今追昔，百感交集，但看舟前落花另有意趣，因作：

風雨看舟前落花戲為新句

江上人家桃樹枝，春寒細雨出疏籬。
影遭碧水潛勾引，風妒紅花卻倒吹。
吹花困懶傍舟楫，水光風力俱相怯。
素憎輕薄遮入懷，珍重分明不來接。
濕久飛遲半欲高，縈沙惹草細如毛。
密蜂蝴蝶生情性，偷眼蜻蜓避伯勞。

這道新句輕鬆清麗，一掃年來老病、艱危、喪亂、孤寂等字眼。王嗣奭說得好：「摹寫物情，一一從舟中靜處得之，都是虛景，都是遊戲，都是弄巧，本大家所不屑而偶一為之，故自謂新語。而為新句。而纖巧濃艷，遂為後來詞曲之祖。」

子美外家崔氏，是一大家族，仕宦人才眾多，這時他的二十二舅崔偉來到潭州將赴郴州任錄事參軍，他對子美的遭際很是同情，但此時他也在客中，不能給予多大幫助。

「等我到了郴州先安排一下。」崔偉說，「你不妨來住些日子，把身體調息好。」

「且看情形再說罷。」子美望著這位年輕的外舅。「泥塗屈

曲，需要時只好來依靠了。」於是他寫了下面一首詩送行。

奉送二十二舅錄事之攝郴州

賢良歸盛族，吾舅盡知名。徐庶高交友，劉牢出外甥。

泥塗豈珠玉，環堵但柴荊。衰老悲人世，驅馳厭甲兵。

氣春江上別，淚血渭陽情。舟鷁排風影，林鳥反哺聲。

永嘉多北至，勾漏且南征。必見公侯復，終聞盜賊平。

郴州頗涼冷，橘井尚淒清。從事何蠻貊，居官志在行。

　　這期間，魏二十四司直要去嶺南，趙十七明府、蕭使君等人都在潭州相遇。多年不見，聚晤自有一番感慨。最意外是遇到了流落江潭知音律善歌唱的樂師李龜年。當年他在玄宗的宜春院北的梨園，特承恩遇，想不到天寶亂後，一切都風消雲散了。

　　「李樂師，想不到在這裡相遇。」子美抱拳，望著他滿面風霜。

　　「杜公，天地窄小，世事難料。」

　　「李樂師，此刻你……」

　　李龜年搖搖手。「杜公，你看我形骸如此，已是賣唱討乞了。」

　　「我也在江潭間漂泊。」子美告訴他，「牽船而居。何不到我船上一敘？」

　　李龜年略一猶豫，便和子美一同回到船上。李龜年談到明皇去蜀後常年百官寵辱的情況。而他自己也向南奔逃，過著艱難的日子。

　　子美因作詩以寄慨嘆。

江南逢李龜年

歧王宅裡尋常見，崔九堂前幾度聞。

正是江南好風景，落花時節又逢君。

清明前一日小寒食，算是一個佳辰令節。子美船居徒見柳舒

梅放，即景感懷，傷孤舟漂泊，北望長安，一片愁緒無可奈何！
因作

小寒食舟中作

佳辰強飲食猶寒，隱几蕭條戴鶡冠。

春水船如天上坐，老年花似霧中看。

娟娟戲蝶過閒慢，片片輕鷗下急湍。

雲白山青萬餘里，愁看直北是長安。

出峽三春，雨春船居湖南，似已慣於浮家泛宅。而燕子也似
能識舊主，飛入舟中。燕之與我，我之與燕正自相憐。子美對燕
命題，作了

燕子來舟中作

湖南爲客動經春，燕子銜泥兩度新。

舊入故園嘗識主，如今社日遠看人。

可憐處處巢居室，何異飄飄托此身。

暫語船檣還起去，穿花貼水益霑巾。

盧世㴐曰：「七言律詩以此收卷，五十六字內，比物連類，
似複似繁，茫茫有身世無窮之感，卻又一字不說出，讀之但覺滿
紙是淚，世之相後也，一千歲矣，而其詩能動人如此。」

大曆五年四月，潭州發生兵亂。在那時候驕兵悍將戰亂之來
并非意外，而其近因，是刺史崔瓘「政在簡肅，恭受禮法，將吏
自經時艱，久不奉法，多不便之。」（舊唐書句）會月發糧儲丘
馬使臧玠與判官達奚覯忿爭，當晚臧遂搆亂，以殺覯爲名犯州城，
崔瓘遑遽而逃，逢玠兵至因遇害。潭州兵亂如此，子美祇有逃避，
因而再入衡州。子美有詩紀其事。

入衡州

兵革自久遠，興哀看帝王。漢儀甚照耀，胡馬何猖狂。

老將一失律，清邊生戰場。君臣忍瑕垢，河岳空金湯。
重鎮如割據，輕權絕紀綱。軍州體不一，寬猛性所將。
嗟彼若節士，素於圓鑿方。寡妻從爲郡，兀者安堵牆。
凋弊惜邦本，哀矜存事常。旌麾非其任，府庫實過防。
恕己獨在此，多憂增內傷。偏裨限酒肉，卒伍單衣裳。
元惡迷是似，聚謀洩康莊。竟流帳下血，大降湖南殃。
烈火發中夜，高煙燋上蒼。至今分粟帛，殺氣吹沅湘。
福善理顛倒，明徵天莽茫。銷魂避飛鏑，累足穿豺狼。
隱忍枳棘刺，遷延胝研瘡。遠歸兒侍側，猶乳女在旁。
久客幸脫免，暮年慚激昂。蕭條向水陸，汩沒隨漁商。
報主身已老，入朝病見妨。悠悠委薄俗，鬱鬱回剛腸。
參錯走洲渚，春容轉林篁。片帆左郴岸，通郭前衡陽。
華表雲鳥陣，名園花草香。旗亭壯邑屋，烽櫓蟠城隍。
中有古刺史，盛才冠巖廊。扶顛待柱石，獨坐飛風霜。
昨者間瓊樹，高談隨羽觴。無論再繾綣，已是安蒼黃。
劇孟七國畏，馬卿四賦良。門闌蘇生在，勇銳白起強。
問罪富形勢，凱歌懸否臧。氛埃期必掃，蚊蚋焉能當。
橘井舊地宅，仙山引舟航。此行怨暑雨，厥土聞清涼。
諸舅剖符近，開緘書札光。頻繁命屢及，磊落字百行。
紅綻外家養，謝安乘興長。下流非珠玉，擇木羞鸞凰。
我師嵇叔夜，世賢張子房。柴荊寄樂土，鵬路觀翱翔。

子美又作逃難一詩。

逃難

五十白頭翁，南北逃世難。疏布纏枯骨，奔走苦不暖。
已衰病方入，四海一塗炭。乾坤萬里內，莫見容身畔。
妻孥復隨我，回首共悲歎。故國莽丘墟，鄰里各分散。

歸路從此迷，涕盡湘江岸。

雖然避難來到衡州，但今後行止煞費斟酌。子美原已答應必要時去郴州依舅氏崔偉，現在他又有書來見招，但衡州離郴州四百餘里，舟行十分辛苦，子美心情實在矛盾，而老病侵尋，思鄉更加情切，想來想去，竟難作出一個決定。

在楊夫人這方面，也很難表示意見。她雖覺得去郴州暫依舅氏並非善策。但子美身體這樣衰弱，又何能冒夏暑，千里迢迢的迴舟北上，過洞庭入襄陽，踏上回鄉的道路呢？

經過幾番苦思，子美覺得此時南行比較合理。

「還是先到郴州罷。」他對楊夫人說，「在二十二舅那裡休息一陣子再說。」

「我看也只有這樣。」楊夫人回答，「北行路遠，又要冒夏暑，你的身體未必吃得消。」

第十章　孤舟飄泊潭岳間

歸路從此迷　涕盡湘江岸

一、耒陽江漲　舟阻方田驛

　　於是子美放舟南行。不想到舟行一日到耒陽正值江漲，被阻於方田驛，江水茫茫，激流洶湧，兩岸只見叢樹山巒，看不見村舍炊煙。舟子看著水勢非常憂慮，認爲三、幾日是不會退水的。楊夫人實際感到威脅的，是舟上食物已經有限，原以爲到前一站便可添購補充的，如今泊舟樹邊進退兩難。

　　「水若止退，我們怎麼辦？」楊夫人心酸得快要哭出來了。

　　「我和弟弟泅水出去買食物。」宗文說。

　　「這不是錦江，而且水勢太急。」子美阻止他們。

　　舟上的食物，經過三天節食也點滴不存了。

　　「此天欲亡我也。」子美對自己說，望著可憐的妻子和孩子，內心在流血。

　　困在舟中，四、五日了食物斷絕，正絕望無以療饑之時，幸得耒陽縣令得訊，立即修書致送酒肉解困。在這窮途末路即將成爲餓殍之時，子美自然感激不盡，因爲詩以報聶令。

　　　　聶耒陽以僕阻水書致酒肉療饑荒江詩得代懷興盡本韻
　　　　至縣呈聶令陸路去方田驛四十里舟行一日時屬江漲洎
　　　　於方田

> 耒陽馳尺素，見訪荒江渺。義士烈女家，風流吾賢紹。
> 昨見狄相孫，許公人倫表。前朝翰林後，屈跡縣邑小。
> 知我礙湍濤，半旬獲浩溔。孤舟增鬱鬱，僻路殊悄悄。
> 側驚猿猱捷，仰羨鸛鶴矯。禮過宰肥羊，愁當置清醥。
> 庬下殺元戎，湖邊有飛旐。方行郴岸靜，未話長沙擾。
> 人非西諭蜀，興在北坑趙。崔師乞已至，澧卒用矜少。
> 問罪消息眞，開顏憇亭沼。

　　由於子美被江漲阻於方田驛，遂導引出子美夭死耒陽之說，千百年來仍聚訟不已。事實上這一說法，乃新舊唐書之誤導。舊書本傳：「甫遊衡山，寓居耒陽，嘗遊岳廟，爲暴水所阻，旬日不得食，耒陽聶令知之，自櫂舟迎甫而還。永泰二年，啗牛肉白酒，一夕而卒於耒陽，時年五十有九。」新唐書本傳仍沿襲舊書之誤：「大曆中，出瞿塘，下江陵，泝沅湘以登衡山，因客耒陽。遊岳祠，大水遽至，涉旬不得食，縣令具舟迎之，乃得還。令嘗饋牛炙白酒，大醉，一夕卒，年五十九。」舊書謂永泰二年（即大曆元年）與大曆五年，相差五年其錯至爲明顯。新唐書只不過把永泰五年改爲大曆中，兩史之誤如此，令人不解。而最好的辯正，無過於子美自己的詩，作謝聶令的詩，自然在酒酣飯飽之後，若是夭死，何能有此長篇?餽酒肉在夏日，耒陽迴棹即在此時。接下去則有「登舟將適漢陽」、「暮秋將歸秦留別湖南幕府親友」，以及最後一首長篇「風疾舟中伏枕書懷三十六韻奉呈湖南親友」，因此可知子美之死不在夏季不在耒陽，而在於迴棹過潭州之後，時在秋冬之交。他在潭州時還寫了一首「長沙送李十一銜」的詩，這些明顯的證據，應可澄清飫死耒陽之說。

　　由於這一折騰，子美了解到生命是如此脆弱，天災人禍隨時都可降臨於人身。兵亂如毛，自己漂泊無了時。冒盛暑到二十三

舅那裡也不過一時之計，何如此時北返，順水行舟易到襄陽，能
夠終老故園，且免客死異鄉，亦算是福分了，此外夫復何求？

　　經過這場虛驚，全家人好像從生死邊緣走回來。

　　「我愧對你們，」子美望著楊夫人和孩子們深深自責。

　　「你也別這麼說，」楊夫人柔和地安慰丈夫，「只能怪老天
爺。」

　　「是啊，」宗武接著說，「我要問天，可是『天意高難問』。」

　　「爸，」宗文望著子美，「古人比我們處境壞的多的是，這
不是我們的錯。」

　　子美澹淡地笑了，對孩子們的話深感安慰。但是成都的夢
破了，夔州的夢破了，而今江陵的夢又破了，下一個夢是什麼呢？

　　子美把北行的心意告訴了楊夫人。

　　「經此水阻，我覺得已銳氣全消了。」子美對楊夫人說。

　　「我只是擔心盛暑行舟。」楊夫人幽幽地說。

　　「不妨事，」子美看著孩子們，「北行順流會涼快些，再說
轉眼秋天就來了。」

二、迴棹北行　志在歸秦

　　於是一家人便在水退之後迴棹北行。解纜前夕，子美寫下一
詩

迴棹

宿昔試安命，自私猶畏天。勞生繫一物，爲客費多年。
衡岳江湖大，蒸池疫癘偏。散才嬰薄俗，有跡負前賢。
巾拂那關眼，瓶罍易滿船。火雲滋垢膩，凍雨裛沉綿。
強飯蓴添滑，端居茗續煎。清思漢水上，涼憶峴山巔。
順浪翻堪倚，迴帆又省牽。吾家碑不昧，王氏井依然。

　　几杖將衰齒，茅茨寄短椽。灌園曾取適，遊寺可終焉。

　　遂性同漁父，成名異魯連。篤師煩爾送，朱夏及寒泉。

　　郴江水滿，舟行甚速。從耒陽到衡州一百六十多里的水程，順水不足兩日便可到達。望到衡州城郭時，子美沒有興奮，只是感觸萬端。衡州真是傷心之地，初到衡州是為著會故人韋之晉，然而卻趕上送他調遷潭州，以後到潭州又遭遇兵亂，幾乎連命都送了。逃難入衡州，狼狽之狀已經無以復加了。「逃難」一詩的結句「歸路從此迷，涕盡湘江岸。」絕望之情不難想見。

　　泊舟郭外，江上風來已有秋意。子美不想離船，只吩咐宗文、宗武上岸，買些白酒和食物以及他們所熟悉的草藥。因為這幾天他右臂酸痛，早晚多咳，他需要一些鎮靜和清火的藥物來克制。

　　從衡州到潭州，水程將近六百里。子美希望早日到達，畢竟潭州還有幾位不可不見的故舊。暫時住下來休息一陣子再作北行。

　　到了潭州，子美遇見了十二年前在同谷相逢的老友李銜。這時他正要離潭他適。子美回憶乾元二年（西元七五九年）十月自秦州到同谷的狼狽情形，幸得李銜的協助，才在鳳凰山下的鳳凰村暫住下來。往事歷歷，今日雖得相逢，又復將匆匆別去。泥塗晚收，窮老莫振，感慨深矣。子美乃作詩為故人送別。

長沙送李十一銜

　　與子避地西康州，洞庭相逢十二秋。

　　遠愧尚方曾賜履，竟非吾土倦登樓。

　　久存膠漆應難並，一辱泥塗遂晚收。

　　李杜齊名真忝竊，朔雲寒菊倍離憂。

　　這次子美逗留潭州，由於精神體力均大不如前，因此儘可能避免參加詩酒酬應，況且老病窮途，人情冷暖是他所熟知的。在傷感與無奈中，子美儘量克制自已，免得增加家人的精神負擔。

這天宗文、宗武兄弟從岸上買了草藥回來，還提著一尾江魚。

「爸，」宗文說，「這條魚很肥。」

子美笑了：「我們晚上有好菜吃了。」

待楊夫人做好晚飯，端上熱騰騰的清蒸江魚。

「味道好鮮，」子美夾了一塊進口，然後又喝了一口白酒，但他立刻發覺自己的酒量減了。

話題又談到北行的事，大家都認為秋涼後放船最好。

「但願我的體力能支持我回到東都，」子美望著楊夫人和孩子們說。

「你能的，」宗武說，「順水行舟很快會到，到了東都，爸，你就可以好好調息了。」

「是啊，」楊夫人寬慰他「路程不是很遠，你得寬心。」

兩岸樹葉轉黃，江風颯颯，已是秋天了。子美一家都需要添製一些禦寒的衣物，但是客況蕭條，實在多所困難。子美正為這件事想得悽楚，想得煩躁。

到了仲秋時分，北行的準備工作大致完成。放舟在即，子美悲喜交集，喜的是可以得歸，悲則窮老還鄉愧對親友。不過，能從潭州赴漢陽轉襄陽以返洛陽甚或西京，則「此生那老蜀，不死會歸秦。」可了心願。想到這裡，還是有足以自慰者。因作詩：

登舟將適漢陽

春宅棄汝去，秋帆催客歸。庭蔬尚在眼，浦浪已吹衣。

生理飄蕩拙，有心遲暮違。中原戎馬盛，遠道素書稀。

寒雁與時集，檣烏終歲飛。鹿門自此往，永息漢陰機。

暮秋，子美決定放舟北行，因作詩留別湖南幕府親友。

暮秋將歸秦留別湖南幕府親友

水闊蒼梧野，天高白帝秋。途窮那免哭，身老不禁愁。

大府才能會，諸公德業優。北歸衝雨雪，誰憫敝貂裘。

三、日月出矣　爝火不熄

　　湘江水闊，兩岸蘆葦蕭蕭，孤舟北行自是悽涼。但窮老還鄉，心情雖然矛盾複雜卻也是唯一的心願了。子美想到只要能回洛陽，陸渾莊總還有點薄產，也可種藥、賣文、寫詩，希望宗文、宗武能學得謀生的一技之長，布衣蔬食，即可了此一生。子美想到這裡心裡好過了些，只盼自己的身體能夠好好調息，帶病延年，多寫幾首好詩傳世，也就可以消減許多遺憾了。

　　第一天舟行八十里，在一個小鎮前面停泊。舟師說從岸邊上去百來步就有一條小街，有幾間鋪子賣食物用品的。這裡出產的燻魚最是有名。宗文、宗武聽了，便央求他帶他們去看看。

　　斜陽滿地，時間並不晚，楊夫人答應了。

　　兩兄弟走後，子美擁著被望著岸邊。

　　「我覺得身體愈來愈差，」子美對楊夫人說，「我真沒有把握能回到東都。」

　　「你別自己氣餒，」楊夫人安慰子美，「這個把月你是太累了。」

　　「但願你說的對，」子美說，「我很擔心你們母子。」

　　「振作起來，」楊夫人鼓勵他，「你從前不是這樣的。」

　　一陣沈默，子美乾咳了幾聲。

　　等到宗文、宗武帶著兩條燻魚回來，夜幕漸漸低垂，舟中一燈如豆，子美的情緒稍稍回復過來，就著燻魚喝了幾盅酒，覺得味道不錯，只是自己的酒量十分不濟事了。

　　過了幾天，孤舟北行將近三百里，正是全程之半。此時秋盡冬來，江上冷風倍加蕭瑟。子美綣著身子十分畏寒。他對自己的

信心愈來愈弱，而衰年身疾更甚。楊夫人看在眼裡也是心痛，但仍然儘量安慰丈夫。

「一過洞庭，我們北上的行程就快了。」楊夫人說，「江上風寒，陸上地熱，氣候不定，我們得多留心。」

子美深以為然。但心裡卻一直憂念這最後一段行程前途多艱。倘有不測，這孤舟羈旅將何以為計？想到這裡，不覺出了一身冷汗。

子美挪動身子，要宗武準備紙筆。於是他像小孩一樣，吃力而認真的伏枕，寫下了他最後的一首詩

風疾舟中伏枕書懷三十六韻呈湖南親友

軒轅休製律，虞舜罷彈琴。尚錯雄鳴管，猶傷半死心。

聖賢名古邈，羈旅病年侵。舟泊常依震，湖平早見參。

如聞馬融笛，若倚仲宣襟。故國悲寒望，群雲慘歲陰。

水鄉霾白屋，楓岸疊青岑。鬱鬱冬炎瘴，濛濛雨滯淫。

鼓迎非祭鬼，彈落似鴞禽。興盡纔無悶，愁來遽不禁。

生涯相汨沒，時物正蕭森。疑惑樽中弩，淹留冠上簪。

牽裾驚魏帝，投閣為劉歆。狂走終奚適，微才謝所欽。

吾安藜不糝，汝貴玉為琛。烏几重重縛，鶉衣寸寸針。

哀傷同庾信，述作異陳琳。十暑岷山葛，三霜楚戶砧。

叨陪錦帳坐，久放白頭吟。反樸時難遇，忘機陸易沉。

應過數粒食，得近四知金。春草封歸恨，源花費獨尋。

轉蓬憂悄悄，行藥病涔涔。瘞天追潘岳，持危覓鄧林。

蹉跎翻學步，感激在知音。卻假蘇張舌，高誇周宋鐔。

納流迷浩汗，峻趾得欹嶔。城府開清旭，松筠起碧潯。

披顏爭倩倩，逸足競駸駸。朗鑒存愚直，皇天實照臨。

公孫仍恃險，侯景未生擒。書信中原闊，干戈北斗深。

　　畏人千里井，問俗九州箴。戰血流依舊，軍聲動至今。

　　葛洪定尸解，許靖力難任。家事丹砂訣，無成涕作霖。

　　寫完這首詩，子美身心俱疲，面色蒼白喘息不定。他閉上眼睛休息，頭腦昏昏沉沉，那尸解、丹砂等等景像都在眼前幌動。

　　半夜裡，子美覺得虛弱不堪，手足寒冷。呼吸有如游絲，他感到心肝都在摧折，禁不住咳了幾聲，驚動楊夫人起坐探視。挑燈一看，見他面色灰敗，不禁嚇了一跳，立刻把兒子叫過來。

　　「不要緊，」子美微弱地說，「天命所在，……我不…放心的是你們母子。」

　　「爸，你會好起來的，」宗文、宗武說。

　　「我的日子已到盡頭，」子美的聲音微弱得幾乎聽不清楚，「我的詩……」

　　「爸，我知道，我會好好整理保存。」宗武安慰老父。

　　子美點點頭，深陷的下頰突然出現一絲紅暈。

　　楊夫人忍不住的淚珠一顆顆滾滾流下。她握著子美的手，像一束枯枝，然後漸冷、漸冷，呼吸和脈膊一直往下降。

　　黑夜將盡，黎明來到之前，這位可愛的、偉大的詩人，無聲地告別了這個世界。

　　然而，杜甫的詩篇卻像永恆的火把，千秋萬世照耀大地。雖日月出矣，而爝火不熄。

　　　　　　　　（全書完　一九九五年四月二十五日於紐約）

後　記

　　一九七六年春末，我從臺北聯合報編輯主任的職務上，奉派至初創的紐約世界日報支援編務；初適異國，來不及所謂適應，即投入繁忙的工作。數年以後才在皇后區新鮮草原覓定一處居所，前有陽臺，後有小院，剛上小學的兩個孩子始免於終日侷促公寓，而得有屋前屋後一片遊玩的天地，一家四口的生活也算上了軌道。

　　夏日炎熱，盛暑時我便遷住地下室，門窗開啓，南風自通，比冷氣舒服多了，我乃稱之爲「夏宮」，置躺椅於北窗下，一杯龍井、一卷書，這工餘的下午時刻，有說不盡的愜意處。等到驕陽偏西，暑氣稍戢，就到後院蒔花、除草、學圃。第一年新闢數畦，種些小黃瓜、空心荣、四季豆，成績並不理想；但從播種看它們發芽、抽葉、結實，這段生長的過程，使我內心充滿了歡愉。後院有桑一株，讀到放翁詩：「小園煙雨接鄰家，桑柘陰陰一徑斜。臥讀陶詩未終卷，又乘微雨去鋤爪。」喜正是爲我而寫。

　　我來美時祇帶了少數的書籍。其中最重要的是一冊陶詩、一部杜工部詩集和一部蘇詩。在紐約想讀自己喜歡的書並不容易，因此我的時間便放在三部詩上面了，尤以杜詩爲最。

　　年輕時讀杜詩，興之所至，喜歡讀他的容易理解的絕句、五言和七言律詩。除了打起精神讀「自京師赴奉先詠懷五百字」及「北征」等篇之外，其他長篇甚少寓目。而今無書可讀，一部杜詩在手，祇好努力看注先求基本瞭解。這種「用功」得益非淺，讀了長篇，才知少陵野老詩筆雄健，變化無窮。如大將用兵，布

陣列勢，首尾照應，一讀、二讀，不能甚解，三讀、四讀便眼前出現曙光，而愈讀愈覺其韻味醇厚。至於篇中佳句，每於接物、感時或好景當前之際，時時自然湧現，不覺脫口吟出，其會心處使人陶醉。

　　杜甫於開元廿三年落第的第二年，出發漫遊齊趙，歷時五年。開元廿九年（七四一）回到東都，年已三十，與司農少卿楊怡之女結婚，結束了裘馬清狂的生活，開始面對殘酷腐敗的現實。自天寶五年入長安，即開始他顛躓的人生。在這「騎驢十二載，旅食京華春」的歲月裡，「朝叩富兒門，暮隨肥馬塵。」何其悽苦！由於李林甫把持選政，第二年赴考入選又應詔退下。四十歲時進「三大」禮賦，雖獲玄宗賞識，仍未能得到官職施展抱負，直到天寶十四載，時局已經壞到不可收拾之時，於十月間始獲授河西尉不拜，改就一個小小的率府參軍。不到一個月安祿山稱兵叛亂，杜甫只好逃難，度隴入蜀，前後十四年備嚐艱苦，兵荒馬亂，流離失所。這一頁天寶安史之亂的歷史，與我們這一輩廿年代出生的知識份子的遭遇相似，抗戰八年，勝利後兵火未息，不少人間關萬里，骨肉離散。所以當我讀到「三史」、「三別」、「兵車行」等有關戰亂的詩篇，掩卷追憶往事，不勝唏噓。

　　但我們比杜甫幸運，經過三十年動盪不安的局面後，臺灣出現了一片經濟繁榮、中產階級興旺的好景。過去所受的痛苦終於得到了甜美果實的回報，而杜甫的遭遇卻是困頓顛連：出峽入荊楚後竟無容身之地，孤舟漂泊賷志以終。

　　每個夏天，我住入「夏宮」半耕半讀，耕的是瓜豆蔬菜，讀的就是杜詩。每到書店，我總找找看有無有關杜甫的新書，看到大陸出版品中年來頗有一些杜甫傳敘，或杜詩研析之類的著作，我總挑揀著買回幾本。這樣多讀了幾家寫的杜甫之後，常常比較

這本簡、那本繁；這本草率、那本週到。大體而言，杜甫的生平全靠他自己的詩作為資料，如「壯遊」便是一篇簡單的自傳。這時候，我心中萌生一個意念，那就是想按照自己的鋪排寫一本杜傳，把杜甫和他家人的生活、朋友的交遊，勾勒出一個大概的面貌。我覺得這正是過去出版的杜傳中比較不足之處，我希望能把這個空間補充起來。

此一動念在心中一直蘊育，而且日漸膨脹。於是從八七年開始著手搜集資料。九〇年從紐約回到睽違四十二年的大陸探親旅遊，在上海、在北京、在西安，我出入新華書店找尋這類書籍，但所要的一本聞一多的「少陵先生年譜會箋」，卻無法找到。（廈大朱家驎兄，很辛苦的只替我找到聞一多寫的「杜甫」前半段。）直至兩年後，小女正怡才在哈佛燕京圖書館，從「聞一多全集」中為我覓得。會箋訂正了若干種年譜的疏誤之處，我認為這是諸種杜甫年譜中最好的一本。

九二年秋後，我動筆的衝動激盪不已，到了仲冬時分，我乃簡要地寫出了一份杜傳的綱目，而最在意的是如何寫杜甫的吳越之遊。這方面的資料衹有「壯遊」詩中的幾句，所以各家寫的傳記，多是輕輕數筆帶過。但我認為「萬里之行，始於足下」，杜甫第一次的漫遊，是後半段人生重要的開端，應該重視，雖然缺乏史料，卻不妨用散文的方式作適當的鋪敘。

在工部詩集中，我發現杜甫很鄭重的使用「吾道」二字，如「秦州雜詩」其四中的「萬方同一概，吾道竟何之」，「空囊」詩中的「世人共鹵莽，吾道屬艱難」，積草嶺詩「旅泊吾道窮，衰年歲時倦」，屏跡三首其二：「用拙存吾道，幽居近物情」，「發秦州」詩中的「大哉乾坤內，吾道長悠悠」等等。吾道是杜甫思想的一個重點。他奉儒守業，堅守詩人的崗位〈詩是吾家事〉，

他最終的目的是要「致君堯舜上，再使風俗淳」。他需要功名，他需要官職，爲的是這樣才能爲國家、社會貢獻一己的力量，他希望正直的大臣當國，消弭戰爭創造安定、祥和正義的社會，人人各安其位，「男穀女絲行復歌」。杜甫宅心仁厚，時時爲貧苦大眾著想，他期盼「安得廣廈千萬間，大庇天下寒士盡歡顏」，即使自己的茅屋爲風雨所破，他也「吾廬獨破死亦足」。而不幸的是，這位自稱「乾坤一腐儒」的詩人，坎坷一生，無一願望實現，豈不悲哉！

杜甫繼承漢魏六朝的文學遺產，發揚光大集其大成。正如元積所作杜氏墓誌銘中所說：「上薄風雅，下該沈宋，言奪蘇李，氣吞曹劉，掩顏謝之孤高，雜徐庾之流麗，盡得古人之體勢，而兼今人之所獨專矣。」讀少陵先生的詩，眞嘆服他胸藏萬卷，淵博無倫。無論立意造境、遣字練句，俱是高人一等。即是很平凡的題材，一經入手，便能從不凡處著筆。一詩之成，總營造出那首詩的獨特風格。他的長詩動輒三十韻、四十韻，而至秋日夔府詠懷一百韻，前後層層接合，脈絡分明，一點也不散漫。這是前人未有的，及至後人學步，則殊多章句鬆弛、氣勢軟弱，不足取矣。

歷代文學名家，無不對工部詩推崇備至。評注家也一致同意少陵之詩雄宏沈鬱，而格律變化不拘一體。王荊公選四家詩答客問說：「悲歡窮泰，發斂抑揚，疾徐縱橫，無施不可。故其詩有平淡簡易者，有綺麗精確者，有嚴重威武若三軍之帥者，有奮迅馳驟若泛駕之馬者，有淡泊閑靜若山谷隱士者，有風流蘊藉若貴介公子者。」陳輔之詩話云：「荊公嘗言世間好語言，已被老杜道盡。」其推崇如此！東坡讀少陵詠月詩「四更山吐月，殘夜水明樓」，以「殘夜水明樓」爲絕唱，可見東坡對詩聖的傾倒。「

小杜」牧之讀老杜詩直抒其感，則謂：「杜詩韓筆愁來讀，似倩
麻姑癢處搔」，的確，我們現在讀到的一千四百多首杜詩，集中
雖多窮愁老病之嘆，但絕不是無病呻吟，而是兵火亂離之痛，與
時代脈絡相通，有其歷史意義。杜詩已成為中華民族瑰麗的文學
遺產之一，它已自成一座豐美的文學園林，其中盡是奇花佳果，
足供世世代代人們留連觀賞，讚嘆無已。

　　我自知學殖荒疏，所以不揣淺陋下筆寫此書者，實因杜詩的
酵素，在我胸中激盪澎湃不已，忍不住要發洩出來。開始寫本書
時，同時也學習使用電腦中文打字，所以速度很慢，而我在報杜
還有每夜編輯的工作，只能利用下午的一段時間，每日打三數百
字。等到電腦字碼打得比較熟練時，才慢慢增加速度。但寫到一
半時檢視前章，有許多草率不滿意的地方，然而船到中流，退比
進似乎更難，何況要自己前功盡棄，也很不甘心。因而寫信給臺
北的老友劉潔、劉國瑞、馬各與查仞千諸兄，自然得到他們的鼓
勵，我才又鼓起勇氣繼續寫完後半部份。此書之成，老友催生之
功不可沒，在此謹致謝意。

　　本書用電腦打出，有許多字碼沒有輸入。自己從頭校對時，
發現缺字、錯字，漏脫疏誤之處多如牛毛，一校、二校似乎都還
有錯字，可知校對先生校書之勞。在此值得一提者，本書初稿曾
寄大陸經舍弟永棟逐頁辛苦校對，多所正誤。

　　我寫完此書，辛苦多年，頓覺身心愉快。今生來到塵寰一遭，
至此可以留下一段文字因緣做為紀念，為兒女留一點對中國文化
的印象。剩下的餘年，靜則可以讀書，動則可以旅遊，於願足矣。
最後，本書蒙文史哲出版社惠予出版，謹表謝忱。

　　　　　　　郭永榕　一九九五年四月於紐約

附錄

少陵先生年譜

紀　　年	公　年	年齡	紀　　事	詩　　作
睿宗先天元年壬子公生於河南鞏縣瑤灣	七一二	一	即景雲三年，正月改元太極，五月改元延和，七月立皇太子隆基為皇帝以聽小事，自尊為太上皇。八月玄宗即位，改元先天。	
玄宗　開元元年　癸丑	七一三	二	即先天二年十二月改元	
開元二年　甲寅	七一四	三	正月置教坊於蓬萊	
開元三年　乙卯	七一五	四	宮側，上自教法曲，謂之「梨園子弟」	
開元四年　丙辰	七一六	五	六月睿宗崩	
開元五年　丁巳	七一七	六	公觀公孫大娘舞「劍器」、「渾脫」	
開元六年　戊丐	七一八	七	始作詩文，壯遊詩：「七齡思即壯，開口詠鳳凰。」	
開元七年　己未	七一九	八		

開元八年 　　　庚申	七二〇	九	公始習大字，壯遊詩：「九齡書大字，有作成一囊。」李思訓卒	
開元九年 　　　辛酉	七二一	十		
開元十年 　　　壬戌	七二二	十一	四月張說爲中書令元結生崔顥登進士第	
開元十一 年　　癸亥	七二三	十二		
開元十二 年　　甲子	七二四	十三		
開元十三 年　　乙丑	七二五	十四	十一月東封泰山，公與文人交遊壯遊詩：「往者十四五，出遊翰墨場。」	
開元十四 年　　丙寅	七二六	十五		
開元十五 年　　丁卯	七二七	十六	王昌齡、韋建登進士第	
開元十六 年　　戊辰	七二八	十七	宋璟爲尙書左丞相	
開元二十 年　　己巳	七二九	十八	張說薨	
開元二十 　　　庚午	七三〇	十九	公遊晉旬段，從韋之晉遊。	

開元二十 年　　辛未	七三一	二十	公遊吳越	
開元二十 年　　申	七三二	廿一	公遊吳越	
開元廿一 年　　癸酉	七三三	廿二	公遊吳越	
開元廿二 年　　甲戌	七三四	廿三	張九齡爲中書令 公遊吳越	
開元廿三 年　　乙亥	七三五	廿四	公自吳越歸東都，	
開元廿四 年　　丙子	七三六	廿五	舉進士不第 公遊齊趙	
開元廿五 年　　丁丑	七三七	廿六	公遊齊趙 王維爲監察御史	
開元廿六 年　　戊寅	七三八	廿七	公遊齊越	
開元廿七 年　　巳卯	七三九	廿八	公遊齊趙 張九齡、孟浩然卒	
開元廿八 年　　庚辰	七四〇	廿九		夜對月、遣興、塞蘆子 登兗州城樓、題張氏隱 居二首、與任城許主簿 遊南池。 對雨書懷走邀許主簿
開元廿九 年　　辛巳	七四一	三十	自齊魯歸東都築陸 渾莊與司農少卿楊 怡之女結婚	巳上人茅齋、房兵曹胡 馬、畫鷹、過宋員之問 田莊、臨邑舍弟書至苦

				雨、夜宴左氏莊
天寶元年 壬午	七四二	三一	二姑母萬年縣君卒於洛陽仁風里，六月還殯河南裴氏故里	假山、龍門、李監宅二首
天寶二年 癸未	七四三	三二	在東都 李邕來訪岑參登進士第	
天寶三載 甲申	七四四	三三	李白來東都公始與相會公祖母范陽太君卒，公作墓誌。	贈李白、重題鄭氏東亭
天寶四載 乙酉	七四五	三四	公再遊齊魯	陪李北海宴歷下亭、同李太守同登歷下古城員外新亭、暫如臨邑至。昔山湖亭奉懷李員外、贈李白、與李十二白同尋范十隱居、鄭駙馬宅宴洞中、冬日有懷李白
天寶五載 丙戌	七四六	三五	自齊魯歸長安	春日憶李白、今夕行、送孔巢父謝病歸遊江東兼呈李白、贈特進汝陽王二十二韻
天寶六載 丁亥	七四七	三六	詔徵天下有一藝者，皆得詣京師就選。李林甫把寺選政，已而布衣之士無有第者。公應詔退下。	
天寶七載 戊子	七四八	三七	四月以高力士爲驃騎大將軍、封貴妃三姊爲秦、韓、虢	奉寄河南韋尹丈人、贈韋左丞丈濟、贈比部蕭郎中十兄、飲中八仙歌

			國夫人。	、故武衛將軍挽詞三首
天寶八載　己丑	七四九	三八	公在長安間至東都　高適舉有道科	高都護聰馬行、冬日洛城北謁玄元皇帝廟
天寶九載　　庚寅	七五〇	三九	公在長安與鄭虔訂交楊夫人產一子名宗文	贈翰林張四學士泊
天寶十載　辛卯	七五一	四十	公在長安進三大禮賦，玄宗奇之，命待制集賢院。賈至舉明經科及第	樂遊園歌、杜位宅守歲制、投簡咸華兩縣諸子，病後過王倚飲贈歌
天寶十一載　壬辰	七五二	四一	李林甫卒，楊國忠為右相	敬贈鄭，柬議十韻、送高三十五書記十五韻、奉留贈集賢院崔于二學士、送韋書記赴安西、貧交行、玄都壇歌寄元逸人、奉贈鮮于京兆二十韻、曲江三章章五句、同諸公登慈恩塔寺、兵車行前出塞九首
天寶十二載　癸巳	七五三	四二	公在長安又得一子名宗武	陪鄭虔遊何將軍山林十首、麗人行、虢國夫人、九日曲江、白絲行、
天寶十三載　甲午	七五四	四三	公在長安，進封西嶽，賦自東都移家至長安，居南城之下杜城，秋後移家至率先。	投贈哥開府翰二十韻、贈田九判官梁丘、奉陪鄭駙馬韋曲二首、重過何氏五首、陪諸公子丈八溝攜妓納涼晚際遇雨二首、醉時歌、城西陂泛舟、美陂行、美陂西南台、與鄠縣源大少府宴渼陂、寄高三十五書記、送張十二參軍赴蜀州因呈楊五侍御、贈陳

				二補闕、送裴二虯尉永嘉、贈獻納使起居田舍人澄、崔駙馬山亭宴集、九日寄岑參、示從孫濟、嘆庭前甘菊花、承沈八丈東美除膳部員外郎阻雨未遂馳賀奉寄此詩、苦雨奉寄隴西公兼呈王徵士、秋雨嘆三首、奉寄太常張卿洎二十韻、沙苑行、橋陵詩三十韻因呈縣內諸公、
天寶十四載 乙未	七五五	四四	十一月安祿山反，陷河北諸縣。公十月授河西尉不拜改就率府參軍、赴奉先接妻子。王昌齡為閭丘曉所殺。	上韋左相三十韻、醉歌行送蔡希魯還隴右因寄高三十五書記、陪李金吾花下飲、官定後戲題、去矣行、夜聽許十一誦詩愛而有作、戲簡鄭廣文兼、呈蘇司業、白水明水舅宅喜雨、九日楊奉先會崔明府、自京赴奉先縣詠懷五百字、奉先劉少府新畫山水障歌、奉同郭給事湯東靈秋作、後出塞五首、聰馬行。
天寶十五載（至德元載）肅宗 丙申	七五六	四五	安祿山僭號於東京，陷潼關，玄宗奔蜀，次馬鬼，陳玄禮殺楊國忠，貴妃自縊。公初在長安，五月至奉先避難，轉赴白水再走鹿州。肅宗在靈武即位，遂奔行在	蘇端薛復筵簡華醉歌、晦日尋崔戢李封、率府程錄事還鄉、白水崔少府十九翁高齊三十韻、三川觀水漲二十韻、月夜、悲陳陶、悲青‧反、避地、對雪、得舍弟消息二首、哀王孫、天育驃圖歌、魏將歌、夏日李公見訪。

| 至德二載 丁酉 | 七五七 | 四六 | 肅宗二月幸鳳翔，十月收西京上還長安。
公春陷賊中，五月脫歸，拜左拾遺。房琯得罪公抗疏救之，被放還省家。永王璘敗，李白亡走彭澤，坐繫潯陽獄。 | 元日寄韋氏妹、春望、憶幼子二首、一百五日夜對月、遣興、塞蘆子、哀江頭、大雲寺贊公房四首、雨過蘇端、喜晴、鄭駙馬池台遇鄭廣文同飲、自京竄至鳳翔喜達行在所三首、送樊二三侍侍御赴漢中判官、述懷、得家書、送長孫侍御赴武威判官、送從弟亞赴河西判官、送靈州李判官、奉送郭中丞兼太僕卿充隴西節度使三十韻、送韋十六評事充同谷防禦判官、彭衙行、送楊六判官使西蕃、哭長孫侍御、奉贈嚴八閣老、月、留別賈嚴二閣老兩院補闕、晚行口號、獨酌成詩、徒步歸行、九成宮、玉華宮、羌村三首、北征，行次昭陵、喜聞官軍已臨賊境二十韻、收京三首、送鄭十八貶台州司戶、臘日。 |
| 乾元元年 戊戌 二月改元 | 七五八 | 四七 | 上親享九廟
六月貶房琯為邠州刺史。公坐琯黨出為華州司功參軍。李白流夜郎。 | 奉和賈至舍人早朝大明宮、宣政殿退朝晚出左掖、紫禁殿退朝口號、春宿左省、晚出左掖、題省中壁、送賈閣老出出汝州、送翰林張司馬南海勒碑、曲江陪鄭八丈南史飲、曲江二首、曲江對酒、奉答岑參補闕見贈、奉贈王中允維、奉贈許八拾遺歸江寧 |

				觀省、因許八奉寄江寧文上人、題李尊師松樹障子歌、得舍弟消息、送李校書二十六韻、福側行贈畢四曜、贈畢四曜、題鄭十八著作丈故居、瘦馬行、義鶻行、畫畫鶻行、端午節賜衣、酬孟雲卿、從左拾遺遷華州緣與親故別出金光門、寄高三十五詹事、贈高式顏、題鄭縣亭子、望岳、早秋苦熱堆案相仍、觀安西兵過關中待命二首、九日藍田崔氏莊、崔氏東山草堂、遣興三首、獨立、至日遣興奉寄北省舊閣老兩院故人二首、路逢襄陽楊少府入城戲呈楊四員外綰、多未以事至東都湖城遇孟雲卿復歸劉顥宅宿宴飲散因為醉歌、閿鄉姜七少府設鱠戲贈長歌、戲贈閿鄉秦少府短歌、李鄠縣丈人胡，胡馬行、觀兵。
乾元二年 己亥	七五九	四八	自東都歸華州、七月棄官度隴赴秦州。十月赴同谷、十二月一日赴成都。	憶弟二首、得舍弟消息、不歸、贈衛八處士、洗兵馬、新安吏、潼關吏、石壕吏、新婚別、垂老別、無家別、夏日嘆、夏夜嘆、立秋後題、貽阮隱居、遣興三首、留花門、佳人、夢李白二首、有懷台州鄭十八司戶、遣興五首、秦州雜詩二十首、遣興二

				首、月夜懷舍弟、天末懷李白、宿贊公房、赤谷西淹人家、西枝村尋置草堂地夜宿贊公土室二首、寄贊上人、太平寺泉眼、東樓、雨晴、寓目、山寺、即事、遣懷、天河、初月、擣衣、歸燕、促織、螢火、蒹葭、苦竹、除架、廢畦、夕烽、秋笛、日暮、野望、空囊、病馬、蕃劍、銅瓶、送遠、送人從軍、示姪佐、佐還山後寄三首、從人覓小胡孫許寄、秋日阮隱居致薤三十束、秦州見敕目薛三璩授司議郎畢曜遷官、寄彭州高使君適適虢州岑長吏參三十韻、寄岳州賈司巴州嚴使君五十韻、寄張十二山人彪三十韻、寄李十二白二十韻、所思、別贊上人、兩當縣吳十侍御江上宅、發秦州、赤谷、鐵堂峽、鹽井、寒峽、法鏡寺青陽峽、龍門鎮、石龕、泥功山、鳳凰台、同谷七歌、萬丈潭、發同谷縣、木皮嶺、飛仙閣、石櫃閣、桔柏渡、劍門、鹿頭山、成都府、酬高使君相贈
上元元年 庚子	七六〇	四九	公在成都，春卜居西郭外草堂。	卜居、五十五司馬弟出郭相訪遺草堂貲、從蕭八明府實處覓桃栽、從韋二明府處覓綿竹、憑

				河十一少府邕覓豈木栽、又於韋處乞大邑瓷碗、憑韋少府班覓松樹、詣徐卿覓果栽、堂成、蜀相、梅雨、爲農、有客、賓至、狂老、雲山、遣興、遣愁、杜鵑行鵑行、題壁上韋偃畫馬歌、戲題王宰畫山水圖歌、戲爲韋偃雙松圖歌、北鄰、南鄰、過南鄰朱山人水亭、因崔五侍御寄高彭州一絕、奉簡高三十五使君、和裴迪登新津寺寄王侍郎、贈蜀僧閭丘師兄、泛溪、出郭、恨別、散愁二首、建都十二韻、村夜、寄楊五桂州譚、西郊、和裴迪登蜀州東亭送客逢早梅相憶見寄。
上元二年	七六一	五○	三月段子璋反於東川，五月平。十二月嚴武爲成都尹。公居草堂。正月往新津，二月歸成都。	暮登四安寺鐘樓寄裴十迪寄贈王十將軍承俊、奉酬李都督表丈早春作、題新津北橋樓、遊修覺寺、後遊、絕句漫興九首、客至、遣意二首、漫成二首、春夜喜雨、春水、江亭、早起、落日、可惜、獨酌、徐步、寒食、石鏡、琴台、春水生二絕、江上值水如海勢聊短述、水檻、遣心二首、江漲、朝雨、晚晴、高枏、惡樹、江畔獨步尋花七絕句、進艇、一室、所思、聞斛斯六官未歸、赴青

				城出成都寄陶王二少尹、野望因過常少仙、丈人山、寄杜位、送裴五赴東川、送韓十四江東省覲、冉樹爲風雨所拔嘆、茅屋爲秋風所破歌、石筍行、杜鵑行、逢唐興劉主簿弟、敬簡王明府、重簡王明府、百憂集行、徐卿二子歌、戲作花卿歌、贈花卿、少年行二首、贈虞十五司馬、病柏、病橘、枯棕、枯柟、不見、草堂即事、徐九少尹見過、范二員外邈吳十侍御郁特枉駕、王侍御掄許攜酒至草堂、王竟攜酒高亦同過、陪李十七司馬皂江上觀造竹橋、觀作橋成月夜舟中邀還呈李司馬、李司馬橋成承高使君自成都回。
代宗元年 寶應元年 　壬寅	七六二	五一	四月玄宗肅宗相繼崩，代宗即位。公自春至夏居草堂，與嚴武唱和甚密。七月嚴武還朝，公送至綿州。李白卒。	入奏行贈西山檢察使竇侍御、得廣州張判官叔卿書使還以詩代意、魏十四侍御就敝廬相別、贈別何邕、絕句、贈別鄭錬赴襄陽、重贈鄭錬絕句、江頭五詠、野望、畏人、屛跡三首、少年行、即事、奉酬嚴公寄題野亭之作、嚴中丞枉駕見過、遭田父泥飲美嚴中丞、奉和嚴中丞西城晚眺十韻、中丞嚴公雨中垂寄見憶一絕奉答二絕、謝嚴中丞送青

| | | | | 城縣道士乳酒一瓶、三絕句、戲爲六絕句、野人送朱櫻、嚴公仲夏枉駕草堂兼攜酒饌、嚴公廳宴同詠蜀道畫圖、戲贈友二首、溪漲、大麥行、奉送嚴公入朝十韻、送嚴侍郎到綿州同登杜使君江樓宴、奉濟驛重送嚴公四韻、送梓州李使君之任、觀打魚歌、又觀打魚、越王樓歌、海棕行、姜楚公畫角鷹歌、東津送韋諷攝閬州錄事、光祿坂行、苦戰行、去秋行、廣州段功曹到得楊五長史譚書、送段功曹歸廣州、題禪武師屋壁、悲秋、客夜、客亭、九日登梓州城、九日奉寄嚴大夫、秋盡、戲題寄上漢中王三首、玩月呈漢中王、從事行贈嚴二別駕、贈韋贊善別、寄高適、野望、冬到金華山觀得故拾遺陳公遺跡、陳拾遺故宅、謁文公上方、奉贈射洪李四丈、早發射洪途中作、通泉驛南去通泉縣十五里山水作、過郭代公故宅、觀薛稷少保書畫壁、通泉縣署壁後薛少保畫鶴、陪王侍御同登通泉東山野亭、陪王侍御同東山最高頂宴漁陽。 |

| 廣德元年癸 | 七六三 | 五二 | 十月吐蕃陷長安，代宗幸陝州。八月房琯卒。正月公在梓州，後遊綿州、漢州。 | 花底、柳邊、聞官軍收河南河北、遠遊，春日登梓州樓二首，有感五首、春日戲題惱郝使君、題妻原郭明府茅屋壁、奉送崔都水翁下峽、妻城西原送李判官武判官赴成都府、涪江泛舟送韋班歸京、泛舟送魏十八倉曹還京因寄岑中允參花郎中李明、送路六侍御入朝、涪城縣香積寺官閣、泛江送客、雙燕、百舌、上牛頭寺、望牛頭寺、上兜率寺、望兜率寺、甘園、陪李梓州王閬州蘇遂州李果州四使君登惠義寺、數陪李梓州泛江有女樂在諸舫戲為艷曲二首、送何侍御歸朝、江亭送眉州辛別駕昇之、行次鹽亭縣聊題四韻、倚杖、惠義寺送王少尹赴成都、惠義寺園送辛員外、又送、巴西驛亭觀江漲呈竇使君二首、又呈竇使君、陪王漢州留杜綿州泛房公西湖、得房公池鵝、答楊梓州、舟前小鵝兒、官池春雁二首、投簡梓州幕府兼簡韋十郎官、漢川王大錄事作、短歌行送祁錄事歸合州因寄蘇使君、送韋郎司直歸成都、寄題江外草堂、陪章留後侍御宴南樓、台上 |

				、送王十五判官扶侍還黔中、喜雨、述古三首、陪章留後惠義寺餞嘉州崔都督赴州、送竇九歸成都、章梓州水亭、章梓州橘亭餞成都竇少尹、隨章留後新亭會送諸君、客舊館、戲作寄上漢中王、棕拂子、送陵州路使君之任、送元二適江左、九日、對雨、薄暮、良州奉送二十四舅使自京赴任青城、王閬州筵奉酬十一舅惜別之作、閬州東樓筵奉送十一舅往青城、放船、薄遊、嚴氏溪放歌、驚急、王命、征夫、西山四首、與嚴二郎奉禮別、贈裴南部、巴山、早花、發良中、江陵望幸、愁坐、遣憂、冬狩行、山寺、桃竹杖引、贈章留後、將適吳楚留別章使君留後兼幕府諸公、舍弟占歸草堂檢校聊示此詩、歲暮。
廣德二年甲辰	七六四	五三	二月嚴武再鎮蜀，公本欲自良出陝。乃改計返成都。六月入嚴武幕。	送李卿曄、釋悶、贈別賀蘭銛、閬山歌、閬水歌、江亭王閬州筵餞蕭遂州、陪王使君晦日泛江就黃家亭子二首、泛江、收京、巴西聞收京闕送班司馬入京二首、城上、傷春五首、暮寒、遊子、滕王閣子、玉台觀二首、奉寄章十侍御、南池、將赴荊南寄

南寄別李劍州、奉寄別
馬巴州、奉待嚴大夫、
渡江、自閬州領妻子卻
赴蜀山行三首、別房太
尉墓、將赴成都草堂途
中有作先寄嚴大夫、春
歸、歸來、草堂四松、
題桃樹、水檻、破船、
奉寄高常侍、贈王二十
四侍御契四十韻、登樓
、寄印州崔錄事、王錄
事許修草堂貲不到聊小
詰、歸雁、絕句二首、
寄司馬山人十二韻、黃
河二首、揚旗、絕句六
首、絕句四首寄李十四
鑰外布十二韻、軍中醉
中醉歌寄沈八劉叟、丹
青引、韋諷錄事宅觀曹
將軍畫馬圖歌、送韋諷
上良州錄事參軍、太子
張舍人遺織成褥段、憶
昔二首、寄董卿嘉榮十
韻、立秋雨阮中有作、
奉和嚴鄭公軍城早秋、
院中晚晴懷西郭茅舍、
宿府、到村、村雨、獨
坐、倦夜、陪鄭公秋晚
水池臨眺、遣悶呈奉嚴
鄭公二十韻、送舍弟穎
赴齊州三首、嚴鄭公階
下新松、嚴鄭公宅同詠
竹、晚秋陪嚴鄭公摩訶
池泛舟、奉觀嚴鄭公廳
事岷山拖江畫圖十韻、
過故斛斯校書莊二首、
懷舊、哭台州鄭司戶蘇
少監、別唐十五誠因寄
禮部賈侍郎、初冬、觀

				李固請司馬弟山水圖三首、至後、寄賀蘭銛、送王侍御往東川放生池祖席。
永泰元年 乙巳	七六五	五四	公正月辭幕府歸浣花溪。是年正月高卒，四月嚴武卒。九月吐蕃、回紇入寇，十月回紇受盟而還。	正三日歸溪上有作簡院內諸公、敝廬遣興奉寄嚴公、營屋、除草、春日江村五首、長吟、春遠、絕句三首、三韻三篇、天邊行、莫相疑行、赤霄行、聞高常侍亡、去蜀、喜雨、宿青溪驛奉懷張員外十五兄之緒、狂歌行贈四兄、宴戎州楊使君東樓、渝州候嚴六侍御不到先下峽、撥悶、宴忠州使君姪宅、禹廟、題忠龍興寺所居院壁、哭嚴僕射歸櫬、旅夜書懷、放船、雲安九日鄭十八攜酒陪諸公宴、答鄭十七郎一絕、別常微君、長江二首、承聞房故相公靈親啟殯歸葬東都有二首、將曉二首懷錦水居止二首、青絲、三絕句、遣憤、十二月一日三首、又雪。
代宗大曆 二年 丙午	七六六	五五	杜鴻漸為東四川副元帥，秋後柏茂琳為夔州都督。	雨、南楚、水閣朝霽奉簡雲安嚴明府、杜鵑、客居、子規、石硯、寄鄭十八賁、別蔡十四著作、寄常微君、寄岑嘉州、移居夔州作、船下夔州郭宿雨濕不得上岸別王十二判官、漫成一

首、客堂、引水、示獠
奴阿段、上白帝城、上
白帝城二首、陪諸公上
白帝城頭宴越公堂之作
、白帝城最高樓、武侯
廟、八陣圖、曉望白帝
城鹽山、老艷預堆、老
病、近聞、負薪行、最
薪行、最能行、寄韋有
夏郎中、峽中覽物、憶
鄭南、贈崔十三評事公
輔、寄李十五秘書文嶷
秘書文嶷二首、雷、火
、熱三首、夔州歌十絕
句、毒熱寄簡崔評事十
六弟、信行遠修水筒、
催宗文樹雞柵、貽華陽
柳少府、七月三日亭午
已後較熱退晚加小涼戲
呈元二十一曹長、牽牛
織女、雨、雨、雨三首
、江上、雨晴、雨不絕
、雨不絕、晚晴、雨、
奉漢中王手札、返照、
晴二首、雨、殿中楊監
見示張旭草書圖、楊監
又出畫鷹十二扇、送殿
中楊監赴蜀見相公、贈
李十五丈別、種萵苣、
白帝、黃草、白鹽山、
謁先主廟、古柏行、諸
將五首、八哀詩、夔府
書懷四十韻、往在、昔
遊、壯遊、遣懷、奉漢
中王手札報韋侍御蕭尊
師亡、存歿口號二首、
贈李八秘書別三十韻、
中夜、垂白中宵、不寐
、送十五弟侍去蜀、江

月、月圓、夜、草閣宿
宿江邊閣、吹笛、西閣
雨望、西閣三度期大昌
嚴明府同宿不到、西閣
二首、西閣夜、月、宗
、月、宗武生日、第五
弟豐獨在江左覓使寄此
二首、聽楊氏歌、秋風
二首、九月一日諸公集
於林、秋興八首、詠懷
古跡五首、寄韓諫議注
、解悶十二首、洞房、
宿昔、能畫、鬥雞、歷
歷、洛陽、驪山、提封
、鸚鵡、孤雁、鷗、猿
、麂、雞、黃魚、白小
、哭王彭州掄、偶題、
君不見簡蘇徯、贈蘇四
徯、李潮八分小篆歌、
峽口二首、南極、瞿唐
二首、瞿唐懷古、夜宿
西閣曉呈元十二十一曹
長、西閣口號呈元二十
一、閣夜、讓西寒望、
西閣曝日、不離西閣二
首、縛雞行、小至、寄
柏學士林居、折檻行、
覽柏中丞兼子姪數人除
官制詞、覽鏡呈柏中丞
、陪柏中丞觀宴將士二
首、奉送蜀州柏二別駕
將中丞命赴江陵、送鮮
于萬州遷巴州、奉送十
七舅下邵桂、荊南兵馬
使太常卿趙公大食刀歌
、王兵馬使二角鷹、見
王監兵馬使說近山有黑
白二鷹賦詩二首、玉腕
溜、別崔異因寄薛據孟

				雲卿、寄杜位、以下四詩屬夔州詩但難確定年次：醉爲馬墜諸公攜酒相看、覆舟二首、送李功曹之荊州充鄭侍御判官重贈、送王十六荊官
代宗大曆二年丁未	七六七	五六	公在夔州自春西閣移居赤甲，三月還瀼西草屋，秋移東屯。	立春、江梅、庭草、愁、王十五前閣會、崔評事弟許相迎不到走筆戲簡、遣悶呈路十九曹長、畫夢、暮春、即事、懷灞上遊、入宅三首、赤甲、卜居、暮春題瀼西新賃草屋五首、寄從孫崇簡、江雨有鄭典設、熱食日示宗文宗武、又示兩兒、得舍弟觀書、喜觀即到復題短篇二首、晚登瀼上堂、寄薛三郎中璩、送惠二歸故居、承聞河北諸道節度使入朝十二首、月三首、晨雨、過客相尋、豎子至、園、歸、園官送菜、園人送瓜、課伐木、柴門、槐葉冷淘、上後園山腳、送鄉弟韶陪黃門從叔朝謁灉湏、七月一日題終明府水樓二首、行官張望補稻畦水歸、秋行官張望督促東渚耗稻向畢、阻雨不得歸瀼西甘林、又上後園山腳、奉送王信州崟北歸、驅豎子摘蒼耳、甘林、暇日小園散病、雨雨、溪上、樹間、白露、諸葛廟、見螢火、雨

夜、更題、舍弟觀歸藍田迎新婦送示二首、送李秘書赴杜相公幕、別李秘書始興寺所居、巫峽敝廬奉贈侍御四舅別之灃朗、孟氏、吾宗、奉酬薛十二丈判官見贈、寄狄明府博濟、同元使君春陵行、秋日夔府詠懷寄鄭監審李賓客之芳一百韻、寄劉峽州伯華使君四十韻、秋清、搖落、峽隘、秋峽、秋日寄題鄭監湖上亭三首、秋野五首、課小豎鋤斫舍北果林三首、返照、向夕、天池、復愁十二首、自瀼西荊扉且移居東屯茅屋四首、社日兩篇、八月十五夜月二首、十六夜玩月、十七夜對月、曉望、日暮、暝、晚、夜、九月一日過孟十二倉曹十四主簿兄弟、孟倉曹步趾領新酒醬二物見遺、送孟倉曹赴東京選、憑孟倉曹將書覓土樓舊莊、簡吳郎司法、又呈吳郎、晚晴吳郎見過北舍、九日五首、登高、覃山人隱居、東屯月夜、東屯北崦、從次草堂復至東屯茅屋二首、暫住白帝城復還東屯、茅堂檢校收稻二首、刈稻了詠懷、季秋蘇五弟纓江樓夜宴三首、戲寄崔評事蘇五表弟韋大少府諸姪

				、季秋江村、小園、寒雨朝行視園樹、傷秋、即事、耳聾、獨坐二首、雲、大曆二年九月三十日、十月一日、孟冬、雷、悶、夜二首、朝二首、戲作俳諧體遣悶二首、昔遊、雨四首、大覺寺高僧蘭若、謁眞諦禪師、上卿翁請修武侯廟、奉送卿二翁統節度鎮軍還江陵、久雨期王將軍不至、虎牙行、錦樹行、自平、寄裴施州、鄭典設自施州歸、觀公孫大娘弟子舞劍器行、寫懷二首、冬至、柳司馬至、別李義、送高司直尋封良州、可嘆、奉賀陽城郡王太夫人恩命加鄧國太夫人、送田四弟將軍、題柏學士茅屋、題柏大兄弟山居屋壁二首、白帝城樓、有嘆、舍弟觀赴藍田取妻子到江陵喜寄三首、夜歸、前苦寒行二首、晚晴、復陰、後苦寒行二首、晚晴、復陰
代宗大曆三年戊申	七六八	五七	秋，李之芳卒。韓愈生。公正月中旬離夔出峽。	元日示宗武、又示宗武、遠懷舍弟穎觀等、續得觀書迎就當陽居止、正月中旬定出三峽、太歲日、人日三首、喜聞盜賊總退口號五首、送送大理封主簿五郎親事不合卻赴通州、將別巫峽贈南卿兄瀼西果園四

十畝、巫山縣汾州唐使君十八弟宴別、敬寄族弟唐十八使君、春夜峽州田侍御長史津亭留宴、大曆三年春白帝城放船出瞿唐峽將適江陵四十韻、行次古城店泛江作奉呈江陵幕府諸公、泊松滋江亭、乘雨入行軍六弟宅、上巳日徐司錄林園宴集、宴胡侍御書堂、書飲既夜復邀李尚書下馬月下賦絕句、奉送蘇州李二十五長史丈之任、暮春江陵送馬大卿公恩命追赴闕下、和江陵宋太少府暮春雨後宴書齋、暮春陪李尚書李中丞過監湖亭泛舟、宇文晁崔彧重泛鄭監前湖、歸雁、短歌行贈王郎司直、憶昔行、惜別行送向卿進奉端午御衣之上都、夏日楊長寧宅送崔侍御常正字入京、夏夜李尚書筵送宇文石首赴縣聯句、多病執熱奉懷李尚書、水宿遣興奉呈群公、遣悶、江邊星月二首、舟月對月近寺、舟中、江陵節度使陽城郡王新樓成、又作此奉衛王、秋日荊南述懷三十韻、秋日荊南送石首薛明府辭滿告別三十韻、暮歸、哭李尚書之芳、重題、哭李常侍嶧二首、舟出江陵南浦奉寄鄭少尹審、移居

				公安山館、醉歌行贈公安顏十少府請顧八分題壁、送顧八分文學適洪吉州、官亭夕坐戲簡顏十少府、移居公安敬贈衛大郎、公安送韋二少府匡贊、公安縣懷古、呀鶻行、宴王使君宅題二首、送覃二判官、公安送李二十九弟晉肅入蜀、留別公安太易沙門、久客、冬深、曉發公安、發劉郎浦、別董頲夜闌觴箄、衡州送李大夫七丈赴廣州、歲晏行、泊岳陽城下、纜船苦風戲題四韻奉簡鄭十三判官、登岳陽樓。
大曆四年 己酉	七六九	五八	韋之晉自衡州刺史遷潭州、杜鴻漸卒公在湘南，往來潭州、衡州漂泊舟居。	陪裴使君登岳陽樓、南征、歸夢、過南嶽入洞庭湖、宿青草湖、宿白沙驛、湘夫人祠、祠南夕望、上水遣懷、遣遇、解憂、宿鑿石浦、早行、過津口、次空靈岸、宿花石戍、早發、次晚洲、清明二首、發潭州、發白馬潭、野望、入喬口、銅官渚守風、北風、雙楓浦、詠懷二首、杜員外兄垂示詩因作此寄上、酬郭十五判官、望嶽、嶽麓山道林二寺行、奉送韋中丞之晉赴湖南、湘江宴餞裴二端公赴道州、哭韋大夫之晉、江閣臥病走筆寄呈崔盧兩侍御、潭州

				留別杜員外院長、潭州送韋員外迢牧詔州、酬韋詔州見寄、樓上、遠遊、千秋節有感二首、奉贈盧五丈參謀琚、惜別行送劉僕射判官、重送劉十弟判官、湖中送敬十使君適廣陵、晚秋長沙蔡五侍御飲筵送殷六參軍、別張十三建封、送盧十四弟侍御護韋尙書靈櫬歸上都廿四韻、蘇大侍御訪江浦賦八韻紀、暮秋枉裴道州手札遣興呈蘇渙侍御、奉贈李八丈燧判官、奉送魏六丈佑少府之交廣、北風、幽人、江漢、地隅、舟中夜雪有泣盧十四侍御弟、對雪、冬晚送長孫漸舍人歸州、暮冬送蘇四郎溪兵曹適桂州、客從、蠶穀行、白鳧行、朱鳳行。
大曆五年 庚戌	七七〇	五九	四月湖南兵馬使臧，介殺其團練使崔灌，湖南大亂。公在潭州，避亂入衡州。秋迴棹北歸，冬卒於潭岳間舟上。	追酬高蜀州人日見寄、送重表姪王水評事使南海、清明、風雨看舟前落花戲爲新句、奉贈蕭十二使君、奉送二十三舅錄事之攝郴州、送魏二十四司直充嶺南掌選崔郎中判官、寄韋詔州、送趙十七明府之縣、同豆盧峰貽主客李員外賢子棐知字韻、歸雁二首、江南逢李龜年、小寒食舟中作、燕子來舟中作、贈韋七贊善、奉

				酬寇十侍御錫見寄四韻 復寄寇、入衡州、逃難 、白馬、舟中苦熱遣懷 呈陽中丞、江閣對雨有 懷行營裴二端公、題衡 山縣文宣王廟新學堂呈 陸宰、聶耒陽以僕阻水 書致酒肉療饑荒江、迴 棹、過洞庭湖、登舟將 適漢陽、暮秋將歸秦留 別湖南幕府親友、長沙 送李十一、風疾舟中伏 枕書懷三十韻奉呈湖南 親友。以上詩共計一千 四百三十九首。仇注本 外他詩不計。